KB072524

독자의 1초를 아껴주는 정성!

세상이 아무리 바쁘게 돌아가더라도
책까지 아무렇게나 빨리 만들 수는 없습니다.
인스턴트 식품 같은 책보다는
오래 익힌 술이나 장맛이 밴 책을 만들고 싶습니다.

길벗이지톡은 독자여러분이
우리를 믿는다고 할 때 가장 행복합니다.
나를 아껴주는 어학도서,
길벗이지톡의 책을 만나보십시오.

독자의 1초를 아껴주는
정성을 만나보십시오.

미리 책을 읽고 따라해본 2만 베타테스터 여러분과
무따기 체험단, 길벗스쿨 엄마 2% 기획단,
시나공 평가단, 토익 배틀, 대학생 기자단까지!
믿을 수 있는 책을 함께 만들어주신 독자 여러분께 감사드립니다.

(주)도서출판 길벗 www.gilbut.co.kr
길벗이지톡 www.gilbut.co.kr
길벗스쿨 www.gilbutschool.co.kr

《시나공 일본어능력시험 N2 독해》 학습계획표

본 교재의 가장 이상적인 학습 일자로, 시험 4주 전에 시작하도록 설계한 학습 프로그램입니다. 8주 전에 시작하시는 분은 4주 완성 프로그램을 2회 반복하시는 것이 효과적입니다. 개인별 수준에 따라 날짜의 가감은 가능합니다. 각자 자신만의 학습방법을 세워보세요.

첫째주	1일차	2일차	3일차	4일차	5일차	6일차	7일차
학습 내용	시나공법 01	시나공법 01	시나공법 01	시나공법 01	시나공법 01	시나공법 02	복습
둘째주	8일차	9일차	10일차	11일차	12일차	13일차	14일차
학습 내용	시나공법 02	시나공법 02	시나공법 02	시나공법 02	시나공법 03	시나공법 03	복습
셋째주	15일차	16일차	17일차	18일차	19일차	20일차	21일차
학습 내용	시나공법 03	시나공법 03	시나공법 03	시나공법 04	시나공법 04	시나공법 04	복습
넷째주	22일차	23일차	24일차	25일차	26일차	27일차	28일차
학습 내용	시나공법 04	시나공법 04	시나공법 05	시나공법 05	시나공법 05	실전 모의고사	복습

일본어능력시험
N2 독해

이신혜 · 스미유리카 지음

시나공 JLPT 일본어능력시험 감수 (가나다순)

김정은
현 민병철어학원 강사
한겨레신문사 교육문화센터 강사

남득현
현 명지전문대학 교수

성중경
현 YBM 일어전문학원 강사

신선화
현 YBM 일어전문학원 강사

오자키다쓰지
현 명지전문대학 전임 강사

이우제
현 백석예술대학 교수

인현진
현 영남이공대 강사

시나공 일본어능력시험 N2 독해

Crack the Exam! – JLPT N2 Reading

초판 발행 · 2011년 4월 30일
초판 8쇄 발행 · 2021년 12월 30일

지은이 · 이신혜 · 스미유리카
기획 · 북스코어
발행인 · 이종원
발행처 · (주)도서출판 길벗
브랜드 · 길벗이지톡
출판사 등록일 · 1990년 12월 24일
주소 · 서울시 마포구 월드컵로 10길 56(서교동)
대표 전화 · 02)332-0931 / **팩스** · 02)323-0586
홈페이지 · www.gilbut.co.kr / **이메일** · eztok@gilbut.co.kr

담당 편집 · 오윤희(tahiti01@gilbut.co.kr) / **기획** · 최준란 / **디자인** · 강은경 / **제작** · 이준호, 손일순, 이진혁
마케팅 · 이수미, 장봉석, 최소영 / **영업관리** · 심선숙 / **독자지원** · 송혜란, 홍혜진

편집 진행 · 정보경 / **일러스트** · 김학수 / **전산편집** · 수(秀) 디자인
CTP출력·인쇄 · 북토리 / **제본** · 신정문화사

ISBN 978-89-6047-305-8 04730
ISBN 978-89-6047-212-9 04730(set)
(길벗 도서번호 300489)

정가 12,800원

5가지 문제 유형을 철저하게 파헤쳤다

2010년부터 새로 바뀐 新 일본어능력시험에서는 언어 커뮤니케이션 능력을 측정하는 데 중점을 두고 있어, 언어지식은 물론 청해와 독해의 비중이 아주 높아졌다고 할 수 있습니다. 언어지식 60점 문제와 독해 60점 문제를 105분 만에 다 풀어야 하는데, 특히 독해 부분에서는 시간이 없어서 다 풀지 못하거나, 시간에 쫓겨서 당황하다가 실수를 하는 경우도 많이 있습니다. 특히 과락제도가 생겨서 과거와는 달리 독해에서 일정 정도의 점수가 나오지 않으면 불합격 판정을 받게 되므로, 그만큼 독해가 중요해진 것이지요. 그리고 각 시험별로 출제유형이 바뀌었는데, 이 새로운 문제 유형의 파악이야말로 합격이나 고득점과도 직결되는 아주 중요한 문제라고 생각합니다.

이 책에서는 N2 독해의 5가지 유형을 소개하고, 각 유형들의 출제 내용, 풀이요령을 설명하고 또한 각 문제마다 상세한 해설을 달았습니다. 수험생들은 새로운 유형의 문제를 많이 접해서 각 유형별 특징과 주의점을 확실하게 파악하고 나서 시험에 응시해야만 시험장에서 긴장하지 않고 편안하고 침착하게 문제를 풀 수 있을 것입니다.

독해시험은 대비는 이렇게 하세요!

1. 5가지 문제 유형이 어떤 것인지 꼭 알아둔다.
2. 각 유형별로 특징과 주의점, 출제의도, 문제풀이요령을 익힌다.
3. 문제당 소요시간 안에 문제를 풀 수 있도록 시간을 재면서 푸는 연습을 한다.

독해문제의 문장은 어려운 어휘나 문형, 문법이 잔뜩 들어있는 것이라기 보다는, 쉬운 문형 혹은 문법을 모아서 긴 문장과 긴 단락으로 만든 문제입니다. 그러므로 단어 하나하나의 뜻보다는 문장 전체의 의미파악, 필자의 주장파악, 핵심내용 파악 등이 중요하며, 또한 주어진 시간 안에 문제에서 요구하는 답을 찾아야 하므로, 집중력과 시간배분이 아주 중요합니다.

이 책의 실전문제와 모의고사를 통해 꾸준히 문제풀이 요령을 파악하고 독해문제에 익숙해지시기 바랍니다. 부디 이 책을 통해 많은 수험생들의 독해 실력이 늘고, 또 시험에서도 좋은 성적을 얻기를 바라마지 않습니다.

끝으로 출판에 도움을 주신, 길벗이지톡 출판사의 최준란 팀장님과 기획에서 편집까지 힘써주신 정보경 실장님께 진심으로 감사의 말씀을 전합니다.

2011년 4월

이신혜 · 스미유리카

차례

학습계획표

4주 완성 프로그램

본 교재의 가장 이상적인 학습 일자로, 시험 4주 전에 시작하도록 설계한 학습 프로그램입니다. 8주 전에 시작하시는 분은 4주 완성 프로그램을 2회 반복하시는 것이 효과적입니다. 개인별 수준에 따라 날짜의 가감은 가능합니다. 각자 자신만의 학습방법을 세워보세요.

첫째주	1일차	2일차	3일차	4일차	5일차	6일차	7일차
학습 내용	시나공법 01	시나공법 01	시나공법 01	시나공법 01	시나공법 01	시나공법 02	복습
둘째주	**8일차**	**9일차**	**10일차**	**11일차**	**12일차**	**13일차**	**14일차**
학습 내용	시나공법 02	시나공법 02	시나공법 02	시나공법 02	시나공법 03	시나공법 03	복습
셋째주	**15일차**	**16일차**	**17일차**	**18일차**	**19일차**	**20일차**	**21일차**
학습 내용	시나공법 03	시나공법 03	시나공법 03	시나공법 04	시나공법 04	시나공법 04	복습
넷째주	**22일차**	**23일차**	**24일차**	**25일차**	**26일차**	**27일차**	**28일차**
학습 내용	시나공법 04	시나공법 04	시나공법 05	시나공법 05	시나공법 05	실전 모의고사	복습

이 책의 구성 및 활용법

이 책은 N2 독해 문제를 5가지 유형별로 나누어 총 5개의 시나공법으로 구성하였으며 각 시나공법은 '문제 유형 파악하기' '문제 공략법' '적중 예상 문제' '적중 예상문제 해설'로 엮었습니다. 각 유형별로 문제 출제 의도를 파악하고 그에 가장 적합한 방법으로 학습해나갈 수 있습니다.

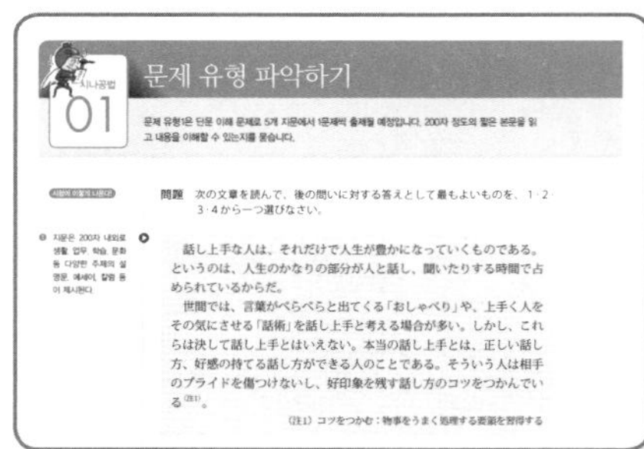

시나공법 01

문제 유형 파악하기

문제 유형1은 단문 이해 문제로 5개 지문에서 1문제씩 출제될 예정입니다. 200자 정도의 짧은 본문을 읽고 내용을 이해할 수 있는지를 묻습니다.

❶ 지문은 200자 내외로 생활, 업무, 학습, 문화 등 다양한 주제의 설명문, 에세이, 칼럼 등이 제시된다.

問題　次の文章を読んで、後の問いに対する答えとして最もよいものを、1·2·3·4から一つ選びなさい。

話し上手な人は、それだけで人生が豊かになっていくものである。というのは、人生のかなりの部分が人と話し、聞いたりする時間で占められているからだ。

世間では、言葉がぺらぺらと出てくる「おしゃべり」や、上手く人をその気にさせる「話術」を話し上手と考える場合が多い。しかし、これらは決して話し上手とはいえない。本当の話し上手とは、正しい話し方、好感の持てる話し方ができる人のことである。そういう人は相手のプライドを傷つけないし、好印象を残す話し方のコツをつかんでいる(注1)。

(注1) コツをつかむ：物事をうまく処理する要領を習得する

❶ 문제 유형 파악하기

新 일본어능력시험 독해 문제에는 5가지 유형의 문제가 있습니다. 이 5가지 유형을 정확하게 파악하는 것이 매우 중요합니다. 이에 본 책에서는 유형이 머릿속에 그려질 수 있도록 유형별로 상세한 문제 흐름을 소개하였습니다.

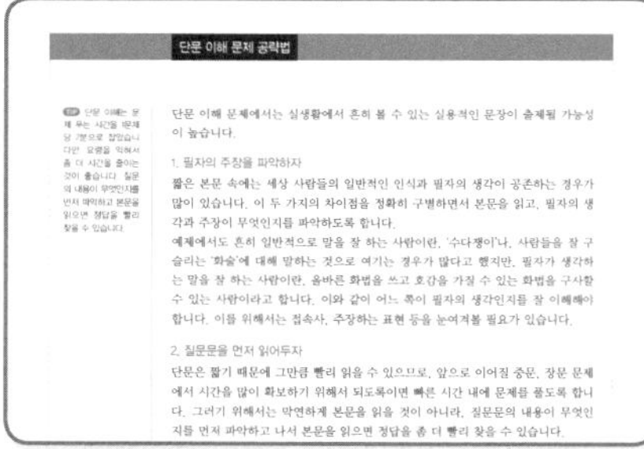

단문 이해 문제 공략법

단문 이해 문제에서는 실생활에서 흔히 볼 수 있는 실용적인 문장이 출제될 가능성이 높습니다.

1. 필자의 주장을 파악하자

짧은 본문 속에는 세상 사람들의 일반적인 인식과 필자의 생각이 공존하는 경우가 많이 있습니다. 이 두 가지의 차이점을 정확히 구별하면서 본문을 읽고, 필자의 생각과 주장이 무엇인지를 파악하도록 합니다.

예제에서도 흔히 일반적으로 말을 잘 하는 사람이란, '수다쟁이'나, 사람들을 잘 구슬리는 '화술'에 대해 말하는 것으로 여기는 경우가 많다고 했지만, 필자가 생각하는 말을 잘 하는 사람이란, 올바른 화법을 쓰고 호감을 가질 수 있는 화법을 구사할 수 있는 사람이라고 합니다. 이와 같이 어느 쪽이 필자의 생각인지를 잘 이해해야 합니다. 이를 위해서는 접속사, 주장하는 표현 등을 눈여겨볼 필요가 있습니다.

2. 질문문을 먼저 읽어두자

단문은 짧기 때문에 그만큼 빨리 읽을 수 있으므로, 앞으로 이어질 중문, 장문 문제에서 시간을 많이 확보하기 위해서 되도록이면 빠른 시간 내에 문제를 풀도록 합니다. 그러기 위해서는 막연하게 본문을 읽을 것이 아니라, 질문문의 내용이 무엇인지를 먼저 파악하고 나서 본문을 읽으면 정답을 좀 더 빨리 찾을 수 있습니다.

❷ 문제 공략법

각 유형별로 문제 출제 의도를 파악하고 그에 가장 적합한 방법으로 학습해나갈 수 있도록 문제 공략법을 제시하고 있습니다. 실전 문제 풀이에 앞서 공략법을 반드시 확인하세요.

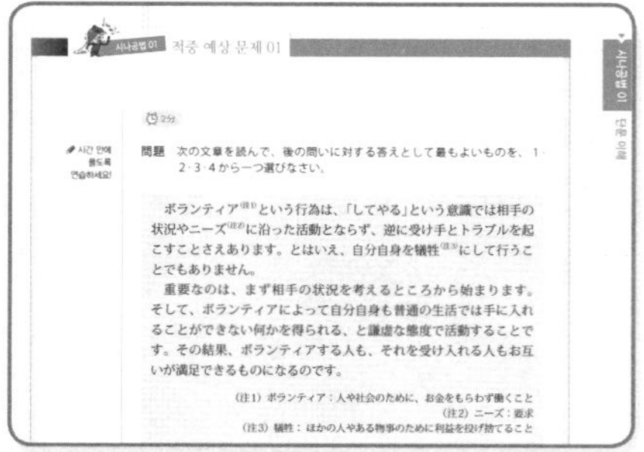

시나공법 01　적중 예상 문제 01

시나공법 01　단문 이해

2分

問題　次の文章を読んで、後の問いに対する答えとして最もよいものを、1·2·3·4から一つ選びなさい。

ボランティア(注1)という行為は、「してやる」という意識では相手の状況やニーズ(注2)に沿った活動とならず、逆に受け手とトラブルを起こすことさえあります。とはいえ、自分自身を犠牲(注3)にして行うことでもありません。

重要なのは、まず相手の状況を考えるところから始まります。そして、ボランティアによって自分自身も普通の生活では手に入れることができない何かを得られる、と謙虚な態度で活動することです。その結果、ボランティアする人も、それを受け入れる人もお互いが満足できるものになるのです。

(注1) ボランティア：人や社会のために、お金をもらわず働くこと

(注2) ニーズ：要求

(注3) 犠牲：ほかの人やある物事のために利益を投げ捨てること

❸ 적중 예상 문제

실전에 강해지려면 실제 시험과 같은 형식의 문제를 많이 풀어보는 것이 가장 좋습니다. 시나공법별로 같은 유형의 문제로 구성이 되어있으므로 적중 예상 문제를 다 풀고 나면 유형에 대한 출제경향을 확실하게 잡을 수 있습니다. 문제당 제시된 시간 안에 풀 수 있도록 시간 체크를 하면서 풀어보세요.

❹ 적중 예상 문제 해설

문제에 대한 해석과 어휘, 표현, 해설까지 상세하게 풀이를 해놓았습니다. 생소한 어휘, 표현을 노트에 정리해서 암기하도록 하세요.

❺ 실전 모의고사와 정답과 해설

실전과 똑같은 형태의 실전 모의고사를 실었습니다. 실전 문제를 풀 때는 집중할 수 있는 환경을 만든 다음 실전처럼 쭉 풀어보세요. 시험을 본다고 생각하고 집중해서 풀어보고 중간에 모르는 단어나 표현이 나와서 해석이 안 되더라도 사전을 찾거나 하지 말고 끝까지 혼자 힘으로 풀어본 다음에 정답을 맞추고 해설을 확인하세요.

新 일본어능력시험

일본어능력시험은 1984년부터 재단법인 일본국제교육지원협회(JEES)와 국제교류기금의 주최로 시행된 시험으로서 일본 정부가 공인하는 유일한 일본어 시험이다. 1984년 처음 시행될 당시에는 15개 국가에서 7천 명 정도가 응시했으나 이후 점점 응시자가 증가하여 2008년에는 52개 국가, 약 56만 명이 응시하였다. 또한 이 시험의 수험자 및 일본어 학습자의 수는 전 세계 300만 명 이상으로 추정된다. 이처럼 수험자가 계속 증가함에 따라 연 1회 실시가 아닌 연간 복수 실시의 요망이 국내외에서 높아져 왔으며 이에 일본 국제교육지원협회와 국제교류기금은 2010년부터 연 2회 실시를 결정했으며 일본어능력시험을 새롭게 바꾸었다.

실용적인 능력 측정 및 활용을 위한 제도 도입

과제 수행을 위한 언어 커뮤니케이션 능력 측정

새롭게 실시되는 2010년 시험부터는 일본어와 관련된 지식과 더불어, 실제로 사용 가능한 일본어 능력을 중시한다. 때문에 문자·어휘·문법과 같은 언어 지식을 활용한 커뮤니케이션상의 과제 수행능력을 측정한다.

⊙ 해답 방식은 기존 시험과 같은 OMR 카드 마킹 형식이며, 직접 말하거나 쓰는 능력을 측정하는 과목은 없다.

난이도를 4단계에서 5단계로

그동안 일본어능력시험에는 많은 수험자들이 지적했던 대표적인 문제점이 있었는데 그것은 바로 2급과 3급의 난이도 격차가 심한 것과 기존 1급 수준 이상의 문제가 없는 것이었다. 그렇기 때문에 2010년부터 개정되는 新 일본어능력시험은 기존 1급, 2급, 3급, 4급의 4단계였던 난이도를 N1, N2, N3, N4, N5의 5단계로 세분화하여 보다 정밀하게 수험자의 능력을 측정할 수 있게 하였다. 新 일본어능력시험 각 단계의 난이도는 다음과 같다.

N1	기존 시험의 1급보다 높은 수준의 일본어 능력을 측정, 합격 기준은 기존 시험과 거의 같다
N2*	기존 시험의 2급에 해당하는 난이도
N3	기존 시험의 2급과 3급 사이 수준의 난이도(신설)
N4	기존 시험의 3급에 해당하는 난이도
N5	기존 시험의 4급에 해당하는 난이도

*「N」은 「Nihongo(일본어)」와 「New(새롭다)」를 의미한다.

상대평가 방식을 통한 점수 비교 가능

2010년부터 연 2회 시험이 실시되면서 시기마다 출제되는 문제가 다르기 때문에 아무리 신중하게 문제를 만든다 해도 매회 시험의 난이도는 다소 차이를 보일 수밖에 없다.

이에 이번 新 일본어능력시험에는 '득점등화(得点等化)'라는 상대평가 방식을 도입하였는데 이는 TOEFL(영어), TCF(불어), HSK(중국어) 등 세계의 대규모 언어 테스트에서는 이미 일본어능력시험보다 먼저 사용하고 있는 방식이기도 하다.

득점등화란 통계분석을 통해 척도상의 득점(평균을 중간점수로 환산한 점수)을 표시하는 방식으로 이전 시험에 비해 난이도가 다소 오르더라도 높아진 난이도가 취득점수에 반영되어 합격 · 불합격 판정에 불이익이 최소화할 전망이다.

득점등화의 장점은 다음과 같다.

⊙ 시험의 득점이 다음 시험의 난이도에 영향을 끼치지 않기 때문에 합격과 불합격 판정 기준이 일정하여 공평성을 유지할 수 있다.

⊙ 같은 레벨의 시험이라면 언제든 공통적인 척도상에서 자신의 득점을 상호 비교할 수 있게 되어 자신의 실력 파악 및 차후 학습 목표를 세우는 데 도움이 된다.

예) A씨가 어느 해 7월과 12월 두 번 모두 N2를 응시했는데 7월보다 12월 시험이 더 어려웠다고 한다. 하지만 A씨는 7월에도 N2 청해 20문제 중 10문제, 50%의 정답률을 보였고 12월 시험에서도 역시 20문제 중 10문제, 같은 50%의 정답률을 보였다. 현재, 이 수치만으로는 A씨의 청해 능력은 변화가 없는 것으로 보인다. 하지만 이번에 도입되는 득점등화라는 상대평가 방식을 도입해 계산하면 7월 시험은 30점, 12월 시험은 35점으로 12월 시험의 점수가 더 높은 것을 알 수 있다. 이처럼 시험의 난이도에 영향을 받지 않고 척도득점 점수로 나타나기 때문에 자신의 실력을 정확히 파악할 수 있다.

	7월	12월
정답 수	20문제 중 10문제	20문제 중 10문제
등화된 청해의 척도득점	30점	35점

일본어능력시험 Can-do 리스트 제공

N1부터 N5의 각 합격자가 일본어를 사용하여 실제로 어떻게 활용할 수 있는가를 고려하여 조사한 일본어능력시험 Can-do 리스트를 제공한다. 이 Can-do 리스트를 통해 합격자 본인 및 주위 사람들이 시험 결과를 보다 구체적으로 이해할 수 있게 하는 것을 목표로 하고 있다. 즉, 자신이 실생활에서 어느 정도로 일본어를 구사하고 활용할 수 있는가를 알기 쉽게 예를 들어 풀이해주는 것이라 볼 수 있다. 다음은 현재 작성 중인 리스트의 일부이며 이러한 방식으로 기술된다.

일본어능력시험 Can-do 리스트

듣기	학교나 직장, 공공장소의 안내 방송을 듣고 대략적인 내용의 이해가 가능
말하기	아르바이트나 취업 면접 자리에서 자신의 꿈, 경험을 상세히 표현 가능
읽기	관심 분야와 관련된 신문, 잡지의 기사를 읽고 내용의 이해가 가능
쓰기	감사 및 사죄 등 감정을 전하는 편지나 이메일 작성 가능

기준점수제도 도입

기준점수제도란 이번 新 일본어능력시험부터 적용되는 일종의 과락제도의 한 방식으로 각 과목마다 시험에서 요구하는 기준 점수를 넘어야 하는 제도이다. 이 기준점수제도란 예를 들어 설명하면, N2 시험 청해의 경우 기준 점수가 70점(/100점)이라면 적어도 그 점수 이상을 득점해야 청해 시험을 통과했다고 보는 것이다. 기존에는 총점만으로 합격과 불합격을 정하였기 때문에 어느 한 과목의 점수가 좋지 않더라도 다른 과목에서 점수를 채우는 것이 가능했지만 이번 新 일본어능력시험부터는 이 기준점수제도에 따라 단 한 과목이라도 기준점에 도달하지 못하면 총점이 합격 기준을 통과했더라도 불합격으로 처리된다. 이는 학습자의 일본어 능력을 보다 세밀하고 종합적으로 평가하기 위함이며 또한 수험자에게 보다 균형 잡힌 학습을 요구하기 위함이다.

참고 정보 제공

시험 결과 통지서에 기존에 있던 ①**득점 구분별 점수**와 이를 합산한 ②**종합 득점**뿐 아니라 새로이 ③**참고 정보**를 기재한다. 이 참고 정보는 합격, 불합격과는 관련이 없으나 수험자의 추후 일본어 학습에 도움을 주기 위한 참고 자료로서 제공된다.

득점 구분별 점수 ①			**종합 득점 ②**
언어 지식(문자 · 어휘 · 문법)	독해	청해	종합
50/60	30/60	40/60	120/180

참고 정보 ③	
문자 · 어휘	문법
A	C

A 양호(정답률 67% 이상)
B 보통(정답률 34% 이상 67% 미만)
C 부족(정답률 34% 미만)

시험 과목과 시험 시간, 인정 기준

각 레벨의 인정 기준을 '읽기', '듣기'의 언어 행동으로 표시한 것으로, 新 일본어능력시험 합격 및 실생활에서의 일본어 구사, 활용을 위해서 각 레벨마다 기준에 맞는 언어지식을 지녀야 한다.

<table>
<tr><th>레벨</th><th colspan="2">구성(항목/시간)</th><th>인정 기준</th></tr>
<tr><td rowspan="3">N1</td><td>언어지식(문자 · 어휘 · 문법) · 독해</td><td>110분</td><td rowspan="3">폭넓은 분야의 일본어를 이해할 수 있는 수준
읽기 · 폭넓은 화제에 대하여 쓰인 신문 논설, 논평 등과 같이 논리적으로 약간 복잡한 문장이나 추상적인 문장을 읽고, 문장의 구성과 내용을 이해하는 것이 가능하다.
· 다양한 화제의 심도 있는 내용의 글을 읽고, 글의 흐름이나 상세한 표현 의도를 파악하는 것이 가능하다.
듣기 · 폭넓은 분야의 자연스러운 속도로 정돈된 대화나 뉴스, 강의를 듣고, 이야기의 흐름과 내용, 등장인물 간의 관계나 내용의 구성을 상세히 이해하고 요점을 파악할 수 있다.</td></tr>
<tr><td>청해</td><td>60분</td></tr>
<tr><td>계</td><td>170분</td></tr>
<tr><td rowspan="3">N2</td><td>언어지식(문자 · 어휘 · 문법) · 독해</td><td>105분</td><td rowspan="3">생활일본어의 이해가 가능하며 폭넓은 분야의 일본어를 어느 정도 이해할 수 있는 수준
읽기 · 폭넓은 화제에 대하여 쓰인 신문이나 잡지의 기사 · 해설, 평이한 논평 등의 요점이 명쾌한 글을 읽고 내용을 이해하는 것이 가능하다.
· 일반적인 화제에 대하여 쓰인 글을 읽고, 글의 흐름이나 표현 의도를 파악하는 것이 가능하다.
듣기 · 일상적인 분야 및 폭넓은 분야에 있어, 이야기의 흐름과 내용, 등장 인물 간의 관계를 이해하고 요점을 파악할 수 있다.</td></tr>
<tr><td>청해</td><td>50분</td></tr>
<tr><td>계</td><td>155분</td></tr>
<tr><td rowspan="4">N3</td><td>언어지식(문자 · 어휘)</td><td rowspan="2">100분</td><td rowspan="4">생활일본어를 어느 정도 이해할 수 있는 수준
읽기 · 일상적인 화제에 대하여 쓰인 구체적인 내용이 표면적으로 드러난 문장을 읽고 이해하는 것이 가능하다.
· 신문의 표제어를 보고 대략적인 정보를 유추할 수 있다.
· 일상적으로 접하는 다소 난이도가 있는 글의 경우, 다른 표현이 주어졌을 때는 요점을 파악하는 것이 가능하다.
듣기 · 일상에서 비교적 자연스러운 속도의 정돈된 대화를 듣고, 이야기의 구체적인 내용을 등장인물과 대조하여 이해가 가능하다.</td></tr>
<tr><td>언어지식(문법) · 독해</td></tr>
<tr><td>청해</td><td>40분</td></tr>
<tr><td>계</td><td>140분</td></tr>
<tr><td rowspan="4">N4</td><td>언어지식(문자 · 어휘)</td><td rowspan="2">90분</td><td rowspan="4">기본적인 일본어를 이해할 수 있는 수준
읽기 · 일상생활 중에서도 특히 접하기 용이한 주제와 기본적인 어휘나 한자로 쓰인 글을 읽고 이해가 가능하다.
듣기 · 일상에서 비교적 느린 속도의 대화일 경우 내용을 거의 이해할 수 있다.</td></tr>
<tr><td>언어지식(문법) · 독해</td></tr>
<tr><td>청해</td><td>35분</td></tr>
<tr><td>계</td><td>125분</td></tr>
</table>

N5	언어지식(문자 · 어휘)	75분	**기본적인 일본어를 어느 정도 이해할 수 있는 수준** 읽기 · 히라가나나 가타카나, 일상생활에서 쓰이는 기본 한자로 쓰인 형식적인 어구나 글, 문장을 읽고 이해하는 것이 가능하다. 듣기 · 교실이나 신변 등 일상생활 중에서도 특히 많이 접하게 되는 분야에 있어 느린 속도의 짧은 대화일 경우 필요한 정보를 파악하는 것이 가능하다.
	언어지식(문법) · 독해		
	청해	30분	
	계	105분	

※ 시험 시간은 변경될 수 있으며 청해의 경우 녹음된 분량에 따라 다소 시간의 변동이 있을 수 있다.

N1과 N2는 '언어지식(문자·어휘·문법)·독해'와 '청해'의 두 과목이며 N3, N4, N5는 '언어지식(문자·어휘)', '언어지식(문법)·독해', '청해'의 세 과목으로 나누어진다. 이렇게 나누는 이유는 N3, N4, N5의 경우 시험에 출제할 수 있는 어휘나 문법이 N1, N2에 비해 한정되어 있기 때문에 언어지식과 독해를 한 과목으로 할 경우, 다른 문제의 힌트가 될 수 있기 때문이다.

레벨	득점구분	득점범위
N1	언어지식(문자·어휘 · 문법)	0~60
	독해	0~60
	청해	0~60
	총점	0~180
N2	언어지식(문자 · 어휘 · 문법)	0~60
	독해	0~60
	청해	0~60
	총점	0~180
N3	언어지식(문자 · 어휘 · 문법)	0~60
	독해	0~60
	청해	0~60
	총점	0~180
N4	언어지식(문자 · 어휘 · 문법) · 독해	0~120
	청해	0~60
	총점	0~180
N5	언어지식(문자 · 어휘 · 문법) · 독해	0~120
	청해	0~60
	총점	0~180

新 일본어능력시험 N2 문제 구성 보기

시험과목 (시험시간)		문제 구성				
		유형 구분			문항수	개요
언어지식·독해 (105분)	문자·어휘	1	한자 읽기	⊙	5	주어진 한자의 올바른 읽기 찾기
		2	표기	⊙	5	주어진 히라가나의 올바른 한자 찾기
		3	어형성	⊙	5	파생어나 복합어를 묻는 문제
		4	문맥 규정	○	7	문맥에 맞는 적절한 어휘 찾기
		5	유의어	○	5	주어진 어휘와 비슷한 의미의 대체어 찾기
		6	용법	○	5	주어진 문장에서 어휘가 올바르게 쓰였는가를 묻는 문제
	문법	7	문법 형식	○	12	글의 내용에 맞는 문법 형식을 찾는 문제
		8	문맥 배열	●	5	나열된 단어를 문법적으로나 의미적으로 올바르게 배열하기
		9	문장 흐름	●	5	글의 흐름에 맞는 문법 표현 찾기
	독해	10	단문 이해	○	5	200자 내외의 글 이해 (설명문, 지시문의 내용 이해 등)
		11	중문 이해	○	9	500자 내외의 글 이해 (평론, 해설의 인과 관계 등)
		12	통합 이해	●	2	600자 내외의 복수의 글을 읽고 비교 분석하며 이해
		13	주장 이해	⊙	3	900자 내외의 사설, 논평 등을 읽고 글의 의도·주장 파악
		14	정보 검색	●	2	700자 내외의 글을 읽고 필요한 정보 찾아내기
청해 (50분)		1	과제 이해	⊙	5	내용을 듣고 과제 해결에 필요한 구체적인 정보 찾아내기
		2	요지 이해	⊙	6	내용을 듣고 대화의 요지 이해
		3	개요 이해	⊙	5	내용을 듣고 화자의 의도와 주장 이해
		4	즉각 응답	●	12	짧은 문장을 듣고 알맞은 답 찾아내기
		5	통합 이해	⊙	4	비교적 긴 내용을 듣고 여러 정보를 비교·분석하여 이해

문항수는 실제 시험에서는 달라질 수 있으며, 독해의 경우 하나의 글(본문)에 복수의 문제가 출제되는 경우가 있다. 부분적인 변경 유형과 새로운 문제 유형을 합치면 60% 이상이 변경되었다고 볼 수 있다.

⊙ 기존 시험에서 출제된 문제 유형이지만 부분적인 변경이 있는 유형
● 기존 시험에서 출제된 적이 없는 새로운 문제 유형
○ 기존 시험에서 출제된 문제 유형

시나공법 01

단문 이해

'단문 이해'는 200자 내외의 글을 읽고 그 요지를 묻는 질문에 답하는 문제 유형입니다. 각 지문 당 1문제씩 출제되며 총 지문수는 5개입니다. 설명문, 비즈니스 문서 유형의 지문이 주를 이루며 짧은 문장 속에 내용이 함축되어 있는 경우가 대부분입니다. 우선 핵심적인 단어를 파악하는 것이 그 해결열쇠입니다. 빠르게 문장을 읽으면서 핵심 단어를 찾아내고 그에 따른 요지를 파악할 수 있는 힘을 길러야 합니다.
단문 이해는 10분 동안에 풀도록 합니다. 총 5개의 지문이 출제되므로 각 문제 당 2분을 할애하면 되겠습니다.

01 문제 유형 파악하기

문제 유형1은 단문 이해 문제로 5개 지문에서 1문제씩 출제될 예정입니다. 200자 정도의 짧은 본문을 읽고 내용을 이해할 수 있는지를 묻습니다.

시험에 이렇게 나온다!

❶ 지문은 200자 내외로 생활, 업무, 학습, 문화 등 다양한 주제의 설명문, 에세이, 칼럼 등이 제시된다.

❷ 문제는 지문 당 1문제가 출제되며, 글의 내용과 요지를 정확하게 이해했는지를 묻는 문제가 주로 출제된다.

問題 次の文章を読んで、後の問いに対する答えとして最もよいものを、1·2·3·4から一つ選びなさい。

話し上手な人は、それだけで人生が豊かになっていくものである。というのは、人生のかなりの部分が人と話し、聞いたりする時間で占められているからだ。

世間では、言葉がぺらぺらと出てくる「おしゃべり」や、上手く人をその気にさせる「話術」を話し上手と考える場合が多い。しかし、これらは決して話し上手とはいえない。本当の話し上手とは、正しい話し方、好感の持てる話し方ができる人のことである。そういう人は相手のプライドを傷つけないし、好印象を残す話し方のコツをつかんでいる(注1)。

(注1) コツをつかむ：物事をうまく処理する要領を習得する

問 筆者の考える話し上手な人とはどのような人のことか。

1 人生の多くの部分を人と関係する時間で占めている人

2 相手を尊重し、人に好かれる話し方ができる人

3 人と話すことが好きで、人生を豊かにしようと努力する人

4 誰とでも上手にぺらぺらと話すテクニックに優れている人

해석 말을 잘 하는 사람은 그것만으로 인생이 풍요로워진다. 왜냐하면 인생의 대부분이 타인과 이야기하고 듣거나 하는 시간으로 채워지기 때문이다.

세상에서는 말이 많은 '수다쟁이'나, 사람들을 잘 구슬리는 '화술'을 가지고 말을 잘 하는 것으로 여기는 경우가 많다. 하지만 이것들은 결코 말을 잘 하는 것이라고 할 수 없다. 정말로 말을 잘 한다는 것은 올바른 화법, 호감을 가질 수 있는 화법을 구사할 수 있는 사람을 말한다. 그런 사람은 상대방의 자존심에 상처를 입히지 않고 좋은 인상을 남기는 화법의 요령을 잘 터득하고 있다.

(주1) 요령을 터득하다: 어떤 일을 잘 처리하는 요령을 습득하다

필자가 생각하는 '말 잘 하는 사람'은 어떤 사람인가?

1 인생의 많은 부분을 사람들과 관계하는 시간으로 채운 사람

2 상대방을 존중하고 사람들의 호감을 사도록 말할 수 있는 사람

3 사람들과 이야기하는 것을 좋아하고 인생을 풍요롭게 하려고 노력하는 사람

4 어느 누구와도 이야기를 잘 하는 테크닉이 뛰어난 사람

어휘 話(はな)し上手(じょうず) 말을 잘 하는 사람 | 豊(ゆた)か 풍부함 | 占(し)める 차지하다 | 世間(せけん) 세상 | ぺらぺら 말을 술술 잘 함 | おしゃべり 수다쟁이 | 話術(わじゅつ) 화술 | 好感(こうかん) 호감 | プライド 자존심 | 傷(きず)つける 상처 입히다 | 好印象(こういんしょう) 좋은 인상 | 残(のこ)す 남기다 | こつ 요령 | つかむ 터득하다 | 尊重(そんちょう)する 존중하다 | 好(す)く 좋아하다 | テクニック 테크닉, 기술, 요령 | 優(すぐ)れる 뛰어나다

표현 **～ものだ, ～ものである** : ～인 것이다, ～인 법이다 (자연의 경향, 사회적 습관, 도덕적 상식으로 봤을 때 당연한 것을 말할 때 사용하는 표현. 논설문, 설명문에서는 である가 많이 쓰임)

先輩の忠告は聞くものである。선배의 충고는 들어야 하는 법이다.

音楽は素晴らしいものだ。음악은 멋진 것이다.

というのは : 왜냐하면, 그 이유는 (앞에 한 말에 대한 설명이나 의의 등을 나중에 이야기할 때 사용)
=そのわけは, その理由は

彼は欠席が多い。というのは、アルバイトで忙しいからだ。
그는 결석을 자주 한다. 왜냐하면 아르바이트 때문에 바쁘기 때문이다.

～で占められる : ～로 채워지다 (전체 속에서 일정한 비율을 차지한다는 표현)

ビルの八割がテナントで占められている。빌딩의 8할이 임대로 채워지다.

一日に届くメールのうち、90%以上が迷惑メールで占められる。
하루에 도착하는 메일 중에서 90% 이상을 스팸 메일이 차지한다.

その気にさせる : 어떤 일에 끌려서 그렇게 생각하도록 만들다 (その気になる 그렇게 하려는 생각이 들다)

クライアントをその気にさせる企画提案の仕方。고객의 마음을 움직이게 하는 기획 제안법.

決して～とはいえない : 결코 ～라고는 할 수 없다

彼の人生は決して平凡とはいえない。그의 인생은 결코 평범하다고는 할 수 없다.

韓国で地震は決して起こらないとは言えない。
한국에서 지진은 결코 일어나지 않을 것이라고는 할 수 없다.

コツをつかむ : 요령을 터득하다

就職活動のコツをつかもう! 취업활동을 잘 하는 요령을 터득하자!

子供はコツをつかむのが早い。어린이는 요령을 터득하는 게 빠르다.

해설 흔히 '말을 잘 하는 사람'이라고 하면 보통 사람들이 연상하는 몇 가지 유형이 있겠지만, 문제에서는 필자가 말하는 '말을 잘 하는 사람'이란 어떤 사람인지를 묻고 있습니다. 1번 인생의 많은 부분을 다른 사람들과 관계한다는 것은 일반론적인 이야기이며, 말을 잘 하는 사람에 한정된 이야기가 아닙니다. 3번 말을 잘 하는 사람은 인생을 풍요롭게 하려고 일부러 노력하는 사람이 아니라, 말을 잘 하면 자연스럽게 인생이 풍요로워진다고 했습니다. 4번 어느 누구와도 이야기를 잘 하는 테크닉이 있는 사람은 세상 사람들이 생각하는 것이지 필자의 생각은 아닙니다. 정답은 2번인데, 자존심에 상처를 입히지 않는 것이 바로 상대방을 존중하는 것(相手を尊重＝プライドを傷つけない)이며, 좋은 인상을 남기는 것이 사람들의 호감을 사는 것(好かれる＝好印象)이라고 할 수 있습니다. **정답** 2

단문 이해 문제 공략법

TIP 단문 이해는 문제 푸는 시간을 1문제당 2분으로 잡았습니다만, 요령을 익혀서 좀 더 시간을 줄이는 것이 좋습니다. 질문의 내용이 무엇인지를 먼저 파악하고 본문을 읽으면 정답을 빨리 찾을 수 있습니다.

단문 이해 문제에서는 실생활에서 흔히 볼 수 있는 실용적인 문장이 출제될 가능성이 높습니다.

1. 필자의 주장을 파악하자

짧은 본문 속에는 세상 사람들의 일반적인 인식과 필자의 생각이 공존하는 경우가 많이 있습니다. 이 두 가지의 차이점을 정확히 구별하면서 본문을 읽고, 필자의 생각과 주장이 무엇인지를 파악하도록 합니다.

예제에서도 흔히 일반적으로 말을 잘 하는 사람이란, '수다쟁이'나, 사람들을 잘 구슬리는 '화술'에 대해 말하는 것으로 여기는 경우가 많다고 했지만, 필자가 생각하는 말을 잘 하는 사람이란, 올바른 화법을 쓰고 호감을 가질 수 있는 화법을 구사할 수 있는 사람이라고 합니다. 이와 같이 어느 쪽이 필자의 생각인지를 잘 이해해야 합니다. 이를 위해서는 접속사, 주장하는 표현 등을 눈여겨볼 필요가 있습니다.

2. 질문문을 먼저 읽어두자

단문은 짧기 때문에 그만큼 빨리 읽을 수 있으므로, 앞으로 이어질 중문, 장문 문제에서 시간을 많이 확보하기 위해서 되도록이면 빠른 시간 내에 문제를 풀도록 합니다. 그러기 위해서는 막연하게 본문을 읽을 것이 아니라, 질문문의 내용이 무엇인지를 먼저 파악하고 나서 본문을 읽으면 정답을 좀 더 빨리 찾을 수 있습니다.

질문문은 주로 '본문에서 필자가 무엇을 주장하는가?', '~에 대해서 어떻게 설명하고 있는가?', '본문에서 말하는 바에 의하면 ~할 경우에 어떻게 되는가?' 등을 들 수 있습니다. 이외에도 기사문이나 뉴스, 보도자료, 잡지 내용을 다룬 본문에서, 어떤 사건이 일어난 원인이나 이유, 혹은 필자가 왜 그렇게 생각하거나 행동하게 되었는지를 묻는 문제가 나올 수도 있습니다.

3. 비슷한 표현에 주의하자

단문 문제에서만 해당되는 것이 아니라, 독해 문제 전체에 공통되는 사항이지만, 선택지를 보면 본문 내용이 그대로 나오는 것이 아니라 비슷한 표현이나, 다른 표현으로 바뀌어서 나오는 경우가 많이 있습니다. 본문에 없는 표현이 선택지에 나오더라도 당황하지 말고, 동의어나 비슷한 표현, 같은 취지의 내용이라면 충분히 정답이 될 수 있으므로 침착하게 풀도록 합니다.

그리고 선택지에서는 본문 표현과 주어를 달리 하여 시점을 바꾼 문장이 나올 수도 있으니 주의하시기 바랍니다. 왜냐하면 일본어는 수동표현, 사역표현이 많이 사용되므로 주어를 무엇으로 삼느냐에 따라 문장구조가 달라질 수가 있기 때문입니다. 그와 더불어 본문과 똑같은 문구나 표현이 들어가 있는 선택지에도 주의하도록 합시다. 같은 표현이 사용되더라도 앞서 말한 바와 같이 문장 구조가 바뀌거나, 그저 구체적인 예 중의 하나로 사용될 뿐이어서 필자의 주장의 본질을 묻는 문제의 답으로서는 적당하지 않을 경우도 있습니다.

적중 예상 문제 01

2分

✎ 시간 안에 풀도록 연습하세요!

問題 次の文章を読んで、後の問いに対する答えとして最もよいものを、1・2・3・4から一つ選びなさい。

ボランティア(注1)という行為は、「してやる」という意識では相手の状況やニーズ(注2)に沿った活動とならず、逆に受け手とトラブルを起こすことさえあります。とはいえ、自分自身を犠牲(注3)にして行うことでもありません。

重要なのは、まず相手の状況を考えるところから始まります。そして、ボランティアによって自分自身も普通の生活では手に入れることができない何かを得られる、と謙虚な態度で活動することです。その結果、ボランティアする人も、それを受け入れる人もお互いが満足できるものになるのです。

(注1) ボランティア：人や社会のために、お金をもらわず働くこと
(注2) ニーズ：要求
(注3) 犠牲： ほかの人やある物事のために利益を投げ捨てること

問 筆者はボランティアをどういう行為だと言っているか。

1 相手の状況やニーズを考え、満足を与えようとする行為
2 自分自身を犠牲にし、謙虚な気持で相手に接する行為
3 普段の生活では体験できない特別なものを得るための行為
4 相手を思いやり、自らも謙虚に活動することで何かを得られる行為

해석 자원봉사라는 행위는 '해준다'는 의식으로는 상대방의 상황이나 요구에 부응하는 활동이 되지 않으며, 오히려 수혜자와 트러블이 생기는 일마저 있습니다. 그렇다고 해서 자기자신을 희생하면서 활동하는 것도 아닙니다.

중요한 것은 우선 상대방의 상황을 고려하는 것에서부터 시작됩니다. 그리고 자원봉사로 인해 자기자신도 일상 생활에서는 손에 넣을 수 없는 무언가를 얻을 수 있다, 는 겸허한 태도로 활동하는 것입니다. 그 결과 자원봉사를 하는 사람도 그 수혜자도 서로 만족할 수 있게 되는 것입니다.

(주1) 볼런티어, 자원봉사: 사람이나 사회를 위해 돈을 받지 않고 일하는 것
(주2) 니즈: 요구
(주3) 희생: 다른 사람이나 어떤 일을 위해 이익을 버리는 것

필자는 자원봉사를 어떤 행위라고 하는가?

1 상대방의 상황이나 요구를 고려하여 만족을 주려고 하는 행위
2 자기자신을 희생시켜 겸허한 기분으로 상대방과 접하는 행위
3 일상생활에서 체험할 수 없는 특별한 것을 얻기 위한 행위
4 상대방을 위해주고 스스로도 겸허하게 활동함으로써 무언가를 얻을 수 있는 행위

어휘 ボランティア 자원봉사 | 行為(こうい) 행위 | 意識(いしき) 의식 | 状況(じょうきょう) 상황 | ニーズ 니즈, 요구 | 沿(そ)う 따르다, 부응하다 | 活動(かつどう) 활동 | 逆(ぎゃく)に 오히려 | 受(う)け手(て) 수혜자 | トラブル 트러블 | 犠牲(ぎせい) 희생 | 謙虚(けんきょ) 겸허 | 態度(たいど) 태도 | 受(う)け入(い)れる 받아들이다 | お互(たが)い 서로 | 満足(まんぞく)する 만족하다 | 利益(りえき) 이익 | 投(な)げ捨(す)てる 버리다 | 与(あた)える 주다 | 接(せっ)する 접하다 | 普段(ふだん) 평소 | 体験(たいけん)する 체험하다 | 得(え)る 얻다 | 思(おも)いやる 생각해주다 | 自(みずか)ら 스스로

표현 **～とならず** : ①~가 되지 않고(=～とならないで) ②신문, 잡지의 기사 제목으로 쓰임(「と」가 생략되기도 함)

男友達はたくさんいても、お互い恋愛対象とならずただの友達として過ごしています。
남자친구는 많이 있어도 서로 연애 대상이 되지 않고 그저 친구로 지내고 있습니다.

若手が活躍も勝利とならず 젊은 선수들이 활약했으나 승리하지 못함

～さえ : ~마저, 조차 (=～までも)

嘘のようですが、時々英語で夢を見ることさえあります。
거짓말 같지만, 가끔 영어로 꿈을 꾸는 일까지 있습니다.

とはいえ : 그렇다 하더라도 (앞에서 말한 이야기와 상반되는 내용을 꺼내려고 할 때 사용하는 말)
=とはいうものの, そうはいっても

うちのチームが一点リードしている。とはいえ、いつ逆転されるかわからない。
우리 편이 1점 앞서고 있다. 그렇다 하더라도 언제 역전 당할지 모른다.

ニーズに沿う : 요구, 수요에 부응하다

これからもお客様のニーズに沿えるよう努めてまいります。
앞으로도 손님의 요구에 부응할 수 있도록 노력해나가겠습니다.

手に入れる : 손에 넣다, 자신의 것으로 만들다

夢にまで見たマイホームをついに手に入れた。꿈꿔왔던 내 집을 드디어 마련했다.

해설 필자가 말하는 자원봉사란 어떤 행위인가를 묻는 문제입니다. 전반부에서는 우리가 자원봉사에 대해서 잘못 생각하고 있는 부분을 짚어주고, 후반부에서는 자원봉사에 대한 필자의 주장을 *まず*(우선), *そして*(그리고), *その結果*(그 결과)라는 말을 써서 나타내고 있습니다. 자원봉사자는 수혜자에게 뭔가를 해준다거나 자신을 희생시키는 행위라고 생각해서는 안 되며, 자원봉사자와 수혜자 서로가 만족할 수 있어야 한다는 것입니다. 1번과 2번은 상대방에 대해서만 이야기하고 있고, 반대로 3번은 자신의 입장만 이야기하고 있습니다. 봉사자와 수혜자 양쪽이 모두 만족해야 한다는 내용은 4번이므로 정답은 4번입니다.

정답 4

2分

✎ 시간 안에 풀도록 연습하세요!

問題 次の文章を読んで、後の問いに対する答えとして最もよいものを、1・2・3・4から一つ選びなさい。

近頃、昆虫採集(注1)があまり行われなくなった理由の一つに、虫の命を奪うことへの嫌悪感(注2)があるのだという。かわいそうだという気持はわかる。でも、実際にある昆虫を採るためには、その生態や食性、植物の状態について全て知らないといけない。何か一つが欠けても、その虫は見つけられない。結局、昆虫採集とは自然そのものを知り、自然環境の大切さを知ることへもつながるのである。ところが、ただテレビや図鑑を見ているだけではそうはいかない。バーチャル(注3)でない「現実」に触れる意味は大きいはずだ。

（注1）昆虫採集：虫を採って集めること
（注2）嫌悪感：強い不快感を持つこと
（注3）バーチャル：仮想的、疑似的

問 筆者は昆虫採集に対してどのように考えているか。

1 虫の命を奪うことに対し、かわいそうだと思う「生命の大切さ」を知るきっかけになるはずだ。

2 テレビや図鑑でも生き物を見ることはできるが、現実の自然に自分の体で触れるという点で意味は大きい。

3 テレビや図鑑で珍しい昆虫の生態を体系的に学ぶことができるから、わざわざ虫の命を奪う必要はない。

4 命が軽く扱われている現実を昆虫採集や虫の生態の観察をすることを通して知るべきだ。

해석 최근에 곤충채집을 별로 안 하게 된 이유의 하나로 곤충의 생명을 앗아버리는 일에 대한 혐오감이 있다고 한다. 불쌍하다는 심정은 이해가 간다. 하지만 실제로 어떤 곤충을 잡기 위해서는 그 생태와 식성, 식물의 상태에 대해 모두 알지 않으면 안 된다. 뭔가 하나가 부족하더라도 그 곤충을 찾을 수는 없다. 결국 곤충채집이란 자연 그대로를 알고 자연환경의 소중함을 아는 것으로 이어진다. 그런데 단지 TV나 도감을 보고 있는 것만으로는 그렇게 되지 않는다. 버츄얼(가상)이 아닌 '현실'에 접하는 의미는 클 것이다.

(주1) 곤충채집: 곤충를 잡아서 모으는 것
(주2) 혐오감: 강한 불쾌감을 가지는 것
(주3) 버츄얼: 가상적, 의사적

필자는 곤충채집에 대해서 어떻게 생각하고 있나?

1 곤충의 생명을 앗아버리는 것에 대해, 불쌍하다고 생각하는 '생명의 소중함'을 알게 되는 계기가 될 것이다.
2 TV나 도감에서도 생물을 볼 수는 있지만, 현실세계에 있는 자연에 자신의 몸으로 접한다는 점에서 큰 의미를 가진다.
3 TV나 도감에서 희귀한 곤충의 생태를 체계적으로 배울 수 있으므로 일부러 곤충의 생명을 앗아버릴 필요는 없다.
4 생명이 가볍게 취급되고 있는 현실을 곤충채집이나 곤충의 생태를 관찰함으로써 알아야 한다.

어휘 近頃(ちかごろ) 최근 | 昆虫採集(こんちゅうさいしゅう) 곤충채집 | 命(いのち) 생명 | 奪(うば)う 빼앗다 | 嫌悪感(けんおかん) 혐오감 | 昆虫(こんちゅう) 곤충 | 採(と)る 잡다 | 生態(せいたい) 생태 | 食性(しょくせい) 식성 | 全(すべ)て 모두 | 欠(か)ける 부족하다 | 自然環境(しぜんかんきょう) 자연환경 | つながる 이어지다 | 図鑑(ずかん) 도감 | バーチャル 버츄얼, 가상적 | 現実(げんじつ) 현실 | 触(ふ)れる 접하다 | 不快感(ふかいかん) 불쾌감 | 仮想的(かそうてき) 가상적 | 疑似的(ぎじてき) 의사적, 유사적 | 体系的(たいけいてき) 체계적 | 扱(あつか)う 취급하다 | 観察(かんさつ)する 관찰하다

표현 ~ないといけない : ~하지 않으면 안 된다, ~해야 한다 =~ないとだめだ

危険なものを取り扱う際は、十分に注意しないといけない。위험한 물건을 다룰 때에는 충분히 주의해야 한다.

シャンプーの後、リンスは必ず使わないといけないんですか。
샴푸를 한 후에 린스는 반드시 사용하지 않으면 안 되나요?

~へ(に)つながる : ~와 연관이 있다 =~と関係がある, ~と結びつく

努力が成功につながる。노력이 성공으로 이어진다.

事件解決につながる遺留品。사건해결과 연관이 있는 유품.

はずだ : 당연하다 (당연한 도리나 확신을 가지고 이야기할 때 사용)

こんな簡単な問題、君ならすぐに解けるはずだ。문제가 이렇게 쉬우니까, 너라면 바로 풀 수 있을 거야.

해설 곤충채집에 대해서 필자가 어떻게 생각하고 있는지를 묻는 문제입니다. 최근에 곤충의 생명을 앗아가는 것에 대한 혐오감으로 곤충채집이 줄어들었다고 하는데, 이에 대해 필자가 어떤 생각을 가지고 있는지 파악하면 됩니다. 우선 곤충이 불쌍하기는 하지만, でも(하지만) 실제로 곤충을 잡으려면 그에 대한 전반적인 것들을 파악하고 있어야 하며, 생명이나 자연환경의 소중함을 알게 되는 계기가 된다고 했습니다. 또한 ところが(그런데), TV나 도감을 보는 것만으로는 그렇게 되지 않는다고 했습니다. 정답은 2번으로 가상이 아닌 현실 세계의 자연 속에서 직접 곤충을 접한다는 점에 큰 의미가 있다고 했습니다.

정답 2

적중 예상 문제 03

2分

시간 안에 풀도록 연습하세요!

問題　次の文章を読んで、後の問いに対する答えとして最もよいものを、1・2・3・4から一つ選びなさい。

締め切り間近だというのに、どうしても原稿が書けない日というものがあります。そんな時、書こう書こうと思えば思うほど、逆に頭の中が複雑になってきます。私はこうなれば無理に書かなくてもいいと、思い切って何か別のことを始めます。そして、リラックスした気持ちで自分の好きなことをしているうちに、書く内容がなんとなく頭に浮かび、書きたい気持ちになってきます。そのタイミング(注1)で再び机に向かうと、ペンが進み、あっという間に書き上げることができるから不思議です。

(注1) タイミング：あることをするのにちょうどよい時機・瞬間

問　筆者は原稿が書けない時、どうすると言っているか。

1 自然に書きたい気持ちになるまで、机から離れてゆっくりと他のことをしながら過ごす。
2 締め切りは守らなければならないので、不思議な力を信じて机の前で書けるように努力する。
3 無理に書かなくてもいいと、自分自身をリラックスさせながら机に向かうようにする。
4 原稿を書くことをあきらめて、一日中自分の好きなことをして過ごすようにする。

시나공법 01 **적중 예상 문제 해설 03**

해석 마감일이 코앞인데도 원고가 도무지 잘 써지지 않는 날이 있습니다. 그럴 때 쓰려고 생각하면 할수록 반대로 머리 속이 복잡해지기만 합니다. 저는 이렇게 되면 무리해서 쓰지 않아도 된다고 생각하고서 큰마음 먹고 뭔가 다른 일을 시작합니다. 그리고 편안한 마음으로 내가 좋아하는 일을 하는 사이에 쓸 내용이 무심코 머리에 떠올라서 쓰고 싶은 기분이 듭니다. 그런 타이밍에 다시 책상을 향하면 펜이 술술 움직여서 순식간에 다 써버릴 수 있기 때문에 신기합니다.

(주1) 타이밍: 어떤 일을 하는데 딱 알맞은 시기나 순간

필자는 원고가 안 써질 때 어떻게 한다고 하는가?

1 자연스럽게 쓰고 싶은 마음이 생길 때까지 책상에서 벗어나서 천천히 다른 일을 하면서 보낸다.
2 마감을 지키지 않으면 안 되기 때문에 신기한 힘을 믿고 책상 앞에서 쓸 수 있도록 노력한다.
3 무리해서 안 써도 된다고, 스스로를 편안하게 만들면서 책상에 앉도록 한다.
4 원고 쓰기를 포기하고 하루 종일 자신이 좋아하는 일을 하면서 보내도록 한다.

어휘 締(し)め切(き)り 마감 | 間近(まぢか) 임박함 | どうしても 아무리 해도 | 原稿(げんこう) 원고 | 逆(ぎゃく)に 반대로 | 複雑(ふくざつ) 복잡 | 思(おも)い切(き)って 큰마음 먹고 | 別(べつ) 다름 | リラックス 편안한 | なんとなく 무심코 | 浮(う)かぶ 떠오르다 | タイミング 타이밍 | 再(ふたた)び 다시 | 向(む)かう 향하다 | 進(すす)む 나아가다 | あっという間(ま)に 순식간에 | 書(か)き上(あ)げる 다 쓰다 | 不思議(ふしぎ) 신기하다 | 離(はな)れる 벗어나다 | 信(しん)じる 믿다 | あきらめる 포기하다 | 一日中(いちにちじゅう) 하루 종일 | 過(す)ごす 보내다

표현 **~ば~ほど** : ~하면 할수록

研究すればするほどわからないことが出てくる。 연구하면 할수록 모르는 것이 나온다.

車の数が増えれば増えるほど公害問題が深刻化していく。 자동차 수가 늘어나면 날수록 공해 문제 심각해진다.

~というのに : ~라고 하는데도, ~라는데

久しぶりの休日だというのに、家でゴロゴロしています。
오랜만의 휴일이라는데 집에서 뒹굴뒹굴하고 있습니다.

9月ももう終わりだというのにまだまだ暑いですね。 이제 9월도 끝이라는데 아직까지 덥군요.

~うちに : ~일 때, ~하는 동안에 ＝以内, あいだ

やりたいことがあるのなら、少しでも早いうちに始めた方がいい。
하고 싶은 일이 있다면 조금이라도 일찍 시작하는 편이 낫다.

覚えているうちに(＝忘れないうちに)、習ったことを復習しましょう。
외우고 있는 동안에(=잊어버리기 전에) 배운 것을 복습합시다.

~上(あ)げる : ~을 끝까지 하다, ~을 다 하다

大急ぎで報告書をしあげた。 아주 급하게 보고서를 완성했다.

自分の力で何かを作りあげることは、喜びをもたらします。
자신의 힘으로 뭔가를 만들어내는 일은 기쁨을 가져다 줍니다.

해설 원고가 써지지 않을 때 필자가 어떻게 하는지에 대해 묻는 문제입니다. 글이 안 써질 때는 무리하게 쓰려고 하지 말고 뭔가 다른 일을 시작하면서 마음을 편안하게 가지다 보면 무심코 쓸 내용이 머리에 떠올라 자연스럽게 글이 써진다고 합니다. 2번 신비스러운 힘을 믿고 책상에 앉아서 쓰려고 노력한다는 말은 없었고, 3번 마음을 편안하게 가지고 다른 일을 한다고 했지 책상을 향한다고는 하지 않았으며, 4번 원고를 아예 포기하고 하루 종일 자기가 하고 싶은 일을 한다는 이야기도 없었습니다. 따라서 정답은 자연스럽게 쓰고 싶은 마음이 들 때까지 책상에서 벗어나서 천천히 다른 일을 한다는 1번입니다.

정답 1

적중 예상 문제 04

2分

시간 안에 풀도록 연습하세요!

問題 次の文章を読んで、後の問いに対する答えとして最もよいものを、1・2・3・4から一つ選びなさい。

私は未婚であるが、別に独身主義者というわけではない。理想の結婚相手像というものがあり、それだけはどうしても譲れないのである。それにこだわるあまり想う人に想われず、想わぬ人に想われて今に至っている。私は「きれいな顔」の人が好きである。何も美形でないといやだといっているのではない。人は今までの人生の送り方が顔に出るもので、これまで良い人生の送り方をしてきたということがにじみ出ている[注1]顔に魅力を感じるのである。

（注1）にじみ出る ：自然に現れ出る

問 筆者の理想の結婚相手とはどんな人のことか。

1 その人の生き方によって作られた魅力が外見から感じられる人
2 生き方や、性格とは関係なく、美形できれいな顔をしている人
3 自分の価値観を認めてくれ、なおかつ、きれいな心を持っている人
4 これまで裕福な人生を送ってきたことが顔の表情にも表れている人

해석 나는 미혼이지만 특별히 독신주의자는 아니다. 이상적인 결혼상대상이라는 것이 있는데, 그것만은 아무래도 양보할 수 없는 것이다. 그것에 너무 집착한 나머지 내가 좋아하는 사람은 나를 좋아하지 않고, 내가 좋아하지 않은 사람은 나를 좋아해서 오늘날에 이른 것이다. 나는 '아름다운 얼굴'을 가진 사람이 좋다. 특별히 아름다운 용모가 아니면 싫다고 하는 것은 아니다. 사람은 지금까지 지내온 인생이 얼굴에 나타나는 것이기 때문에 지금까지 좋은 인생을 지내왔다는 것이 자연스럽게 나타나는 얼굴에 매력을 느끼는 것이다.

(주1) 겉으로 나타나다: 자연스럽게 나타나다

필자의 이상적인 결혼상대란 어떤 사람을 말하는가?

1 그 사람의 살아온 삶에 의해 만들어진 매력이 외견상 느껴지는 사람
2 사는 방식이나 성격과는 상관없이 용모가 뛰어나고 아름다운 얼굴을 가진 사람
3 자신의 가치관을 인정해주고 또한 아름다운 마음을 가진 사람
4 지금까지 유복한 인생을 보내왔다는 것이 얼굴 표정에도 나타나 있는 사람

어휘 未婚(みこん) 미혼 | 別(べつ)に 특별히 | 独身主義者(どくしんしゅぎしゃ) 독신주의자 | 理想(りそう) 이상 | 相手像(あいてぞう) 상대상 | 譲(ゆず)る 양보하다 | こだわる 고집하다 | 至(いた)る 이르다 | 何(なに)も 특별히 | 美形(びけい) 미형, 아름다운 용모 | 人生(じんせい) 인생 | 送(おく)り方(かた) 보내는 법 | にじみ出(で)る 겉으로 나타나다 | 魅力(みりょく) 매력 | 現(あらわ)れ出(で)る 나타나다 | 外見(がいけん) 외견 | 価値観(かちかん) 가치관 | 認(みと)める 인정하다 | なおかつ 또한 | 裕福(ゆうふく) 유복 | 表情(ひょうじょう) 표정

표현 ～というわけではない : ~인 것은 아니다 (부분부정을 나타냄)

今日はとりわけ暑いというわけではない。 오늘은 특별히 더운 것은 아니다.

必ずしも日本へ行けば日本語が上手になるというわけではない。
일본에 가면 일본어를 반드시 잘 하게 되는 것은 아니다.

～あまり : 너무 ~한 나머지 (감정 등을 나타내는 말 뒤에 붙어서, 정도가 심한 상태에서 일어난 결과를 나타냄)

うれしさのあまり涙が出る。 너무 기쁜 나머지 눈물이 나온다.

成長や成功を急ぐあまり、基礎を軽んじてしまう人が多い。
성장과 성공을 너무 서두른 나머지 기초를 가볍게 여기고 마는 사람이 많다.

何も～ではない : 특별히 ~은 아니다 (특별히 그렇게 한정할 필요가 없다는 기분을 나타냄)

何も彼が憎くて言っているのではない。 특별히 그가 미워서 하는 말은 아니다.

「別れ」というのは何も悪いことばかりではない。 '이별'이라는 것은 특별히 나쁜 일만은 아니다.

해설 필자가 생각하는 이상적인 결혼상대가 어떤 사람인지 묻는 문제입니다. 본문에서 필자는 꼭 잘 생긴 용모를 바라는 것이 아니라, 지금까지 잘 지내온 인생살이가 얼굴에 묻어나는 사람이 좋다고 했습니다. 2번은 사는 방식이나 성격의 영향을 받아 그 아름다움이 얼굴에 나타나는 사람이 좋다고 했으므로 답이 아니며, 3번 자신의 가치관 혹은 그것을 인정하느냐 안 하느냐에 관한 언급은 본문에 없었으며, 4번 지금까지의 삶이 좋았다, 잘 지내왔다는 표현은 있지만, 유복했다는 말은 없었습니다. 따라서 그 사람이 지금까지 살아온 아름다운 삶이 외견상으로 보여지는 사람에게 매력을 느낀다고 한 1번이 정답입니다.

정답 1

적중 예상 문제 05

2分

시간 안에 풀도록 연습하세요!

問題 次の文章を読んで、後の問いに対する答えとして最もよいものを、1・2・3・4から一つ選びなさい。

医療技術の発達により、人間の平均寿命はどんどん延びつつある。果たして人間はどれほどまで長生きできるのだろうか。ある生物学者によると、哺乳類(注1)の寿命は、その成長過程の約5倍だそうだ。人間でいうと、その成長の最終段階は親知らず(注2)が生える時だという。親知らずは、普通20歳〜30歳の間に生えるのが一般的だ。20歳で生えたらその5倍である100歳、30歳だったら150歳まで生きられるということになる。

（注1）哺乳類：乳で子を育てる動物の総称
（注2）親知らず：人間の歯のうち最も遅く生える、上下左右計4本の奥歯

問 親知らずと寿命にはどんな関係があるのか。

1 親知らずが生える年齢がどんどん遅くなり、それとともに平均寿命も延びている。
2 歯科技術の発達により、親知らずは寿命にほとんど影響を与えなくなった。
3 人間の成長は親知らずが生える時まで行われ、寿命はその時の年齢と関係がある。
4 親知らずの有無によって、どれほど長生きできるかが変わってくる。

시나공법 01 **적중 예상 문제 해설 05**

해석 의료기술의 발달로 인해 인간의 평균수명은 점점 늘어나고 있다. 과연 인간은 어느 정도까지 오래 살 수 있는 것일까? 어느 생물학자에 의하면 포유류의 수명은 그 성장과정의 약 5배라고 한다. 인간으로 말하자면 그 성장의 최종단계는 사랑니가 나는 때라고 한다. 사랑니는 보통 20세~30세 사이에 나는 것이 일반적이다. 20세에 나면 그 5배인 100세, 30세라면 150세까지 살 수 있게 되는 것이다.

(주1) 포유류: 젖으로 새끼를 키우는 동물의 총칭

(주2) 사랑니: 인간의 치아 중에서 가장 늦게 나는 상하좌우 4개의 어금니

사랑니와 수명에는 어떤 관계가 있는가?

1 사랑니가 나는 연령이 점점 늦어져서 그것과 더불어 평균수명도 늘어나고 있다.
2 치과기술의 발달에 의해 사랑니는 수명에 거의 영향을 끼치지 않게 되었다.
3 인간의 성장은 사랑니가 날 때까지 이루어지고, 수명은 그 때의 연령과 관계가 있다.
4 사랑니의 유무에 따라 얼마나 오래 살 수 있는지가 달라진다.

어휘 医療技術(いりょうぎじゅつ) 의료기술 | 発達(はったつ) 발달 | 平均(へいきん) 평균 | 寿命(じゅみょう) 수명 | どんどん 점점 | 延(の)びる 늘어나다 | 果(は)たして 과연 | 長生(ながい)きする 장수하다 | 生物学者(せいぶつがくしゃ) 생물학자 | 哺乳類(ほにゅうるい) 포유류 | 成長(せいちょう) 성장 | 過程(かてい) 과정 | 倍(ばい) 배 | 最終(さいしゅう) 최종 | 段階(だんかい) 단계 | 親知(おやし)らず 사랑니 | 生(は)える 나다 | 一般的(いっぱんてき) 일반적 | 乳(ちち) 젖 | 育(そだ)てる 키우다 | 総称(そうしょう) 총칭 | 上下左右(じょうげさゆう) 상하좌우 | 奥歯(おくば) 어금니 | 影響(えいきょう) 영향 | 与(あた)える 끼치다 | 有無(うむ) 유무 | 変(か)わる 달라지다

표현 ～により、～つつある : ~로 인해(~에 의해) ~되고 있다

インターネットや携帯電話の普及により現代人の生活は急速に変化しつつある。
인터넷이나 휴대전화의 보급으로 인해 현대인의 생활은 급속도로 변화하고 있다.

果たして～だろうか : 과연 ~일까?

果たして釣りはスポーツといえるだろうか。 과연 낚시는 스포츠라고 할 수 있을까?

ブログ上で本を作るという方法は果たして成功するのだろうか。
블로그에서 책을 만든다고 하는 방법은 과연 성공할 것인가?

でいうと : ~로 말하자면

任天堂やソニーは、人間でいうと還暦を過ぎている。 닌텐도나 소니는 인간으로 말하자면 환갑이 지났다.

～ということになる : ~인 것이다, ~인 셈이다

調査の結果を見ると、企業が最も欲しい人材は「会社への忠誠心が高い人材」ということになる。
조사결과를 보면 기업이 가장 원하는 인재는 '회사에 대한 충성심이 높은 인재'인 것이다.

～とともに : ~와 더불어

経済の発展とともに生活のスタイルも変化していくものだ。
경제발전과 더불어 생활 스타일도 변화해가는 것이다.

해설 사랑니와 수명간에 어떤 관계가 있는지를 묻는 문제입니다. 포유류의 수명은 그 성장과정의 약 5배라고 하는데, 인간의 경우에는, 최종 성장단계인 사랑니가 난 나이의 5배만큼 살 수 있다고 합니다. 1번 사랑니가 나는 연령이 점점 늦어진다는 이야기는 없었고, 2번 치과기술의 발달과 사랑니의 관계에 대한 언급도 없었으며, 4번 사랑니의 유무에 따라 얼마나 오래 살 수 있는지가 달라진다는 이야기도 없었습니다. 정답은 3번 인간의 성장은 사랑니가 날 때까지이며, 수명은 그 때의 나이와 관계가 있다는 것입니다.

정답 3

적중 예상 문제 06

2分

✐ 시간 안에 풀도록 연습하세요!

問題 次の文章を読んで、後の問いに対する答えとして最もよいものを、1・2・3・4から一つ選びなさい。

アイデアというのは、機械的に手足を動かしている時よりも、頭を使って考えながら仕事に熱中している時などに浮かんでくるようだ。ある日突然思いつくことが多いので、「天からの贈り物」などとも言われるが、全く偶然に起こるはずはない。アイデアの生まれる条件は、「仕事についてある程度わかっていて、仕事の上で新しく工夫を加えるべき点が明確であり、そのことに夢中になっていること」である。

問 どんな時アイデアが生まれると言っているか。

1 仕事に対し、はっきりとした問題意識を持っている時に生まれる。

2 ある時突然、空から降ってくるように偶然に生まれる。

3 よく知っている機械的な作業に熱中している時に生まれる。

4 新しい仕事のことを熱心に頭を使って考えている時に生まれる。

해석 아이디어라는 것은 기계적으로 손발을 움직이고 있을 때보다 머리를 사용해서 생각하면서 일에 열중할 때 떠오르는 것 같다. 어느 날 갑자기 생각나는 일이 많기 때문에 '하늘에서 내려준 선물'이라고들 하지만, 전적으로 우연히 일어날 리가 없다. 아이디어가 생기는 조건은 '일에 대해서 어느 정도 알고 있고, 일을 하는데 있어서 새로운 궁리를 할 점이 명확하고, 그 일에 대해 푹 빠져 있어야 하는 것'이다.

어떤 때에 아이디어가 생긴다고 하는가?

1 일에 대해서 분명한 문제의식을 가지고 있을 때 생긴다.
2 어느 날 갑자기 하늘에서 내려오듯이 우연히 생긴다.
3 잘 알고 있는 기계적인 작업에 열중하고 있을 때 생긴다.
4 새로운 일에 대해 열심히 머리를 써서 생각하고 있을 때 생긴다.

어휘 アイデア 아이디어 | 機械的(きかいてき) 기계적 | 手足(てあし) 손발 | 動(うご)かす 움직이다 | 熱中(ねっちゅう)する 열중하다 | 浮(う)かぶ 떠오르다 | 突然(とつぜん) 갑자기 | 思(おも)いつく 생각나다 | 贈(おく)り物(もの) 선물 | 全(まった)く 전적으로 | 偶然(ぐうぜん)に 우연히 | 条件(じょうけん) 조건 | 工夫(くふう) 궁리 | 加(くわ)える 더하다 | 明確(めいかく) 명확 | 夢中(むちゅう)になる 푹 빠지다 | 作業(さぎょう) 작업

표현 熱中している、夢中になっている : 열중하다, 푹 빠져있다

ゲームに熱中しすぎて、客が来たのも気づかなかった。 너무 게임에 열중하느라 손님이 온 것도 몰랐다.

好きなことに夢中になっていると、ストレスも消えていきます。
좋아하는 일에 열중하다 보면 스트레스도 사라져버립니다.

～はずはない : ~일 리가 없다 (단정하거나 확신에 찼을 때 사용하는 표현) =はずがない

小学生にできることが高校生の私にできないはずはない。
초등학생이 할 수 있는 일을 고등학생인 내가 못할 리 없어.

うそだ～！そんなはずはない。 거짓말이야, 그럴 리 없어.

해설 어떤 때에 아이디어가 생기는지를 묻는 문제입니다. 아이디어는 손발을 움직일 때보다는 머리를 써서 일을 할 때 많이 떠오른다고 하고, 또한 갑자기 떠오르는 것처럼 느껴질지 몰라도 사실은 우연이 아니라 새로운 아이디어를 생각해 내기 위해서 열중하고 있을 때, 즉 문제의식을 가지고 있을 때 떠오르는 것이라고 합니다. 2번 아이디어는 우연히 떠오르는 것이 아니라고 했고, 3번 기계적인 작업이 아니라 머리를 써서 일할 때 떠오른다고 했으며, 4번 새로운 일이 아니라 어느 정도 잘 알고 있는 일에 대해서 궁리할 때라고 했습니다. 따라서 정답은 일에 대해 분명한 문제의식을 가지고 있을 때 아이디어가 떠오른다고 한 1번입니다.

정답 1

2分

✎ 시간 안에 풀도록 연습하세요!

問題 次の文章を読んで、後の問いに対する答えとして最もよいものを、1・2・3・4から一つ選びなさい。

　これまで海外ウェディングといえば、ビーチの美しい常夏(注1)の島、ハワイが一番人気だった。それが、2000年以降は、グアム挙式(注2)に対する注目が高まっている。その背景としては、ハワイと同様のリゾート地でありながらも、フライト時間が比較的短く、時差も約1時間ほどという所に位置する点。また、海外挙式の中でも低予算で済むことなどが挙げられる。そのため、同行者の多いカップルでも安心な上、同行者自身も国内旅行のような軽い気持ちで参加できるというメリット(注3)があるようだ。

（注1）常夏：常に夏のような気候であること
（注2）挙式：結婚式
（注3）メリット：長所

問 グアムでの挙式の人気が高まっている理由として正しいものはどれか。

1 気候がよくビーチの美しいリゾート地だから
2 日本から飛行機で約１時間と近くて移動が便利だから
3 結婚式の費用を他の地域に比べて安く抑えられるから
4 日本からの観光客が多く、国内のような感覚で安心だから

해석 지금까지 해외 웨딩이라고 하면 해변이 아름다운 항상 더운 섬, 하와이가 가장 인기가 많았다. 그게 2000년 이후에는 괌에서 치르는 결혼식이 주목을 받고 있다. 그 배경으로는 하와이와 같은 리조트 지역이면서도 비행시간이 비교적 짧고 시차도 약 1시간 정도인 곳에 위치하고 있다는 점. 또한 해외 결혼식 중에서도 저예산으로 치를 수 있다는 점 등을 들 수 있다. 그렇기 때문에 동행자(하객)가 많은 커플도 안심할 수 있는데다가 동행자(하객) 자신도 국내여행과 같은 가벼운 기분으로 참석할 수 있다는 장점이 있는 것 같다.

(주1) 상하: 항상 여름과 같은 기후임
(주2) 거식: 결혼식
(주3) 메리트: 장점

괌에서 치르는 결혼식이 인기가 많아진 이유로서 올바른 것은 무엇인가?
1 기후가 좋고 해변이 아름다운 리조트 지역이기 때문에
2 일본에서 비행기로 약 1시간이라서 가깝고 이동이 편리하기 때문에
3 결혼식 비용을 다른 지역에 비해 싸게 줄일 수 있기 때문에
4 일본에서 오는 관광객이 많아서 국내와 같은 감각으로 안심할 수 있기 때문에

어휘 ウェディング 웨딩 | ビーチ 비치, 해변 | 常夏(とこなつ) 상하, 항상 더운 | 挙式(きょしき) 결혼식 | 注目(ちゅうもく) 주목 | 高(たか)まる 높아지다 | 背景(はいけい) 배경 | ハワイ 하와이 | 同様(どうよう) 마찬가지 | リゾート地(ち) 리조트 지역 | フライト 비행 | 比較的(ひかくてき) 비교적 | 時差(じさ) 시차 | 位置(いち)する 위치하다 | 低予算(ていよさん) 저예산 | 済(す)む 해결되다 | 挙(あ)げる 들다 | 同行者(どうこうしゃ) 동행자 | カップル 커플 | メリット 장점 | 気候(きこう) 기후 | 長所(ちょうしょ) 장점 | 移動(いどう) 이동 | 費用(ひよう) 비용 | 地域(ちいき) 지역 | 抑(おさ)える 줄이다 | 観光客(かんこうきゃく) 관광객 | 感覚(かんかく) 감각

표현 **～といえば** : ~라고 하면, ~을 화제로 삼는다면
冬といえば、やっぱり温泉ですね。'겨울' 하면 역시 온천이지요.
大阪といえば、たこ焼き、関西弁、お笑いでしょうね。'오사카'하면 다코야키, 간사이 사투리, 개그지요.

～ながらも : ~이면서도, ~하면서도 (앞뒤 내용이 서로 모순되는 관계에 있음을 나타내는 표현)＝にもかかわらず
狭いながらも楽しいわが家。좁지만 즐거운 우리 집.
才能に恵まれながらも、世間に認められずに一生を終える人もいる。
재능이 있는데도 세상으로부터 인정받지 못하고 일생을 마치는 사람도 있다.

～に比べて : ~에 비해
今年の予算は去年に比べて１割増えた。올해 예산은 작년에 비해 1할 늘었다.
ネット銀行はこれまでの銀行に比べて、金利が高いのが大きな魅力の一つです。
인터넷은행은 기존 은행에 비해 금리가 높은 것이 큰 매력의 하나입니다.

해설 괌에서 치르는 결혼식이 인기가 많아진 이유를 묻는 문제입니다. 그 이유로는 리조트 지역이고, 비행시간이 짧고, 시차가 1시간 안팎이고, 적은 예산으로 식을 치를 수 있으며, 하객(동행자)들도 가벼운 기분으로 참석할 수 있다는 점을 들 수 있습니다. 1번은 괌뿐만 아니라 하와이도 해당되는 이유이기 때문에 정답이 될 수 없고, 2번 본문에서 1시간이라고 한 것은 시차이지 비행시간이 아니며, 4번 하객들이 가벼운 기분으로 참석할 수 있는 것은, 해외여행이지만 적은 예산으로 갈 수 있기 때문이지, 일본 관광객들 때문이 아닙니다. 정답은 3번 결혼식 비용을 다른 지역에 비해 싸게 줄일 수 있기 때문이라는 것입니다.

정답 3

적중 예상 문제 08

2分

✎ 시간 안에 풀도록 연습하세요!

問題 次の文章を読んで、後の問いに対する答えとして最もよいものを、1・2・3・4から一つ選びなさい。

先日、埋め立てごみを回収(注1)中の収集車(注2)より出火するという事故が発生しました。この火災の原因は、使い切っていないスプレー缶が「埋め立てごみ」として出され、それらを収集車で圧縮したときに、スプレー缶のガスに何らかの理由で引火したものと考えられます。

担当者によると、本来は「資源物」の袋に入れるはずのスプレー缶などが「埋め立てごみ」に混じって出されることは、少なくないとのことです。「面倒だ」「少しくらいなら大丈夫だろう」といった軽い気持ちのルール違反が、思わぬ事故の原因になります。

（注1）回収：使用済みのものなどを集めること

（注2）収集車：ごみを集める車

問 事故の原因は何だと言っているか。

1 スプレー缶がゴミとして出される際、正しく分別されていなかったから

2 ガスの残っているスプレー缶を知らずに埋め立ててしまったから

3 収集車で回収したスプレー缶を圧縮する際にミスがあったから

4 担当者がスプレー缶を資源物の袋に入れておくことを面倒くさがったから

적중 예상 문제 해설 08

해석　며칠 전 매립할 쓰레기를 회수 중인 수거차에서 불이 나는 사고가 발생했습니다. 이 화재의 원인은 다 사용하지 않은 스프레이 캔을 '매립용 쓰레기'로 버렸기 때문에, 그것들을 수거차로 압축했을 때 스프레이 캔의 가스에 어떤 이유에서인지 인화한 것으로 여겨집니다.

담당자에 의하면 원래는 '자원용' 봉지에 넣어야 할 스프레이 캔 등이 '매립용 쓰레기'에 섞여서 버려지는 일은 적지 않다고 합니다. "귀찮아", "조금쯤은 괜찮겠지"라는 가벼운 마음에서 저지르는 규칙위반이 뜻밖의 사고의 원인이 됩니다.

(주1) 회수: 다 사용한 것을 모으는 일
(주2) 수거차: 쓰레기를 모으는 차

사고의 원인은 무엇이라고 하는가?

1 스프레이 캔 쓰레기를 버릴 때 올바로 구분하지 못했기 때문에
2 가스가 남아있는 스프레이 캔을 모르고 매립해버렸기 때문에
3 수거차에서 회수한 스프레이 캔을 압축할 때 실수가 있었기 때문에
4 담당자가 스프레이 캔을 자원물 봉지에 넣어두는 것을 귀찮아했기 때문에

어휘 先日(せんじつ) 몇 일전 | 埋(う)め立(た)てる 매립하다 | ごみ 쓰레기 | 回収(かいしゅう) 회수 | 収集車(しゅうしゅうしゃ) 수거차 | 出火(しゅっか)する 불이 나다 | 事故(じこ) 사고 | 発生(はっせい)する 발생하다 | 火災(かさい) 화재 | 原因(げんいん) 원인 | 使(つか)い切(き)る 다 쓰다 | スプレー缶(かん) 스프레이 캔 | 出(だ)す 버리다 | 圧縮(あっしゅく)する 압축하다 | ガス 가스 | 引火(いんか)する 인화하다 | 担当者(たんとうしゃ) 담당자 | 本来(ほんらい) 원래 | 資源物(しげんぶつ) 자원물 | 袋(ふくろ) 봉지 | 混(ま)じる 섞이다 | 面倒(めんどう)だ 귀찮다 | ルール違反(いはん) 규칙위반 | 思(おも)わぬ 뜻밖의 | 正(ただ)しい 올바르다 | 分別(ぶんべつ) 구분 | ミス 실수 | 面倒(めんどう)くさい 몹시 귀찮다

표현 ～切る : 전부(완전히) ~하다 (切っていない 다 ~하지 않았다)

店頭で売れ残った商品はネットで売り切ってしまえばいい。
점포에서 팔다 남은 상품은 인터넷에서 다 팔아버리면 된다.
この小説を読み切るのに１ヶ月もかかった。이 소설을 다 읽는데 1달이나 걸렸다.

ごみを出す : 쓰레기를 버리다 (ごみが出される 누군가가 쓰레기를 버리다)

日本全国で出されるごみの量はどのくらいですか。
일본 전국에서 사람들이 버리는 쓰레기의 양은 어느 정도입니까?
ごみの出し方 쓰레기 버리는 법

～とのこと : ~라고 한다 (남에게 전해들은 이야기를 할 때 사용) =～という, ～だそうだ

「無料サービス」とのことですが、一切費用はかからないのですか。
'무료서비스'라고 들었는데, 일체 비용은 들지 않습니까?
あの映画は来週から公開されるとのことです。그 영화는 다음주부터 공개된다고 합니다.

해설 사고의 원인이 무엇인지 물어보는 문제입니다. 매립용 쓰레기를 회수 중인 수거차에서 화재가 발생했는데, 그 원인은 스프레이 캔을 압축시킬 때 난 불 때문이라고 합니다. 스프레이 캔은 원래 자원물 봉지에 넣어서 버려야 하는데 누군가가 매립용 쓰레기로 잘못 버려서 일어난 사건이었습니다. 2번 스프레이 캔을 아직 매립하지는 않았고, 3번 스프레이 캔을 압축시킬 때 화재가 난 것은 실수 때문이 아니라 다 사용하지 않은 스프레이 캔 때문입니다. 4번 자원물 봉지에 넣는 것을 귀찮게 생각한 것은 담당자가 아니라 쓰레기를 버린 사람입니다. 정답은 1번 누군가가 스프레이 캔을 잘못 버렸기 때문이라는 것입니다.

정답 1

적중 예상 문제 09

2分

✎ 시간 안에 풀도록 연습하세요!

問題 次の文章を読んで、後の問いに対する答えとして最もよいものを、1・2・3・4から一つ選びなさい。

拝啓

いつもお世話になっております。

さて、この度の注文番号：N-185の件ですが、あいにく在庫切れとなっております。本製品は年2回の計画生産で、次回の生産は来年6月となります。大変申し訳ございませんが、ご了承くださいますようお願い申し上げます。あわせて、代替商品として商品番号NQ-40のご案内をいたします。こちらの商品ですと生産地に違いはありますが、見た目、品質ともに違いはなく、すぐにご用意できます。サンプルをお送りいたしますのでご検討ください。

問 「ご検討」とあるが、何について検討するのか。

1 商品番号NQ-40の代替商品として注文番号N-185がふさわしいかどうか
2 注文製品と代替商品において、生産地と品質に違いがあるかどうか
3 商品番号NQ-40が在庫切れの商品の代わりになれるかどうか
4 来年6月の生産を待つか、あるいは他のところで商品を購入するか

적중 예상 문제 해설 09

해석 삼가 아룁니다.

항상 신세 많이 지고 있습니다.

그런데 이번 주문번호 : N-185건은 마침 재고가 다 떨어졌습니다. 본 제품은 1년에 2번 계획생산하고 있는데, 다음 생산은 내년 6월이 되겠습니다. 대단히 죄송하지만, 양해해 주시기 부탁합니다. 아울러 대체상품으로 상품번호 NQ-40을 안내하겠습니다. 이쪽 상품이라면 생산지가 다르기는 하지만, 겉으로 보기에 품질에 차이도 없고 곧바로 준비할 수 있습니다. 샘플을 보내드리오니 검토해주시기 바랍니다.

'검토'라는 말이 있는데, 무엇에 대해 검토하는 것인가?

1 상품번호 NQ-40의 대체상품으로서 주문번호 N-185가 적합한지 어떤지
2 주문제품과 대체상품 간에 생산지와 품질의 차이가 있는지 어떤지
3 상품번호 NQ-40가 재고가 떨어진 상품을 대신할 수 있는지 어떤지
4 내년 6월 생산을 기다릴지 혹은 다른 곳에서 상품을 구입할지

어휘 拝啓(はいけい) 삼가 아룁니다 | お世話(せわ)になる 신세 지다 | さて 그런데 | この度(たび) 이번 | あいにく 마침, 공교롭게도 | 在庫切(ざいこぎ)れ 재고가 다 떨어짐 | 製品(せいひん) 제품 | 生産(せいさん) 생산 | 次回(じかい) 다음 번 | 了承(りょうしょう) 양해 | あわせて 아울러 | 代替(だいたい) 대체 | いたす 하다 | 生産地(せいさんち) 생산지 | 違(ちが)い 차이 | 見(み)た目(め) 겉으로 보기에 | 品質(ひんしつ) 품질 | 用意(ようい) 준비 | サンプル 샘플 | 検討(けんとう) 검토

표현 경어표현

① 비즈니스 용어의 인사말

お世話になっております (신세 많이 지고 있습니다) 비즈니스 문서나 전화에서 쓰는 첫인사

大変申し訳ございません (대단히 죄송합니다)

お願い申し上げます (부탁 드립니다)

② ご/お～いたす : ~해 드리겠습니다

お送りいたします (보내 드리겠습니다)

③ ご/お～ください : ~해주십시오 (정중하게 명령할 때 쓰는 말)

ご了承ください (양해해주십시오)

ご検討ください (검토해주십시오)

④ ご/お～くださいますよう : ~해 주시기를

料金を着払いでご送付くださいますようお願いいたします。 요금을 착불로 송부해주시기를 부탁 드립니다.

どうかもうしばらくお待ちくださいますようお願いいたします。

부디 조금만 더 기다려주시기를 부탁 드립니다

해설 본문 제일 마지막에 나온 '검토'라는 말이 무엇을 검토하는 것인지를 묻는 문제입니다. 본문은 지금 현재 주문한 상품의 재고가 없기 때문에 이에 대체할 말한 다른 상품을 안내하는 문서이며, 샘플을 보고 대체상품으로 결정할지 어떨지를 검토해달라고 했습니다. 1번은 상품번호 NQ-40의 대체상품이 아니라 주문번호 N-185의 대체상품이고, 2번 두 제품의 생산지는 다르지만 품질은 같다고 했으며, 4번 다른 곳에서 구입할지를 검토해달라는 이야기는 없습니다. 정답은 3번 상품번호 NQ-40가 재고가 떨어진 주문상품을 대신할 수 있는지 어떤지를 검토해달라는 것입니다.

정답 3

적중 예상 문제 10

2分

✎ 시간 안에 풀도록 연습하세요!

問題 次の文章を読んで、後の問いに対する答えとして最もよいものを、1・2・3・4から一つ選びなさい。

レストラン「アトーレ」では、よりいっそう皆さまにゆったりとお食事を楽しんでいただけますよう、桜山ビルにて新たにお店をオープンすることになりました。

つきましては、5月30日にいったん現在のお店は閉じまして、6月10日より新店舗[注1]での営業を始めさせていただきます。これまで以上に美味しい食事をご提供できますよう、ますます精進して皆様のお越しをお待ちしております。同封のチラシにて、移転先住所および地図、新装レストランのメニューをご覧下さい。なお、電話番号・営業時間・休業日は、これまでどおりとなっております。

（注1）店舗：お店

問 この文書のタイトルとして合うものはどれか。

1 新しいレストランのメニュー案内
2 営業時間変更に関する案内
3 レストラン「アトーレ」の移転案内
4 新装レストランのオープン日案内

해석 레스토랑 '아토레'에서는 여러분께서 한층 더 여유 있게 식사를 즐기실 수 있도록 사쿠라야마 빌딩에서 새로 점포를 오픈하게 되었습니다.

이에 5월 30일에 일단 현재 가게는 닫고 6월 10일부터 새 점포에서 영업을 시작하겠습니다. 지금까지 이상으로 맛있는 식사를 제공할 수 있도록 더욱더 정진하여 여러분의 왕림을 기다리고 있겠습니다. 동봉한 전단지에서 이전하는 곳 주소 및 지도, 신장 레스토랑 메뉴를 보십시오. 또한 전화번호, 영업시간, 휴업일은 지금까지와 같습니다.

(주1) 점포: 가게

이 문서의 제목으로 적당한 것은 어느 것인가?

1 새 레스토랑의 메뉴 안내
2 점포의 영업시간 변경에 관한 안내
3 레스토랑 '아토레'의 이전 안내
4 신장 레스토랑의 오픈 날짜 안내

어휘 レストラン 레스토랑 | よりいっそう 한층 더 | ゆったりと 여유 있게 | 楽(たの)しむ 즐기다 | 新(あら)た 새로함 | つきましては 이에 | いったん 일단 | 閉(と)じる 닫다 | 新店舗(しんてんぽ) 새 점포 | 営業(えいぎょう) 영업 | 提供(ていきょう)する 제공하다 | ますます 더욱더 | 精進(しょうじん)する 정진하다 | お越(こ)し 왕림 | 同封(どうふう) 동봉, 같이 넣음 | チラシ 전단지 | 移転先(いてんさき) 이전하는 곳 | および 및 | 新装(しんそう) 신장, 새로 꾸밈 | なお 또한 | 休業日(きゅうぎょうび) 휴업일

표현 경어표현

よりいっそう (한층 더 =もっと)
始めさせていただきます (시작하겠습니다)
お待ちしております (기다리고 있겠습니다)
ご覧下さい (봐 주십시오)

にて : ~에서(장소), ~로(수단) (での 문어(文語)체 표현)

面接は本社にて行います。 면접은 본사에서 합니다.
飛行機にて現地に向かいます。 비행기로 현지로 향합니다.

ご~できますよう : ~하실 수 있도록

インターネットでご予約できますよう設備を整えたいと思います。
인터넷으로 예약할 수 있도록 설비를 정돈하고 싶습니다.
皆さまのご希望にお応えできますよう努力いたします。 여러분의 희망에 부응할 수 있도록 노력하겠습니다.

해설 본문의 제목으로 적당한 것을 고르는 문제입니다. 서두에서 사쿠라야마 빌딩에서 새로 레스토랑을 오픈하게 되었다고 소개한 후에, 현재 점포의 영업일과 새 점포의 영업 개시일, 동봉하는 전단지에 관해 간단하게 안내하고 있습니다. 1번 새 점포의 메뉴 안내는 전단지에 있다고 했고, 2번 새로 개점하는 가게의 영업시간 안내는 부수적인 내용이지 주된 내용이라고 하기는 어렵습니다. 4번 새 점포의 오픈 날짜 안내가 이 문서를 읽는 이에게 중요하기는 하지만, 그 이외에도 새 점포의 위치, 오픈 날짜, 기타 안내사항 등이 쓰여져 있기 때문에 이 문서의 전체적인 제목으로 가장 적당한 것은 3번 레스토랑 '아토레'의 이전 안내입니다.

정답 3

꼭 알아두세요!

경어

일본어의 경어는 일반적으로는 존경어, 겸양어, 정중어의 3종류로 분류되지만, 문부과학대신(文部科学大臣)의 자문기관인 문화심의회가 2007년에 새롭게 발표한 새로운 〈경어의 지침〉에서는 겸양어를 겸양어Ⅰ과 겸양어Ⅱ, 두 가지로 나누고, 기존의 정중어를 정중어와 미화어로 나눈 5종류로 분류하고 있습니다. 이에 대하여 하나씩 설명하겠습니다.

존경어

말하는 사람이 화제의 인물이나 사물을 존대하여 말할 때 사용합니다. 주어는 경의를 받는 사람입니다.

1. 특정형: 行く・来る・いる → いらっしゃる처럼 특정한 형태가 됩니다. (※ P208 경어표 참고)
2. 일반형: ① お(ご)~になる

   書く→お書きになる　　　利用する→ご利用になる

   ② れる/られる형(수동형과 같은 형태)

   書く→書かれる　　　散歩する→散歩される

겸양어

겸양어Ⅰ

자기쪽(말하고 있는 본인이 아닐 수도 있음)에서 상대방을 향한 행위 등에 대하여, 행위가 향해지는 인물을 존대하여 말할 때 사용합니다.

1. 특정형: 訪ねる→伺う 처럼 특정한 형태가 됩니다. (※ P208 경어표 참고)
2. 일반형 :お(ご)~する / お(ご)~いたす

   届ける → お届けする　　　案内する → ご案内する

겸양어Ⅱ

자기 쪽의 행위 등을 상대방에 대해서 정중하게 말할 때 사용합니다. 겸양어Ⅰ과의 차이는 경의의 대상이 되는 사람이 없고, 그저 자기자신을 낮춰서 말한다는 점입니다. '行く・来る→参る' 처럼 특정한 형태가 됩니다.

明日、9時に会社に参ります。　　　私は田中太郎と申します。

정중어

상대방에 대하여 '~です' '~ます' 식의 정중한 말투를 쓰는 것입니다.

私は学生です。　　　毎日学校へ行きます。

미화어

お酒, お料理, お米 처럼 사물을 미화한 말투를 말합니다.

시나공법 02

중문 이해

2번째 문제 유형은 〈중문 이해〉로 500자 정도의 비교적 평이한 내용의 설명문, 평론, 해설, 수필 등 본문을 읽고 내용의 개요나 핵심에 대한 질문에 답하는 형태로, 지문 3개와 각 지문 당 3개의 문제가 출제됩니다. 즉, 총 문제 수는 9문제입니다.

사실관계뿐만 아니라 인과관계나 이유, 필자의 생각 등을 이해할 수 있는지 묻는 문제가 출제될 가능성이 높습니다. 키워드나 핵심이 되는 문장을 빨리 찾고 인과 관계, 이유, 지시어를 잘 파악하는 것이 중요합니다.

중문 이해는 18분 동안에 풀도록 합니다. 500자의 지문 3개와 각 지문에 달린 문제 3문항을 18분 동안에 읽고 풀어야 하므로, 차분하게 시간 내에 풀도록 연습하세요.

02 문제 유형 파악하기

문제 유형2는 중문 이해 문제로 3개의 지문에서 각각 3문제씩 출제될 예정입니다. 500자 정도의 장문을 읽고 3가지 질문에 답하는 문제입니다.

시험에 이렇게 나온다!

❶ 지문은 500자 내외로 평이한 내용의 설명문, 평론, 해설, 수필 등이 제시된다.

問題 次の文章を読んで、後の問いに対する答えとして最もよいものを、1・2・3・4から一つ選びなさい。

①人生は、よく山登りに例えられます。山道は決して平坦な道ばかりではなく、色々な場面に遭遇(注1)します。その難所を切り抜け、やっとの思いで頂上まで辿り着くことは、人生における身の回りの困難を乗り越えていく過程と似ています。

そして、何かを成し遂げた時に得られる達成感は、頂上で素晴らしい景色を見た時の②言葉では言い表わせないような感動と同じように、それまでの苦労も吹き飛ばしてくれます。途中で諦めずに、苦しさを耐え忍び、登り続けたからこそその景色を見ることができるのです。頂上で飲む水は、何よりも味わい深く、いま歩いて来た道をふりかえると充実感に満たされます。

また、進む速度に個人差があるという点も共通しています。周りに合わせようと無理をしてしまうと、後で苦しくなり、結局頻繁(注2)に休みを取らなくてはなりません。そうすると、かえって時間がかかることになります。人と比べず、自分のペースで進むということが大切なのです。道の途中で咲いている花を眺めたり、涼しい風を感じたりと山の楽しみ方も様々です。決まったルートはありません。自分なりに練り上げた登山計画で人生という山に挑み、急がず、自分のペースで幸せの頂点を目指して進んでいけばよいのです。

(注1) 遭遇：偶然に出会うこと
(注2) 頻繁：しばしば、何度も

❷ 지문 당 3문제가 출제되며, 글의 인과관계나 이유, 필자의 생각을 정확하게 이해했는지를 묻는 문제가 주로 출제된다.

問1 ①人生は、よく山登りに例えられます。とは、どういう意味か。

1 人生も山登りも早く頂上に辿りつくことが目的であるということ
2 人生も山登りのように苦難の後には喜びが待っているということ
3 色々な山道があるように人生においても必ず分かれ道があること
4 人生において困難を乗り切った人は山登りも楽にできるということ

問2 ②言葉では言い表わせないような感動の理由として、考えられることは何か。

1 最後まで諦めなかったおかげで、素敵な景色に出会えたから
2 難関を乗り越えた後に味わうことのできる喜びをおぼえたから
3 頂上で見た景色やおいしい水の味を忘れることができないから
4 実生活では誰も感じることのできない感動を得ることができたから

問3 山登りを通して私たちはどんな教訓が得られると言っているのか。

1 山登りも人生も人と比べず、自分のことだけを考えて好きなように進んでいくべきだ。
2 進む速度も楽しみ方も人それぞれなのだから、自分なりのペースで歩んでいけばよい。
3 前もって準備しておかないと困難に遭遇した場合、他の人より遠回りすることになる。
4 人生においても、花を眺めたりするような心の余裕やのんびりした時間を持つ方がよい。

해석 ①인생은 흔히 등산에 비유됩니다. 산길은 결코 평탄한 길만이 아니며, 여러 가지 장면에 조우하게 됩니다. 그 난관을 이겨내고 어렵게 정상까지 도달하는 일은 인생에 있어서 신변의 곤란을 극복하는 과정과 비슷합니다.

그리고 무언가를 해냈을 때 얻을 수 있는 성취감은 정상에서 멋진 광경을 봤을 때의 ②말로는 표현할 수 없을 듯한 감동과 마찬가지로 그때까지의 수고도 떨쳐버릴 수 있습니다. 도중에서 포기하지 않고 괴로움을 이겨내고 계속 올라갔기 때문에 그 광경을 볼 수가 있는 것입니다. 정상에서 마시는 물은 무엇보다도 깊은 맛이 있고, 지금 걸어온 길을 뒤돌아보면 충족감이 가득합니다.

또한 나아가는 속도에 개인차가 있다는 점도 공통됩니다. 주변과 맞추려고 무리를 하게 되면 나중에 힘들어져서 결국은 자주 휴식을 취하지 않으면 안 됩니다. 그렇게 되면 오히려 시간이 더 많이 걸리게 됩니다. 남과 비교하지 말고 자신의 페이스로 가는 것이 중요합니다. 산길에 피어있는 꽃을 바라보거나 시원한 바람을 느끼는 등, 산을 즐기는 방법도 여러 가지입니다. 정해진 루트는 없습니다. 자기 나름대로 검토해서 세운 등산 계획으로 인생이라는 산에 도전하고 서두르지 않고 자신의 페이스로 행복의 정점을 목표로 가면 되는 것입니다.

(주1) 조우 : 우연히 만나는 것
(주2) 빈번 : 자주, 몇 번이나

질문 1 ①인생은 흔히 등산에 비유됩니다.란, 어떤 뜻인가?
1 인생도 등산도 빨리 정상에 도달하는 것이 목적이라는 것
2 인생도 등산처럼 고난 후에 기쁨이 기다리고 있다는 것
3 여러 가지 산길이 있듯이 인생에서도 반드시 갈림길이 있다는 것
4 인생에서 곤란을 이겨낸 사람은 등산도 편하게 할 수 있다는 것

질문 2 ②말로는 표현할 수 없을 듯한 감동의 이유로서 생각할 수 있는 것은 무엇인가?
1 마지막까지 포기하지 않은 덕분에 멋진 광경을 만날 수 있었기 때문에
2 곤란을 이겨낸 후에 느낄 수 있는 기쁨을 맛보았기 때문에
3 정상에서 본 경치나 맛있는 물의 맛을 잊을 수 없기 때문에
4 실생활에서는 아무도 느낄 수 없는 감동을 얻을 수 있었기 때문에

질문 3 등산을 통해 우리는 어떤 교훈을 얻을 수 있다고 말하고 있는가?
1 등산도 인생도 남과 비교하지 말고 자신만을 생각해서 하고 싶은 대로 전진해야 한다.
2 전진하는 속도도 즐기는 방법도 사람마다 다르므로 자기 나름의 페이스로 걸어가면 된다.
3 미리 준비해두지 않으면 곤란에 조우했을 경우, 다른 사람보다 멀리 돌아가게 된다.
4 인생에서도 꽃을 바라보거나 하는 마음의 여유나 느긋한 시간을 가지는 편이 좋다.

어휘 例(たと)える 비유하다 | 山道(やまみち) 산길 | 平坦(へいたん) 평탄 | 難所(なんしょ) 난소, 난관 | 切(き)り抜(ぬ)ける 이겨내다 | 頂上(ちょうじょう) 정상 | 辿(たど)り着(つ)く 도달하다 | 乗(の)り越(こ)える 극복하다 | 過程(かてい) 과정 | 似(に)る 비슷하다 | 成(な)し遂(と)げる 이루다 | 達成感(たっせいかん) 성취감 | 素晴(すば)らしい 멋지다 | 言(い)い表(あら)わす 말로 표현하다 | 感動(かんどう) 감동 | 苦労(くろう) 고생 | 吹(ふ)き飛(と)ばす 쫓아버리다 | 諦(あきら)める 포기하다 | 耐(た)え忍(しの)ぶ 견뎌내다 | 味(あじ)わい 맛 | ふりかえる 뒤돌아보다 | 充実感(じゅうじつかん) 충실감 | 満(み)たす 충족시키다 | 速度(そくど) 속도 | 個人差(こじんさ) 개인차 | 共通(きょうつう)する 공통되다 | 頻繁(ひんぱん) 빈번 | 眺(なが)める 바라보다 | ルート 루트 | 練(ね)り上(あ)げる 잘 다듬어서 완성하다 | 挑(いど)む 도전하다 | 急(いそ)ぐ 서두르다 | 目指(めざ)す 목표로 삼다 | 苦難(くなん) 고난 | 分(わ)かれ道(みち) 갈림길 | 乗(の)り切(き)る 극복하다 | 味(あじ)わう 맛보다 | 実生活(じっせいかつ) 실생활 | 教訓(きょうくん) 교훈 | 遠回(とおまわ)り 멀리 돌아서 감 | 余裕(よゆう) 여유

표현 ～からこそ : ~이기 때문에, ~이기에

忙しいからこそ時間を有効に使うべきだ。 바쁘기 때문에 시간을 유용하게 사용해야 한다.

苦労するからこそ成長する。 고생을 하기 때문에 성장한다.

～に満たされる : (기분, 공허감 등이) ~로 채워지다, ~로 가득하다

物質的に満たされた生活 물질적으로 풍족한 생활

公園のベンチに座って木々を眺めていると、平和な気持ちに満たされます。
공원 벤치에 앉아서 나무들을 바라보면 평화로운 마음으로 가득찹니다.

해설 **질문 1**

인생이 흔히 등산에 비유된다는 것이 무슨 뜻인지 묻고 있습니다. 본문 내용을 보면, 평탄하지 않은 산길을 잘 올라가는 것은 인생의 곤란을 극복하는 과정과 같다고 했고, 그리고 이어서 등산 후의 성취감, 자기 나름의 페이스 등에 대해 이야기 하고 있습니다. 1번 정상에 오르는 게 목적이 아니라 정상을 오르기 위한 과정이 중요하다고 했고, 3번 여러 가지 산길이 있는 것을 인생의 갈림길과 연결해서 설명하지는 않았으며, 4번 등산을 편하게 할 수 있다는 언급은 없습니다. 정답은 인생도 등산처럼 어려움을 극복한 후에 기쁨을 누릴 수 있다는 2번입니다.

정답 2

질문 2

산 정상에 섰을 때 왜 말로는 표현할 수 없을 듯한 감동이 밀려오는지 그 이유에 대해서 묻고 있습니다. 인생과 등산의 비유가 이어지는 가운데, 밑줄 친 부분은 등산에서 정상에 올랐을 때 감동을 받은 이유를 묻는 문제인데, 2번 곤란을 이겨낸 후에 맛본 기쁨 때문이라는 것은 인생에서도 등산에서도 해당되는 일반적인 이야기이므로 정답이 될 수 없고, 3번 단순한 경치나 물맛 때문도 아니며, 4번 실생활에서 느끼는 감동에 관한 이야기도 아닙니다. 정답은 힘들지만 포기하지 않고 정상에 올라서 멋진 광경을 볼 수 있었기 때문이라고 한 1번입니다.

정답 1

질문 3

등산을 통해 우리가 얻을 수 있는 교훈이 무엇인지 묻는 문제입니다. 1번 자신만을 생각해서 하고 싶은 대로 전진해야 한다고도 하지 않았고, 3번 곤란에 조우했을 때 멀리 돌아가게 된다는 말도 없었으며, 4번 등산을 할 때 꽃을 바라보면서 느긋하게 올라가는 방법도 있다고 했으나 권하지는 않았습니다. 정답은 올라가는 속도나 즐기는 방법이 사람마다 다르기 때문에 자기 자신에게 맞는 페이스로 걸어가면 된다고 하는 2번입니다.

정답 2

TIP 1개의 지문에 3개의 문제가 있으므로 지문을 읽고 3개의 문제를 6분 안에 모두 풀어야 하므로 내용의 핵심을 빨리 파악하여 키워드 중심으로 풀어 나가야 합니다.

중문 이해 문제에서는 비교적 평이한 내용의 설명문, 평론, 해설, 수필 등 500자 정도의 본문을 읽고 내용의 개요나 핵심에 대한 질문에 답합니다. 사실관계뿐만 아니라 인과관계나 이유, 필자의 생각 등을 이해할 수 있는지 묻는 문제가 출제될 가능성이 높습니다.

1. 키워드나 핵심이 되는 문장을 찾자

N2에서는 그리 어렵지 않은 쉬운 내용의 평론이나 해설, 수필이 출제되는데, 도입부에서는 최근의 경향이나 수치, 통계 등을 빌려서 차근차근 이야기를 시작하는 경우가 많습니다. 그리고 중요한 내용은 비유, 비교표현을 사용하여 설명하기도 합니다. 또한 구체적인 내용을 추상적인 키워드로 설명하거나 혹은 그 반대로 추상적인 키워드를 구체적인 내용으로 풀어서 설명하기도 하는데, 이는 그 내용이 중요하다는 것을 나타내며, 그것이 바로 필자의 주장일 수도 있기 때문에 이러한 키워드를 중심으로 내용을 잘 파악하도록 합니다.

예제에서는 등산과 인생을 비유하고 있는데, 이것이 바로 키워드입니다. 등산과 인생은 어려움을 극복하는 과정, 목표를 수행한 후의 성취감, 자기 나름대로의 계획과 실행 등 비슷한 점이 많이 있다고 합니다. 이러한 핵심을 잘 파악한다면 문제를 쉽게 풀 수 있습니다. 예를 들면 キーワード「企業の優れたリーダー」とは、どんなリーダーか？(키워드인 '기업의 우수한 리더'란 어떤 리더인가?)와 같은 문제가 출제될 수 있습니다.

2. 인과 관계, 이유, 지시어를 잘 파악하자

500자 정도의 중문이기 때문에 앞뒤 문장과 단락이 어떻게 연결되는지, 특히 접속사를 중심으로 순접, 역접, 인과관계 등을 잘 짚으면서 읽어 나간다면 의외로 빨리 문맥을 파악할 수 있습니다. 보통, 인과관계의 경우,

	だから	
A(＝원인)	従って	B(＝결과)
	それゆえ	

'A이기 때문에 B가 된다'는 것을 정확히 알아두도록 합니다. 그리고 아래 문형도 자주 나오면서, 앞뒤 문맥 파악에 중요한 역할을 하므로 꼭 기억해 둡시다.

なぜかというと、～だからである どうしてかというと、～だからである	왜냐하면 ～이기 때문이다

또한 지시대명사의 경우에는 앞서 나온 문장을 잘 읽어보면 찾을 수 있으며, 정답이라고 생각되는 내용을 지시대명사에 대입했을 때 자연스럽게 의미가 잘 통한다면 그것이 정답입니다. 指示代名詞「それ」の指している内容は？(지시대명사 '그것'이 가리키는 내용은?)과 같은 문제가 출제될 가능성이 높습니다.

3. 필자의 생각, 주장을 잘 살펴보자

다양한 소재와 주제를 가진 다양한 형식의 글을 접했을 때, 글을 쓴 사람이 하고 싶은 말이 무엇인지, 무엇을 주장하고 있는지를 파악하는 일은 아주 중요합니다. 평론이나 설명문 같은 글은 객관적인 시점을 전제로 의견을 이야기하지만, 견문이나 감상 등을 쓴 수필 같은 경우에는 필자의 주관적인 관점에서 이야기하기 때문에 글의 내용과 흐름을 잘 이해해야 합니다. 문제에서 요구하는 답도 일반적인 의견이나 모범답안이 아니라, 필자가 본문에서 말하거나 주장하고 있는 내용이 무엇인지 묻는 경우가 많습니다.

또한 본문의 주장을 이해했다는 전제하에, 어떤 특정한 상황에서는 어떻게 하면 되는지를 묻는 문제도 출제되고 있습니다.

참고로 신시험 제1회 기출문제는 다음과 같습니다.

문제 11-1

60　①_______は、どういう意味か (①_____ 는 어떤 의미인가?)

61　②_______は、どういう意味か (②_____ 는 어떤 의미인가?)

62　みんなで会話をしている時には、どのような注意が必要か
(다같이 회화를 하고 있을 때에는 어떤 주의가 필요한가?)

문제 11-2

63　新聞の文字が大きくなった理由は何か
(신문의 글자가 커진 이유는 무엇인가?)

64　①_______は、どういう意味か (①_____ 는 어떤 의미인가?)

65　②_______は、どういう意味か (②_____ 는 어떤 의미인가?)

문제 11-3

66　①_______の理由として本文から考えられることは？
(①_____ 의 이유로서 본문으로부터 생각할 수 있는 것은?)

67　②_______は、どのようなものか (②_____ 는 어떤 것인가?)

68　筆者が言いたいことは？(필자가 말하고 싶은 것은?)

6分

시간 안에 풀도록 연습하세요!

問題 次の文章を読んで、後の問いに対する答えとして最もよいものを、1・2・3・4から一つ選びなさい。

「お盆」は、「お正月」と並ぶ日本最大の民俗行事です。特に、「お盆」は、三月三日の「ひな祭り(注1)」や五月五日「端午の節句(注2)」のようにその日一日だけの行事ではなく、いくつもの行事が長い日程にわたって重なり合ってできた、①巨大な「行事群」と言えます。

ところで、この「お正月」と「お盆」の間には不思議な対応関係があることが知られています。日本には、一年を通じて非常にたくさんの伝統の民俗行事、即ち「年中行事」が存在します。一見、脈絡(注3)なく行われているように見えるたくさんの行事の間には、きわめて単純明快な構造があることが、②民俗学の研究で明らかになってきました。

それは、年中行事の中でも最も基本となる「お正月」と「お盆」が一年十二ヶ月をちょうど半分にわけるような「対称的」な位置に置かれていること。そして、その間にあるさまざまな行事にも、同じく対称性が見いだせる、ということです。

③こうような「年中行事の構造」は、日本の民俗文化の基本的な構造の一つとして知られるようになってきています。こうした民俗行事の大きな枠組みは、日本列島に住む人が長い時間をかけてつくりあげてきたものである。

(注1) ひな祭り：女の子の健やかな成長を祈って行う行事
(注2) 端午の節句：男の子の健やかな成長を祈って行う行事
(注3) 脈絡： 物事の一貫したつながり

問1 ①巨大な「行事群」とあるが、このように言われる理由は何か。

1 たくさんの行事が数日間連続して行われるから
2 「お盆」も「お正月」も日本最大の民俗行事であるから
3 一日だけの行事ではあるもののスケールが大きいから
4 「お盆休み」に里帰りするのに結構時間がかかるから

問2 ②民俗学の研究で明らかになったのは、具体的にどんな内容か。

1 日本には長い日程にわたって行われる巨大な行事群があるということ
2 「お正月」と「お盆」がちょうど対称的な位置に置かれていること
3 日本の年中行事のうち、「お正月」と「お盆」が最大の行事であること
4 複雑に見える日本の年中行事の内容が実は単純明快であるということ

問3 ③こうような「年中行事の構造」は、どのようにして作られたものだと言っているのか。

1 日本の先祖たちによって少しずつ形づくられたものである。
2 民俗学者たちの研究の成果によって形成されたものである。
3 仏教の影響を受け、長い時間にわたり形づくられたものである。
4 外国から伝わったものが、日本独自の形に変化したものである。

해석 '오봉(お盆)'은, '설날'에 필적하는 일본 최대의 민속행사입니다. 특히 '오봉'은 3월 3일인 '히나마쓰리'나 5월 5일 '단오절'과 같이 그날 하루만의 행사가 아니라 몇 개나 되는 행사가 긴 일정에 걸쳐 서로 겹쳐져서 이루어진 ①거대한 '행사군'이라고 할 수 있습니다.

그런데 이 '설날'과 '오봉'간에는 신기한 대응관계가 있는 것으로 알려져 있습니다. 일본에는 1년을 통해서 상당히 많은 전통 민속행사, 즉 '연중행사'가 존재합니다. 언뜻 보기에 맥락 없이 이루어지고 있어 보이는 많은 행사 간에는 극도로 단순 명쾌한 구조가 있다는 것이 ②민속학 연구에서 밝혀지고 있습니다.

그것은 연중행사 중에서도 가장 기본이 되는 '설날'과 '오봉'이 1년 12개월을 꼭 반으로 나눈 듯한 '대칭적'인 위치에 놓여져 있다는 것. 그리고 그 사이에 있는 여러 가지 행사에도 마찬가지로 대칭성이 보인다는 것입니다.

③이러한 '연중행사의 구조'는 일본 민속문화의 기본적인 구조의 하나로서 알려지게 되었습니다. 이러한 민속행사의 큰 틀은 일본열도에 사는 사람이 오랜 시간에 걸쳐 만들어온 것이다.

(주1) 히나마쓰리 : 여자아이의 건강한 성장을 기원하며 행하는 행사
(주2) 단오절 : 남자아이의 건강한 성장을 기원하며 행하는 행사
(주3) 맥락 : 어떤 일이 일관되게 이어진 것

질문 1 ①거대한 '행사군'이라고 되어 있는데, 이렇게 말하는 이유는 무엇인가?

1 여러 가지 행사가 며칠간 연속으로 행해지기 때문에
2 '오봉'도 '설날'도 일본 최대의 민속행사이기 때문에
3 하루만의 행사지만 규모가 크기 때문에
4 '오봉 연휴'에 귀성하는데 꽤 시간이 걸리기 때문에

질문 2 ②민속학 연구에서 밝혀지고 있다는 것은 구체적으로 어떤 내용인가?

1 일본에는 긴 일정에 걸쳐서 행해지는 거대한 행사군이 있다는 것
2 '설날'과 '오봉'이 꼭 대칭적인 위치에 놓여져 있다는 것
3 일본의 연중행사 중에서 '설날'과 '오봉'이 최대 행사라는 것
4 복잡하게 보이는 일본의 연중행사 내용이 실은 단순 명쾌하다는 것

질문 3 ③이러한 '연중행사의 구조'는 어떻게 만들어진 것이라고 말하고 있는가?

1 일본 선조들에 의해 조금씩 만들어진 것이다.
2 민속학자들의 연구성과에 의해 형성된 것이다.
3 불교의 영향을 받아 오랜 시간에 걸쳐 만들어진 것이다.
4 외국에서 전해진 것이 일본의 독자적인 형태로 변화한 것이다.

어휘 お盆(ぼん) 음력 7월 15일(현재는 양력 8월 15일)을 중심으로 일본에서 행해지는 선조의 혼을 모시는 일련의 행사 | お正月(しょうがつ) 설날 | ならぶ 나란히 서다 | 民俗(みんぞく) 민속 | 日程(にってい) 일정 | 重(かさ)なり合(あ)う 서로 겹쳐지다 | 巨大(きょだい) 거대 | 不思議(ふしぎ)だ 신기하다 | 対応(たいおう) 대응 | 通(つう)じる 통하다 | 伝統(でんとう) 전통 | 存在(そんざい)する 존재하다 | 一見(いっけん) 언뜻 보기에 | 脈絡(みゃくらく) 맥락 | きわめて 지극히 | 単純(たんじゅん) 단순 | 明快(めいかい) 명쾌 | 構造(こうぞう) 구조 | 明(あき)らかだ 명백하다 | 年中行事(ねんちゅうぎょうじ) 연중행사 | 半分(はんぶん) 반 | わける 나누다 | 対称的(たいしょうてき) 대칭적 | 見(み)いだす 찾아내다 | 枠組(わくぐ)み 틀 | 列島(れっとう) 열도 | つくりあげる 만들어내다 | 単(たん)に 단순히 | 節句(せっく) 명절 | 端午の節句(たんごの せっく) 단오절 | 一貫(いっかん)する 일관되다 | つながり 연결 | スケール 스케일 | 里帰(さとがえ)り 귀성 | 具体的(ぐたいてき) 구체적 | 成果(せいか) 성과 | 形成(けいせい)する 형성하다 | 仏教(ぶっきょう) 불교 | 影響(えいきょう) 영향 | 形(かたち)づくる 만들다 | 伝(つた)わる 전해지다 | 独自(どくじ) 독자적 | 変化(へんか)する 변화하다

표현 ～にわたって：～에 걸쳐서 (전체 범위에 미치는 것을 나타낼 때 사용함)

オリンピックは、あしたから約3週間にわたって開かれる。올림픽은 내일부터 약 3주간에 걸쳐서 열린다.

天気図をみると、明日はかなり広い範囲にわたって雨が降るようだ。
기상도를 보면 내일은 꽤 넓은 범위에 걸쳐서 비가 올 것 같다.

～を通じて：～을 통해서

韓国と日本のそれぞれの文化を通じて交流を図ろうと思う。
한국과 일본의 각각의 문화를 통해서 교류를 도모하고자 한다.

インターネットを通じて旧友に再会した。인터넷을 통해서 옛 친구와 다시 만났다.

해설 **질문 1**

거대한 '행사군'이라고 말하는 이유가 무엇인지 묻는 문제입니다. 밑줄 바로 앞에서 '몇 개나 되는 행사가 긴 일정에 걸쳐 서로 겹쳐져서 이루어진' 행사군이라고 했습니다. 3번 최대와 거대는 다른 뜻이고, 2번 하루만의 행사가 아니라고 했으며, 4번 귀성하는데 시간이 많이 걸린다는 내용은 없습니다. 정답은 1번인데, 본문과 선택지가 같은 표현이 아니라 약간 달라졌지만, 많은 행사가 며칠간에 걸쳐서 행해진다는 내용에는 변함이 없습니다. **정답** 1

질문 2

민속학 연구에서 밝혀진 내용이 구체적으로 무엇인지 묻는 문제입니다. 그에 대한 구체적인 내용은 바로 이어서「それは、～ていること。」라며 설명하고 있습니다. 1번 일본에는 거대한 행사군이 있다는 것과 3번 일본 연중행사 중에서는 설날과 오봉이 최대행사라는 것은 이미 서두에서 나온 이야기이고, 4번은 밑줄 바로 앞에 나오는 내용이기는 한데, 맥락이 없다는 이야기는 있지만 복잡하다고 하지는 않았습니다. 게다가 행사의 배치구조가 단순 명쾌하다는 것을 알았다는 것이지 행사의 내용이 단순하다는 것은 아닙니다. 정답은 설날과 오봉이 서로 대칭적인 위치에 놓여져 있다는 것입니다. **정답** 2

질문 3

대칭적인 연중행사의 구조가 어떤 식으로 만들어졌다고 하는지 묻는 문제입니다. 바로 이어서 그에 대한 설명이 나오고 있습니다. 2번 민속학자들의 연구성과에 의해 밝혀진 것이지 형성된 것은 아니고, 3번 불교의 영향을 받아서 만들어진 것은 아니며 4번 외국으로부터 전래되었다는 언급도 본문에서는 없었습니다. 정답은 1번 일본 선조들이 긴 시간에 걸쳐서 조금씩 만들어왔다는 것입니다. **정답** 1

시나공법 02 적중 예상 문제 02

6分

시간 안에 풀도록 연습하세요!

問題 次の文章を読んで、後の問いに対する答えとして最もよいものを、1・2・3・4から一つ選びなさい。

中高年世代になると自由に使える時間が増えてくる。以前は、そんな時間をもてあましてしまう人も多くいた。だが、最近は趣味を持つ事により、毎日を生き生きと明るく過ごしている人たちが増えたように思う。同じ趣味を持つ仲間と集まり、趣味に関する情報を共有したりしながら交友関係が広がるのはもちろん、毎日が新鮮な発見や感動の連続で、心身共に若々しさを保てるのだから、①一石二鳥と言える。

趣味を選ぶ際には、「自分には合いそうにない」といった先入観を捨てて、まずは、身近なものから始めてみるといい。つまらないと感じれば、他の趣味を探せばいいし、おもしろいと感じたら、続ければいいのである。やっているうちに、「次はこうしよう」とか、「続きをやりたい。②早く明日にならないかな」など、子どもの頃に感じた「ワクワクドキドキ感」が湧いてきたら、それはもう立派な趣味と言える。

また、趣味はひとつにこだわる必要はない。「あれもやりたい」「これもやりたい」と欲張ってもいいのだ。家族や周囲に迷惑をかけなければ、趣味をたくさん持っているからといって、非難される事もない。たくさんの趣味を持つことで、豊かなセカンドライフを楽しめればそれでいいのだ。

問1 ①一石二鳥とあるが、どんなことを言っているのか。

1 趣味を持つことで毎日新しい何かを発見し、感動し続けること
2 趣味を持つことでサークルで仲間もでき、情報交換もできること
3 趣味を持つことで人間関係が広がり、いつまでも若くいられること
4 趣味を持つことで新鮮な発見をすることにより、若さも感じられること

問2 ②早く明日にならないかなと言える理由は何か。

1 新しく始めた趣味が楽しくて楽しくてしかたないから
2 明日はまた違う趣味に挑戦してみたいと考えているから
3 趣味を持つことで子どもの時のように素直になれるから
4 始めたばかりの趣味を早く立派な趣味へと発展させたいから

問3 この文章で筆者が言いたいことは何か。

1 趣味は一つばかりにこだわらずに、たくさんあればあるほどいい。
2 趣味を持つことにより、豊かな老後の生活を楽しむことができる。
3 家族や周囲に迷惑をかけてはいけないので、趣味は慎重に選ぶべきだ。
4 つまらないと感じたものも、続けてみるとそのうち楽しくなってくる。

해석 중년세대가 되면 자유롭게 사용할 수 있는 시간이 늘어난다. 이전에는 그런 시간을 주체할 줄 모르는 사람도 많이 있었다. 하지만 최근에는 취미를 가짐으로써 매일 활기차고 밝게 지내고 있는 사람들이 늘어난 것 같다. 같은 취미를 가진 동료와 모여서 취미에 관한 정보를 공유하거나 하면서 교우관계가 넓어지는 것은 물론, 매일 신선한 발견이나 감동의 연속으로 심신이 모두 젊음을 유지할 수 있기 때문에 ①일석이조라고 할 수 있다.

취미를 고를 때에는 '자신에게 맞지 않을 것 같다'는 식의 선입관을 버리고, 우선은 주변에 있는 것부터 시작해보면 좋다. 재미없다는 생각이 든다면 다른 취미를 찾으면 되고 재미있다고 느꼈다면 계속하면 된다. 하고 있는 사이에 '다음에는 이렇게 하자'라든가 '다음 것을 하고 싶다. ②빨리 내일이 안 오나?' 등, 어릴 적에 느꼈던 '두근거림이나 설레임'이 생겼다면 그것은 이미 훌륭한 취미라고 할 수 있다.

또한 취미는 하나에 집착할 필요가 없다. '저것도 하고 싶다' '이것도 하고 싶다'고 욕심을 내도 괜찮다. 가족이나 주위에 폐를 끼치지 않는다면 취미를 많이 가지고 있다고 해서 비난 받는 일도 없다. 많은 취미를 가짐으로써 풍족한 제2의 인생을 즐기면 그걸로 되는 것이다.

질문 1 ①일석이조라고 되어 있는데, 어떤 것을 말하는가?
1 취미를 가짐으로써 매일 새로운 무언가를 발견하고 계속 감동하는 것
2 취미를 가짐으로써 서클에서 동료도 생기고 정보교환도 할 수 있는 것
3 취미를 가짐으로써 인간관계가 넓어지고 언제까지나 젊게 있을 수 있는 것
4 취미를 가짐으로써 신선한 발견을 함으로써 젊음도 느낄 수 있는 것

질문 2 ②빨리 내일이 안 오나?하고 말할 수 있는 이유는 무엇인가?
1 새로 시작한 취미가 너무 즐거워서 어찌할 바를 몰라서
2 내일은 또 다른 취미에 도전해 보고 싶다고 생각하고 있으므로
3 취미를 가짐으로써 어릴 적과 같이 순수해질 수 있어서
4 시작한 지 얼마 안 되는 취미를 빨리 훌륭한 취미로 발전시키고 싶어서

질문 3 이 문장에서 필자가 하고 싶은 말은 무엇인가?
1 취미는 하나에만 집착하지 말고 많이 있으면 있을수록 좋다.
2 취미를 가짐으로써 풍족한 노후생활을 즐길 수 있다.
3 가족이나 주위에 폐를 끼쳐서는 안 되기 때문에 취미는 신중하게 골라야 한다.
4 재미없다고 느낀 것도 계속 하다 보면 즐거워진다.

어휘 中高年(ちゅうこうねん) 중년과 고년, 보통 40~50대를 말함 | 世代(せだい) 세대 | もてあます 주체 못하다 | 生(い)き生(い)きと 생기 있게 | 仲間(なかま) 동료 | 共有(きょうゆう)する 공유하다 | 交友(こうゆう) 교우 | 新鮮(しんせん) 신선 | 連続(れんぞく) 연속 | 心身共(しんしんとも)に 몸과 마음이 모두 | 若々(わかわか)しさ 젊음 | 保(たも)つ 유지하다 | 一石二鳥(いっせきにちょう) 일석이조 | 先入観(せんにゅうかん) 선입관 | 身近(みぢか) 주변 | つまらない 재미없다 | ワクワク 두근두근 | ドキドキ感(かん) 두근거리는 설레임 | 湧(わ)く 솟아오르다 | こだわる 집착하다 | 欲張(よくば)る 욕심을 내다 | 周囲(しゅうい) 주위 | 迷惑(めいわく) 폐 | 非難(ひなん)する 비난하다 | セカンドライフ 제2의 인생 | 交換(こうかん) 교환 | 挑戦(ちょうせん)する 도전하다 | 素直(すなお)だ 순수하다 | 慎重(しんちょう)に 신중하게 | 老後(ろうご) 노후 | そのうち 멀지 않아

표현 ～そうにない : ~할 것 같지 않다 (양태를 나타내는 そうだ의 부정형)＝～そうもない

約束の時間に間に合いそうにない。약속 시간에 늦을 것 같다.

今夜は試験勉強のため、眠れそうにない。오늘밤은 시험공부 때문에 못 잘 것 같다.

～からといって : ~라고 해서 (~을 근거로 하여 내려진 판단이 항상 옳다고는 할 수 없음을 나타내는 표현이며, 뒷 문장에 주로 부정형이 올 경우가 많다)

暑いからといって、冷たいものばかり飲んでいるのは体によくない。
덥다고 해서 차가운 것만 마시면 몸에 좋지 않다.

アメリカへ行ったからといってみな英語が上手になるとは限らない。
미국에 갔다고 해서 모두 영어를 잘 하게 된다고는 할 수 없다.

～ことで : ~함으로써

機械を利用することで人類の文明は発展した。기계를 이용함으로써 인류 문명은 발전했다.

生活習慣を変えることで体も健康になります。생활습관을 바꿈으로써 몸도 건강해집니다.

해설 **질문 1**

무엇이 일석이조인지 그 내용을 묻는 문제입니다. '일석이조'는 '어떤 일을 하면 좋은 점이 2가지 있다'는 뜻이므로, 이 단어가 나오면 항상 '어떤 일'이 무엇인가, '좋은 점 2가지'가 무엇인가, 하는 3가지 포인트를 염두에 두도록 합시다. 여기서 '어떤 일'이란 '취미를 가지는 일'입니다. 좋은 점 2가지에 대해서는 일석이조 바로 앞에 ～はもちろん(~는 물론), ～だから(~이므로)라고 되어 있기 때문에 이 부분을 주의해서 읽어보면 되는데, 그 내용은 교우관계가 넓어지고 젊음을 유지할 수 있다는 2가지 내용입니다. 1번 신선한 발견이나 감동 때문에 젊음을 유지할 수 있다는 것, 2번 동료도 생기고 정보교환을 함으로써 교우관계가 넓어지는 것, 4번 신선한 발견을 통해 젊음도 느낄 수 있다는 것은 모두 일석이조의 내용 중 어느 한쪽에 지나지 않습니다. 2가지를 모두 포함하는 내용은 3번입니다.

정답 3

질문 2

취미생활을 하는 중에 "빨리 내일이 안 오나?"하고 말하는 이유가 무엇인지 묻는 문제입니다. 바로 이어지는 뒷부분에서 어릴 적에 느꼈던 설레임이 생겼다면 이미 훌륭한 취미라고 볼 수 있다고 했습니다. 2번 다른 취미에 도전해보려고 내일이 빨리 오기를 기다리는 것은 아니고, 3번 어릴 적처럼 순수해지기 위해서 취미생활을 하는 것도 아니며, 4번 그렇게 기다리는 것 자체가 이미 훌륭한 취미로 발전한 것이라고 했습니다. 정답은 새로 시작해본 취미가 너무 즐겁고 좋기 때문이라는 1번입니다.

정답 1

질문 3

이 문장에서 필자가 하고 싶은 말이 무엇인지 묻는 문제입니다. 본문에 쓰여진 문장이라고 해서 무조건 정답이 될 수 있는 것이 아니며, 말하고자 하는 핵심이 무엇인지를 이해해야 합니다. 1번 취미는 많으면 많을수록 좋다고는 했지만 그것이 중점적인 내용은 아니며, 3번 취미를 신중하게 고르라는 말은 없었고, 4번 재미가 없으면 다른 것을 찾아보라고 했습니다. 정답은 풍족한 제2의 인생(セカンドライフ)이라는 표현 대신에 풍족한 노후생활(老後の生活)을 즐길 수 있다고 한 2번입니다.

정답 2

적중 예상 문제 03

6分

시간 안에 풀도록 연습하세요!

問題　次の文章を読んで、後の問いに対する答えとして最もよいものを、1・2・3・4から一つ選びなさい。

時々、ふと子どもが欧米などの海外の学校に通っていたら、今のような勉強によるストレスはずいぶんと減るんじゃないかと考えることがある。想像するだけでも何かから解放されたように気分が軽くなる。今の中高生たちは学校の成績や受験に関する悩みが尽きない。心身ともに未熟なわりには、①彼らの抱えている荷が重すぎるように思う。外国帰りの人から話を聞くと、海外での生活は、勉強以外にもいろんなことが経験できるようだ。より楽しく、かつ充実した学生時代を送らせてあげられるのでは、とついつい考えてしまうのである。

とはいえ、すぐ明日にでも移住してしまえばいいということでもない。いざ発つとなれば、ここで今まで積み上げてきたものを全部切り捨てて、新しい環境で一からやりなおさなければならなくなる。②その辺でみんな悩んでしまうのだろう。人生なかなか思い通りにはいかないもので、理想としてはこの地を離れたいのだが、現実においてはそう簡単にはいかない。もっとも、多少のリスクがあったとしても、乗り越える勇気さえあれば踏み切ることができるかもしれない。しかし、今の時代、これが自分の道だと自信を持って歩いていく人は意外と少ないのではないだろうか。

問1 ①彼らの抱えている荷とは何か。

1 心と体がまだ成熟してないことに対する悩み
2 教科書や参考図書などが入っている重いかばん
3 学校の成績や受験などの悩みで受けるストレス
4 海外留学をしたいが、思い通りにいかない悩み

問2 ②その辺でみんな悩んでしまうのだろうと言ったのは、どうしてか。

1 子どもの学生時代を親の思い通りにすることはできないから
2 人生とはなかなか自分の思っている通りにはならないものだから
3 今まで築いてきたものを捨て、新しく始めなければならないから
4 海外へ移住するのは簡単だが、新しい環境に慣れるのは大変だから

問3 この文章で筆者が言いたいことは何か。

1 理想ばかり高く持っていても、現実はなかなか追いつけないものである 。
2 人生とは思い通りに行かないものなので、悩み続けて生きていくしかない。
3 多少のリスクがあっても、勇気さえあれば何事も乗り越えられるはずである。
4 描く理想はあっても、自信を持ってその道を歩いていくのは難しいことである。

해석 가끔씩 문득 우리 아이가 유럽이나 미국 등 해외의 학교에 다닌다면 지금과 같은 공부로 인한 스트레스는 꽤 줄어들지 않을까, 하고 생각하곤 한다. 상상하는 것만으로도 뭔가로부터 해방된 듯이 마음이 가벼워진다. 지금의 중고등학생들은 학교 성적이나 수험에 관한 고민이 끊이지 않는다. 몸과 마음이 미숙한 데에 비해서는 ①그들이 안고 있는 짐이 무거운 것처럼 느껴진다. 외국에서 살다 온 사람들의 이야기를 들으면 해외 생활은 공부 이외에도 여러 가지를 경험할 수 있는 것 같다. 보다 즐겁고 또한 충실한 학창시절을 보내도록 할 수 있지 않을까, 하는 생각이 어느덧 드는 것이다.

그렇다고는 해도 곧바로 내일 당장이라도 이주해버릴 수 있는 것도 아니다. 막상 출발하게 되면 여기서 지금까지 쌓아온 것을 모두 버리고 새로운 환경에서 처음부터 시작하지 않으면 안 된다. ②이 쯤에서 모두 고민에 빠지게 되는 것이다. 인생은 좀처럼 생각대로 안 되는 것이라서 이상적으로는 이 땅을 떠나버리고 싶지만 현실적으로는 그리 쉽게 되지 않는다. 하기야 다소의 위험부담이 있더라도 극복할 용기만 있다면 결단을 내릴 수 있을지도 모른다. 하지만 요즘 시대에 이것이 나의 길이라고 자신감을 가지고 걸어나가는 사람은 의외로 적지 않을까?

질문 1 ①그들이 안고 있는 짐이란 무엇인가?

1 마음과 몸이 아직 성숙하지 않은 것에 대한 고민
2 교과서나 참고도서 등이 들어있는 무거운 가방
3 학교 성적이나 수험 등에 의한 고민으로 받게 되는 스트레스
4 해외유학을 하고 싶지만 생각대로 안 되어서 고민하는 것

질문 2 ②이 쯤에서 모두 고민에 빠지게 되는 것이다.라고 말한 이유는 무엇인가?

1 아이의 학창시절을 부모 마음대로 할 수는 없기 때문에
2 인생이란 좀처럼 자신이 생각하는 대로 되지 않기 때문에
3 지금까지 쌓아온 것을 버리고 다시 새로 시작하지 않으면 안되기 때문에
4 해외에 이주하는 것은 쉽지만, 새로운 환경에 적응하는 것은 힘들기 때문에

질문 3 이 문장에서 필자가 말하고 싶은 것은 무엇인가?

1 이상만 높아져가도 현실은 좀처럼 쫓아갈 수 없는 것이다.
2 인생이란 생각대로 되지 않는 것이므로 계속 고민할 수밖에 없다.
3 다소의 위험부담이 있더라도 용기만 있다면 무엇이든지 극복할 수 있다.
4 꿈꾸는 이상이 있더라도 자신감을 가지고 그 길을 걸어가는 것은 어려운 일이다.

어휘 ふと 문득 | 減(へ)る 줄다 | 想像(そうぞう)する 상상하다 | 解放(かいほう) 해방 | 成績(せいせき) 성적 | 受験(じゅけん) 수험 | 悩(なや)み 고민 | 尽(つ)きる 끝나다, 바닥 나다, 떨어지다 | 未熟(みじゅく) 미숙 | 抱(かか)える 안다 | 荷(に) 짐 | 荷(に)が重(おも)い 부담스럽다, 부담이 크다 | 経験(けいけん) 경험 | より 보다 | かつ 또한 | つい 어느덧 | 移住(いじゅう)する 이주하다 | いざ 막상 | 発(た)つ 출발하다 | 積(つ)み上(あ)げる 쌓아 올리다 | 切(き)り捨(す)てる 잘라내다 | 環境(かんきょう) 환경 | やりなおす 다시 시작하다 | 辺(へん) 쯤 | 思(おも)い通(どお)り 생각대로 | 理想(りそう) 이상 | 離(はな)れる 떠나다 | 現実(げんじつ) 현실 | もっとも 하기야 | 多少(たしょう) 다소 | リスク 위험 | 乗(の)り越(こ)える 극복하다 | 勇気(ゆうき) 용기 | 踏(ふ)み切(き)る 결단을 내리다 | 意外(いがい)と 의외로 | 成熟(せいじゅく) 성숙 | 教科書(きょうかしょ) 교과서 | 参考(さんこう) 참고 | 図書(としょ) 도서 | 慣(な)れる 익숙해지다 | 築(きず)く 쌓다 | 捨(す)てる 버리다 | 追(お)いつく 따라잡다 | 描(えが)く 꿈꾸다

표현 ～わりには : ～에 비해서는 (당연한 결과나 예상과는 달리 의외로'라는 뜻) =～にしては

君は食べるわりにはあまり太らないね。넌 먹는 것에 비해서는 별로 살이 찌지 않는구나.

このメロンは安いわりにはおいしい。이 멜론은 싼 것치고는 맛있다.

～ということでもない : ~라고 할 수는 없다 (～ということだ의 부정형)

お付き合いの相手として、ハンサムでなければだめということでもない。

사귀는 상대로서 잘생기지 않으면 안 된다는 것은 아니다.

漢字はただ書けばいいということではなく、覚えなければ意味がない。

한자는 그저 쓰기만 하면 되는 것이 아니라, 외우지 않으면 의미가 없다.

해설 **질문 1**

지금의 중고등학생들이 안고 있는 짐이 무엇인지 묻는 문제입니다. 1번 몸과 마음이 미숙하기는 하지만 그에 대해 고민하는 것은 아니고, 2번 짐이라고 해서 그들이 매고 있는 가방을 가리키는 것은 아니며, 4번 본문에서 자녀들의 유학을 고민하는 것은 학생들이 아니라 부모입니다. 정답은 학교 성적이나 수험 때문에 받게 되는 스트레스라고 한 3번입니다.

정답 3

질문 2

이쯤에서 모두 고민에 빠지게 될 것이라고 말한 이유가 무엇인지 묻는 문제입니다. その辺은 바로 앞 부분의 내용을 가리키고 있습니다. 1번 학창시절이 아니라 인생이라는 것이 생각했던 것처럼 되지 않는다고 했고, 2번 인생이 생각대로 되지 않는다는 것은 모두 다 아는 이야기이므로 그것 때문에 고민에 빠진 것은 아니며, 4번 해외에 이주하는 것은 쉬운 일이 아니라고 했습니다. 정답은 3번 지금까지 이 땅에서 쌓아온 것을 포기하고 외국에 가서 처음부터 새로 시작해야 한다는 것입니다. 본문의 積み上げてきたもの(쌓아온 것), 切り捨てて(모두 버리고), やりなおす(다시 시작하다)를 선택지에서는 築いてきたもの, 捨てて, 新しく始める로 바꿔서 썼습니다.

정답 3

질문 3

이 문장에서 필자가 무엇을 말하고 싶은지를 묻는 문제입니다. 1번 이상적으로는 이 땅을 떠나버리고 싶다고 했는데, 그것이 현실세계와 너무나 동떨어진 드높은 이상이라고 할 수는 없으며, 2번 인생은 마음 먹은 대로 안 되는 것이라고 했지만 계속 고민하는 수밖에 없다고는 하지 않았고, 3번 무엇이든지 다 극복할 수 있다고 단정지은 것이 아니라, '극복할 수도 있겠지만'이라고 했습니다. 정답은 가장 마지막 줄에 있는 내용, 즉 내가 그리고 있는 이상(=나의 길)이 있더라도 그것을 찾아서 자신감을 가지고 걸어가는 것은 어렵다(=사람이 적다)고 한 4번입니다.

정답 4

6分

시간 안에 풀도록 연습하세요!

問題 次の文章を読んで、後の問いに対する答えとして最もよいものを、1・2・3・4から一つ選びなさい。

①バーゲンで買い物をした後は、幸せな気分になる。売り場で、もとの値段の半額以下になっているのを見ると、あれもこれもとついつい手が伸びる。買えば買うほど得した気分になって、ストレスが解消されていくと同時に満足感も得られるのである。この人間の心理を上手く利用したのが百円ショップだ。

最近、町のあちこちで見かけるようになった百円ショップの店内には、実に様々な商品が所狭しと並べられている。文房具を始めとして、台所用品や衣類といった毎日使うもの、おしゃれでかわいいインテリア小物、さらには食料品まで、これら全てが百円で買えるというのだから驚きだ。

店内はいつも多くの人でにぎわっており、客のかごの中にはいくつもの品物が入っている。買い始めるととまらない。商店というより、②まるでゲームセンターだ。店に入ったとたんにゲームは始まる。自分の欲しいものを多くの中から探し出す喜び、 値段以上の価値を手に入れたという満足感、時間を忘れて買い物に熱中する。それが百円ショップなのだ。百円だから、役に立たなくても後悔はしない。買い物は、必要なものを買うためだけではなく、ストレス解消のためでもあるわけだ。

問1 ①バーゲンで買い物をした後は、幸せな気分になる理由として本文から考えられることは？

1 よいものが安く買えたことで、得した気分になれるから
2 たくさんのものが買えたことによる満足感が味わえるから
3 前から欲しかった物を手に入れたことで欲求が満たされるから
4 買い物に出かけることで気分転換になり、ストレスが解消されるから

問2 ②まるでゲームセンターだと書いてあるが、どういう意味か。

1 安いため、欲しいものをかごの中にどんどん入れて楽しむことができる。
2 ゲームのように買い物を楽しんでいるうちにあっという間に時間が過ぎる。
3 店内いっぱいにたくさんの商品があり、ゲームセンターのようににぎやかだ。
4 多くの商品からいかによいものを選び出すか、他の客と競い合っている気分になる。

問3 この文章で筆者が言いたいことは？

1 買い物はストレスを解消する手段の一つでもあるということ
2 ゲームも買い物も熱中すると周りが見えなくなるということ
3 安いからといって買いすぎないように注意が必要だということ
4 買い物をする時は生活に必要なものだけを買うようにすること

적중 예상 문제 해설 04

해석　①바겐세일에서 쇼핑을 한 후에는 행복한 기분이 든다. 매장에서 원래 가격의 반값 이하가 되어있는 것을 보면 이것도 저것도 그만 손이 나간다. 사면 살수록 득을 본 기분이 들어 스트레스가 해소됨과 동시에 만족감도 얻을 수 있는 것이다. 이 인간의 심리를 잘 이용한 것이 100엔숍이다.

최근에 동네 여기저기에서 볼 수 있게 된 100엔숍 매장 안에는 정말로 여러 가지 상품이 빽빽이 진열되어 있다. 문구를 비롯하여 부엌용품이나 의류 등 매일 사용하는 것, 세련되고 귀여운 인테리어 소품, 더욱이 식료품까지 이들 모두를 100엔으로 살 수 있다니 놀랍다.

가게 안에는 항상 많은 사람들로 붐비며 손님의 바구니 안에는 많은 상품이 들어있다. 사기 시작하면 멈출 수 없다. 상점이라기 보다는 ②마치 게임센터이다. 가게에 들어가자마자 게임은 시작된다. 자기가 갖고 싶은 것을 많은 물건들 속에서 찾아내는 기쁨, 가격이상의 가치를 손에 넣고 싶다는 만족감, 시간을 잊고 쇼핑에 열중한다. 그것이 100엔숍인 것이다. 100엔이기 때문에 도움이 안되더라도 후회는 하지 않는다. 쇼핑은 필요한 것을 사기 위한 것뿐만 아니라 스트레스 해소를 위해서도 존재하는 것이다.

질문 1 ①바겐세일에서 쇼핑을 한 후에는 행복한 기분이 드는 이유로서 본문으로부터 생각할 수 있는 것은?

1 좋은 것을 싸게 살 수 있어서 득을 본 기분이 들기 때문에
2 많은 것을 살 수 있음으로 인한 만족감을 맛볼 수 있기 때문에
3 전부터 갖고 싶었던 물건을 손에 넣음으로써 욕구가 충족되기 때문에
4 쇼핑하러 나감으로써 기분전환이 되고 스트레스가 해소되기 때문에

질문 2 ②마치 게임센터이다.라고 쓰여져 있는데 어떤 의미인가?

1 싸기 때문에 갖고 싶은 것을 바구니 속에 계속 넣으면서 즐길 수 있다.
2 게임처럼 쇼핑을 즐기고 있는 사이에 순식간에 시간이 지나간다.
3 가게 안에 가득하게 상품이 있어서 게임센터같이 떠들썩하다.
4 많은 상품 중에서 얼마나 좋은 것을 골라낼지, 다른 손님과 경쟁하고 있는 기분이 든다.

질문 3 이 문장에서 필자가 말하고 싶은 것은?

1 쇼핑은 스트레스를 해소하는 수단의 하나이기도 하다는 것
2 게임도 쇼핑도 열중하면 주위가 안 보이게 된다는 것
3 싸다고 해서 너무 많이 사지 않도록 주의가 필요하다는 것
4 쇼핑을 할 때에는 생활에 필요한 것만 사도록 할 것

어휘 バーゲン 바겐세일 | 売(う)り場(ば) 매장 | もと 원래 | 半額(はんがく) 반액 | 手(て)が伸(の)びる 손이 가다, 손을 뻗게 되다 | 得(とく)する 득을 보다 | 解消(かいしょう)する 해소하다 | 満足感(まんぞくかん) 만족감 | 心理(しんり) 심리 | ショップ 숍 | 店内(てんない) 가게 안 | 所狭(ところせま)し 장소가 비좁을 정도로 빽빽이 | 並(なら)べる 진열하다 | 文房具(ぶんぼうぐ) 문방구 | 台所用品(だいどころようひん) 부엌용품 | 衣類(いるい) 의류 | おしゃれだ 세련되다 | インテリア 인테리어 | 小物(こもの) 소품 | さらには 더욱이 | 食料品(しょくりょうひん) 식료품 | 全(すべ)て 모두 | 驚(おどろ)き 놀라운 일 | にぎわう 떠들썩하다 | かご 바구니 | 品物(しなもの) 상품 | 商店(しょうてん) 상점 | 探(さが)し出(だ)す 찾아내다 | 価値(かち) 가치 | 役(やく)に立(た)つ 도움이 되다 | 後悔(こうかい)する 후회하다 | 気分転換(きぶんてんかん) 기분전환 | いかに 얼마나 | 競(きそ)い合(あ)う 경쟁하다 | 手段(しゅだん) 수단

표현 所狭しと : 장소가 비좁을 정도로 빽빽이

図書館には本や新聞や雑誌が所狭しと並んでいる。 도서관에는 책, 신문, 잡지가 빽빽이 진열되어 있다.

小さな土地に所狭しと庭木が育っている。 작은 토지에 빽빽이 정원수가 자라고 있다.

～を始めとして : ~을 비롯하여

この語学学校では、英語を始めとして世界10カ国の外国語が学べる。

이 어학원에서는 영어를 비롯하여 세계 10개국의 외국어를 배울 수 있다.

これまでに食事制限を始めとして、運動やマッサージなどいろいろなダイエットを試した。

지금까지 식사제한을 비롯하여 운동이나 마사지 등 여러 가지 다이어트를 시도했다.

～たとたん(に) : ~하자마자, ~한 순간에

布団に入ったとたん寝てしまった。 이불 속에 들어가자마자 잠들어버렸다.

仕事を覚えたとたんに辞めてしまった。 업무를 익히자마자 그만두어버렸다.

해설 **질문 1**

바겐세일에서 쇼핑을 한 후에 행복한 기분이 드는 이유가 무엇인지 묻는 문제입니다. 바로 뒤에 이어지는 문장을 잘 살펴보면 됩니다. 2번 많이 살 수 있어서가 아니라 원래 가격보다 싸게 살 수 있기 때문이고, 3번 전부터 필요했던 물건을 사게 되어 욕구가 충족된 것은 본문내용과 상관이 없으며, 4번도 질문문의 바겐세일과 상관없는 쇼핑의 효용에 대한 이야기라서 본문에는 나오지 않는 내용입니다. 정답은 바겐세일로 인해 좋은 것을 싼값에 사게 되어 득을 본 느낌이 든다고 하는 1번입니다.

정답 1

질문 2

100엔숍을 게임센터라고 비유한 의미가 무엇인지 묻는 문제입니다. 밑줄에 이어서 100엔숍과 게임센터의 공통점으로 시간이 빨리 지나간다는 내용이 나옵니다. 1번 자기가 갖고 싶은 것을 싼 값에 잘 골라냈다는 만족감, 3번 가게 안에 상품이 가득한 것과 떠들썩한 것은 모두 게임센터와 무관하며, 4번 좋은 상품을 골라내는 것으로 다른 손님과 쇼핑 경쟁을 하는 것도 게임센터와 상관이 없습니다. 정답은 2번 쇼핑을 즐기고 있는 동안에 시간이 순식간에 지나간다고 한 2번입니다.

정답 2

질문 3

본문에서 필자가 말하고 싶은 것이 무엇인지 묻는 문제입니다. 가장 마지막 문장을 참고로 하면 됩니다. 2번 게임과 쇼핑에 열중하다 보면 주위에 대해 신경을 못 쓰게 되는 것은 일반적인 현상이지 필자가 하고 싶은 말은 아니며, 3번 꼭 필요한 물건이 아니더라도 100엔이라서 부담이 안 간다고 했고, 4번 너무 많이 사지 않도록 주의해야 한다고 하지도 않았습니다. 정답은 1번 쇼핑도 스트레스를 푸는 수단이 될 수도 있다는 것입니다.

정답 1

6分

시간 안에 풀도록 연습하세요!

問題 次の文章を読んで、後の問いに対する答えとして最もよいものを、1・2・3・4から一つ選びなさい。

お金に関する我々の悩みは事欠きません。家庭内において、人間関係において、そして、犯罪の原因に至るまで、深刻な問題にはお金の問題が関わっている場合がほとんどです。現代の社会において、お金のことで誰もが悩んだ経験があるでしょう。

しかし、問題の原因となるだけでなく、それを解決してくれるのも、またお金だったりします。言ってみれば、①「たかが金、されど金」で、生きていく上で、縁を切りたくても切れないのが「お金」です。

そのように誰にとっても決して無縁ではいられないはずのお金ですが、日本では子どもの頃からお金に関する教育を受ける機会が全くと言っていいほどありません。そのため、表立ってお金の話をしたり、考えたりすることを否定的にとらえる人が大勢います。

しかし、先ほど述べたように、②お金の問題は私たちの生活に大きな影響力を持っています。お金は私たちの気持ち、愛、夢や目標、さらには人格まで左右するのです。もちろん、お金さえあれば幸せになれるとは言えません。お金がなくても心豊かに暮らせる人もいるでしょう。とはいえ、お金に振り回されず、自分の人生を自分が満足して送るためには、やはりお金に対する正しい知識と使い方を身につけなければならないと私は考えます。

問1 ①「たかが金、されど金」と書いてあるが、どういう意味か。

1 収入を増やそうと努力するより、支出を減らす努力をした方がよいということ
2 お金はさまざまな問題の原因になるが、やはりお金は多いほどよいということ
3 否定的にもとらえられるが、生活する上では必要不可欠なものでもあるということ
4 お金は後でたくさんもらうより、少なくても今もらった方が確実であるということ

問2 ②お金の問題は私たちの生活に大きな影響力を持っていますというのは、どうしてか。

1 財産がなければ、心配もなく気楽でいられるから
2 金持ちほど、欲が深く、ケチである傾向が見られるから
3 お金さえあれば、その人の一生は豊かなものになるから
4 お金の有無によって、私たちの日常の感情も左右されるから

問3 筆者はお金についてどう思っているのか。

1 お金とは様々な悩みや問題の原因になるものだ。
2 お金はやはり持っていれば持っているほどいい。
3 人前でお金の話をすることは下品であり避けるべきだ。
4 お金について考えることは悪いどころか大切なことだ。

시나공법 02 **적중 예상 문제 해설 05**

해석 돈과 관련된 우리들의 고민은 많이 있습니다. 가정 내에서, 인간관계에서, 그리고 범죄의 원인에 이르기까지 심각한 문제에는 돈 문제가 연관된 경우가 거의 대부분입니다. 현대 사회에서 돈 때문에 누구나 고민한 경험이 있을 것입니다.

하지만 문제의 원인일 뿐만 아니라 그것을 해결해주는 것 또한 돈이기도 합니다. 말하자면 ①'까짓 것 돈, 그래도 돈'이라서, 살아가는 데 있어서 인연을 끊고 싶어도 끊을 수 없는 것이 '돈'입니다.

그렇게 누구에게나 결코 연관이 없지는 않은 돈이지만, 일본에서는 어릴 적부터 돈에 관한 교육을 받을 기회가 전무라고 할 정도로 없습니다. 그래서 겉으로 드러나게 돈 이야기를 하거나 생각하거나 하는 것을 부정적으로 받아들이는 사람이 많이 있습니다.

하지만 앞서 말한 바와 같이, ②돈 문제는 우리들의 생활에 큰 영향력을 지니고 있습니다. 돈은 우리들의 기분, 사랑, 꿈이나 목표, 나아가서는 인격까지 좌우하는 것입니다. 물론 돈만 있으면 행복해진다고는 말할 수 없습니다. 돈이 없어도 풍족한 마음으로 지낼 수 있는 사람도 있겠지요. 그렇기는 하지만, 돈에 휘둘리지 않고 자신의 인생을 스스로 만족하며 지내기 위해서는 역시 돈에 대한 올바른 지식과 사용법을 몸에 익히지 않으면 안 된다고 저는 생각합니다.

질문 1 ①'까짓 것 돈, 그래도 돈'이라고 쓰여져 있는데, 어떤 의미인가?
1 수입을 늘리고자 노력하는 것보다 지출을 줄이는 노력을 하는 편이 낫다는 것
2 돈은 여러 가지 문제의 원인이 되지만, 그래도 역시 돈은 많을수록 좋다는 것
3 부정적으로 여겨지고 있지만 생활하는 데 있어서 필요 불가결한 것이라는 것
4 돈은 나중에 많이 받는 것보다 적더라도 지금 받는 편이 확실하다는 것

질문 2 ②돈 문제는 우리들의 생활에 큰 영향력을 지니고 있습니다.는 것은 왜 그런가?
1 재산이 없으면 걱정도 없이 편하게 지낼 수 있기 때문에
2 부자일수록 욕심이 많고 구두쇠인 경향이 보이기 때문에
3 돈만 있으면 그 사람의 일생은 풍족해지기 때문에
4 돈의 유무에 따라 우리의 일상 감정도 좌우되기 때문에

질문 3 필자는 돈에 대해서 어떻게 생각하고 있는가?
1 돈이란 여러 고민이나 문제의 원인이 되는 것이다.
2 돈은 역시 가지고 있으면 있을수록 좋다.
3 사람들 앞에서 돈 이야기를 하는 것은 품위 없는 일이며 피해야 한다.
4 돈에 대해서 생각하는 것은 나쁘기는커녕 중요한 일이다.

어휘 悩(なや)み 고민 | 事欠(ことか)く 부족하다 | 犯罪(はんざい) 범죄 | 原因(げんいん) 원인 | 至(いた)る 이르다 | 深刻(しんこく) 심각 | 関(かか)わる 연관되다 | 現代(げんだい) 현대 | 経験(けいけん) 경험 | 解決(かいけつ)する 해결하다 | 言(い)ってみれば 말하자면 | たかが 고작, 기껏 | されど 그래도 | 縁(えん) 인연 | 無縁(むえん) 연관이 없음 | 表立(おもてだ)つ 겉으로 드러나다 | 否定的(ひていてき) 부정적 | とらえる 잡다, 포착하다, 받아들이다 | 先(さき)ほど 조금 전 | 述(の)べる 말하다 | 影響力(えいきょうりょく) 영향력 | 夢(ゆめ) 꿈 | 目標(もくひょう) 목표 | さらには 나아가서는, 게다가 | 人格(じんかく) 인격 | 左右(さゆう)する 좌우하다 | 心豊(こころゆた)か 마음이 풍족함 | 振(ふ)り回(まわ)す 휘두르다 | 満足(まんぞく)する 만족하다 | 知識(ちしき) 지식 | 身(み)につける 습득하다, (몸소) 익히다 | 収入(しゅうにゅう) 수입 | 増(ふ)やす 늘리다 | 支出(ししゅつ) 지출 | 減(へ)らす 줄이다 | 不可欠(ふかけつ) 불가결 | 確実(かくじつ) 확실 | 財産(ざいさん) 재산 | 気楽(きらく)だ 마음이 편하다 | 金持(かねも)ち 부자 | 欲(よく)が深(ふか)い 욕심이 많다 | ケチ 구두쇠 | 傾向(けいこう) 경향 | 有無(うむ) 유무 | 日常(にちじょう) 일상 | 感情(かんじょう) 감정 | 下品(げひん)だ 품위가 없다 | 避(さ)ける 피하다

표현 言ってみれば : 말하자면 =ほかの言葉で言うと, 換言すれば, 言い換えれば

ブログは言ってみれば、公開日記帳のようなものだ。블로그는 말하자면 공개 일기장과 같은 것이다.

スポーツとは、言ってみれば、身体活動です。운동이란 말하자면 신체활동입니다.

たかが～、されど～ : 까짓 것~, 그래도~ (별 것 아닌 것 같지만, 그래도 역시 소중한 것이라는 뜻)

されど=そうではあるけれども

たかが睡眠、されど睡眠。

수면은 심각하게 생각할 필요가 없을 것 같지만, 실제로는 무시할 수 없을 만큼 중요한 것이다.

たかが10分、されど10分。짧은 10분에 지나지 않지만 잘만 활용하면 피와 살이 되는 귀중한 10분이 될 수도 있다.

～どころか : ~는커녕

成功するどころか失敗ばかりしている。성공은커녕 실패만 하고 있다.

タイ語では文章どころか、文字すら書けない。태국어로는 문장은커녕 문자도 제대로 쓰지 못한다.

해설 **질문 1**

'까짓 것 돈, 그래도 돈'이 어떤 의미인지 묻는 문제입니다.「たかが～、されど～」의 뜻, 즉 '별 것 아닌 것 같지만, 그래도 역시 소중한 것이다'를 알고 있으면 바로 풀 수 있는 문제이며, 뜻을 모르더라도 바로 앞 문장을 읽어보면 의미를 알 수 있을 것입니다. 1번 수입과 지출에 관한 언급은 없었고, 2번 돈이 여러 문제의 원인이 되는 것은 맞지만 돈의 양이 많을 수록 좋다는 뜻은 아니며, 4번 돈을 받는 시기에 관한 언급도 없었습니다. 정답은 부정적으로 여겨지지만 생활하는데 있어서는 꼭 필요한 것이라고 하는 3번입니다.

정답 3

질문 2

돈이 우리의 마음에 영향을 끼치는 것이 무엇 때문인지 묻는 문제입니다. 1번 재산의 유무에 따른 마음의 안정에 대한 언급이나, 2번 부자의 특징에 관한 언급은 없었으며, 3번 돈만 있으면 사람의 일생이 풍족해진다는 이야기도 없었습니다. 본문에서 돈은 우리들의 기분, 사랑, 꿈이나 목표, 나아가서는 인격까지 좌우하는 것이라고 했기 때문에 정답은 4번입니다.

정답 4

질문 3

필자가 돈에 대해서 어떻게 생각하는지 묻는 문제입니다. 1번 돈은 여러 문제의 원인이 되기도 하지만 해결책이 되기도 한다고 했고, 2번 돈이 우리의 일생에 큰 영향력을 끼친다고는 했지만 돈이 많을수록 좋다고는 하지 않았으며, 3번 돈 이야기를 드러내놓고 하는 것을 꺼리기 보다는 올바른 지식과 사용법을 몸소 익혀야 한다고 했습니다. 정답은 돈에 대해서 생각하는 것은 나쁜 것이 아니라 오히려 중요한 일이라고 하는 4번입니다.

정답 4

6分

시간 안에 풀도록 연습하세요!

問題　次の文章を読んで、後の問いに対する答えとして最もよいものを、1・2・3・4から一つ選びなさい。

すっかり一般に普及したインターネット。今では生活のあらゆる面でネットに頼っていて、仕事でもプライベートでも、なくてはならないものになっている。しかし、よく考えてみると、われわれの世代は生まれた頃からこのようにネット環境が整っていたわけではない。

今の時代に一人だけネットなしの生活に耐えることは至難の業(注1)だが、昔のようにネットがない時代に戻ったとしたらどうだろうか。もちろん不便ではあるが、①全く生活ができなくなるほどではないだろう。逆に、ネットでの連絡手段がなくなれば、電話や直接顔を合わせて話しをする機会が増えて、より深いコミュニケーションができるという利点も考えられる。

また、何か調べものをしたい時も、時間は少しかかるかもしれないが、図書館に行って参考文献を探したり、昔の新聞を調べたり、その道の専門家に聞いたりすればいい。ネットが主流になる前は、みんな普通にやっていたことである。

唯一、本当に不便だと思うのは、海外や遠く離れたところに住んでいる人たちと気軽に連絡が取れなくなってしまうことだろうか。まあ、そうなったらそうなったで、手書きの「エアメール」を送るという方法もあるにはあるのだが。

（注1）至難の業：この上なく難しい行為、又は極めて困難なこと

問1 ①全く生活ができなくなるほどではないだろうというのはなぜか。

1 海外など遠く離れた友人たちとも気軽に連絡が取れるようになるから
2 様々な方面でそれほどネットが有効に活用されているとは思えないから
3 以前の経験から、多少不便でも別の方法があるということを知っているから
4 より深いコミュニケーションが可能で利点の方が多いことを知っているから

問2 筆者のインターネットに対する考え方は？

1 遠く離れた人にも気軽に近況報告できるところが一番の魅力である。
2 仕事の効率化をはかるため、現代人にとってなくてはならいものである。
3 遠方の知人と連絡するためにはやはり、ネットのない生活は無理である。
4 人と人とのコミュニケーションの質を考えると、なくなったほうがいい。

問3 この文章で筆者が言いたいことは何か。

1 スムーズに仕事をこなすためにはネットを大いに活用すべきだ。
2 ネット無しの生活に戻ることは不便ではあるが不可能ではない。
3 今の時代にインターネットなしで生活できる人は誰もいないであろう。
4 自分の生活スタイルに合った上手なネットの使い方を心がけるべきだ。

해석 완전히 일반인에게 보급된 인터넷. 지금은 생활의 모든 면에서 인터넷에 의지하고 있고, 업무에서나 사적인 생활에서나 없어서는 안 될 것이 되었다. 하지만 잘 생각해보면 우리 세대는 태어났을 때부터 이와 같이 인터넷 환경이 갖춰져 있었던 것은 아니다.

지금 시대에 혼자만 인터넷 없이 생활을 하는 것은 지극히 어려운 일이지만 옛날처럼 인터넷이 없는 시대로 되돌아간다면 어떨까? 물론 불편하겠지만 ①전혀 생활을 할 수 없게 될 정도는 아닐 것이다. 반대로 인터넷으로 하는 연락수단이 없어진다면 전화나 직접 얼굴을 바라보고 이야기할 기회가 늘어나서 보다 깊은 커뮤니케이션을 할 수 있다는 이점도 생각할 수 있을 것이다.

또한 뭔가 조사하고 싶을 때에도 시간은 조금 걸릴지 모르지만 도서관에 가서 참고문헌을 찾거나 옛날 신문을 조사하거나 그 분야의 전문가에게 물어보거나 하면 된다. 인터넷이 주류가 되기 전에는 모두 보통으로 하고 있던 일들이다.

유일하게 정말로 불편하다고 생각하는 것은 해외나 멀리 떨어진 곳에 살고 있는 사람들과 편하게 연락을 할 수 없게 되어 버리는 일일까. 뭐, 그렇게 된다면 그렇다 손치고, 손으로 쓴 '항공우편'을 보내는 방법도 있기는 있는데.

(주 1) 지극히 어려운 일 : 더없이 어려운 행위 또는 아주 곤란한 일

질문 1 ①전혀 생활을 할 수 없게 될 정도는 아닐 것이다, 라고 한 이유는 무엇인가?

1 해외 등 멀리 떨어져 있는 친구들과도 가볍게 연락할 수 있게 되기 때문에
2 여러 방면에서 그다지 인터넷이 유효하게 활용되고 있다고 생각할 수 없기 때문에
3 이전 경험으로부터 다소 불편하더라도 다른 방법이 있다는 것을 알고 있기 때문에
4 보다 속깊은 커뮤니케이션이 가능하고 이로운 점이 더 많다는 것을 알고 있기 때문에

질문 2 필자의 인터넷에 대한 생각은?

1 멀리 떨어져 있는 사람에게도 편하게 근황보고를 할 수 있는 점이 가장 큰 매력이다.
2 일의 효율화를 도모하기 위하여 현대인에게 있어서 없어서는 안 되는 것이다.
3 먼 곳에 있는 지인과 연락하기 위해서는 역시 인터넷이 없는 생활은 무리이다.
4 사람과 사람의 커뮤니케이션의 질을 생각하면 없어지는 편이 낫다.

질문 3 이 문장에서 필자가 말하고 싶은 것은 무엇인가?

1 원활하게 일을 처리하기 위해서는 인터넷을 많이 활용해야 한다.
2 인터넷이 없는 생활로 돌아가는 것은 불편하기는 하지만 불가능한 것은 아니다.
3 지금 시대에 인터넷 없이 생활할 수 있는 사람은 아무도 없을 것이다.
4 자신의 생활 스타일에 맞게 인터넷을 잘 사용하는 방법을 명심해야 한다.

어휘 すっかり 완전히 | 普及(ふきゅう)する 보급하다 | あらゆる 모든 | 頼(たよ)る 의지하다 | プライベート 프라이빗, 개인적인 | 世代(せだい) 세대 | ネット 인터넷 | 環境(かんきょう) 환경 | 整(ととの)う 갖추어지다 | 耐(た)える 견디다 | 至難(しなん)の業(わざ) 지극히 어려운 일 | 戻(もど)る 되돌아가다 | 機会(きかい) 기회 | 利点(りてん) 이점 | 参考文献(さんこうぶんけん) 참고문헌 | 探(さが)す 찾다 | 道(みち) 분야, 길 | 専門家(せんもんか) 전문가 | 主流(しゅりゅう) 주류 | 唯一(ゆいいつ) 유일 | 離(はな)れる 떨어지다 | 気軽(きがる)に 편하게 | 手書(てが)き 손으로 쓴 | エアメール 항공우편 | 書物(しょもつ) 책 | 有効(ゆうこう) 유효 | 活用(かつよう)する 활용하다 | 近況(きんきょう) 근황 | 報告(ほうこく) 보고 | 魅力(みりょく) 매력 | 効率化(こうりつか) 효율화 | はかる 도모하다 | 遠方(えんぽう) 멀리 있는 | 知人(ちじん) 지인 | スムーズに 원활하게 | こなす 처리하다 | 大(おお)いに 많이 | 心(こころ)がける 명심하다

표현 ～わけではない : ~한 것은 아니다

学生時代、勉強ばかりしていたわけではない。학창시절에 공부만 한 것은 아니다.

健康食品が突然流行したわけではない。건강식품이 갑자기 유행한 것은 아니다.

そうなったらそうなったで : 그렇게 되면 그렇다 손치고

そうなったらそうなったで、仕方がありません。그렇게 되면 그렇다 손치고 어쩔 수가 없습니다.

そうなったらそうなったで、また違う問題が出て来るでしょうね。
그렇게 되면 그렇다 손치고, 또 다른 문제가 나오겠지요.

해설 **질문 1**

인터넷이 없어도 전혀 생활을 못 할 정도는 아닐 것이라고 한 이유가 무엇인지 묻는 문제입니다. 1번 해외 친구들과 가볍게 연락할 수 있으려면 인터넷이 필요하며, 2번 여러 방면에서 인터넷은 유효하게 활용되고 있고, 4번 이로운 점이 더 많이 있다고는 할 수 없습니다. 정답은 3번 지금에 비하면 다소 불편하지만 또 다른 방법이 있다는 것을 이전에 경험했기 때문이라고 하는 것입니다.

정답 3

질문 2

인터넷에 대한 필자의 생각을 묻는 문제입니다. 2번 현대인에게 인터넷은 없어서는 안 되는 물건이 되어가고 있지만, 그래도 없다고 해서 생활할 수 없는 것은 아니라고 했고, 3번 먼 곳에 있는 사람과 연락을 취하는데 있어서 인터넷이 없으면 항공우편을 통해서 하면 된다고 했으며, 4번 인터넷이 없는 상황에서는 사람간의 커뮤니케이션의 질이 좋아질 수도 있다고 했지만 없어지는 편이 낫다고 하지는 않았습니다. 정답은 먼 곳에 있는 사람에게도 편하게 연락(=근황보고)할 수 있는 것이 가장 큰 매력이라고 한 1번입니다.

정답 1

질문 3

이 글에서 필자가 하고 싶은 말이 무엇인지 묻는 문제입니다. 1번 원활한 일 처리를 위해서 인터넷을 활용하라는 이야기는 없었고, 3번 현재 인터넷 없이 생활할 수 있는 사람은 아무도 없을 것이라고 단정짓지도 않았으며, 4번 인터넷 사용법을 잘 명심해야 한다는 이야기도 없었습니다. 전체적으로 필자 자신은 예전에 인터넷이 없는 생활을 경험한 적이 있어서 당장 인터넷이 없으면 불편하기는 하지만 그에 대신하는 옛날 방법이 있다는 내용이기 때문에, 정답은 인터넷이 없는 생활은 불편하기는 해도 불가능하지는 않다고 한 2번입니다.

정답 2

적중 예상 문제 07

⏱ 6分

✏시간 안에 풀도록 연습하세요!

問題 次の文章を読んで、後の問いに対する答えとして最もよいものを、1・2・3・4から一つ選びなさい。

人前に出るとあがって(注1)しまって、頭が真っ白になり、何を話せばいいのか分からず、気が遠くなってしまう。そんな経験をしたことのある方は「あがり(注2)症」の疑いがあります。場数を踏めば(注3)、症状がなくなると考えるかもしれませんが、必ずしもそうではなく、もっと①根本的な部分を改善しなければなりません。

あがりという症状は、自分のことを「人にどう思われるか」と不安に思うことから起こります。人は誰でも自分の欠点や弱さを人に気づかれるのが怖いものです。しかし、特にそういった気持ちが強く、人の心を察知するのが敏感な人は、あがり症になりやすいタイプの人だと言えます。

解決法としては、「人は誰でもさまざまな欠点や弱さをもっている、それが人間である」ということを知り、開き直る(注4)ことです。自分をさらけ出す練習をするのです。つまり、恥をかくことも含め自分の全てを見られる勇気を持つことが必要です。結果はどうであれ、実際に②このような勇気を出した体験を重ねていくことで、人前で話をすることに対する抵抗は薄れていきます。そうすれば、自然とあがり症も克服されていくでしょう。

(注1) あがる：興奮して平常心を失う
(注2) あがり：「あがる」の名詞形
(注3) 場数を踏む： 多くの経験を積んで慣れる
(注4) 開き直る：覚悟をきめて、堂々と振舞う

問1 ①根本的な部分とは、どのようなことか。

1　人前に出ると緊張してしまって不安になること
2　人前で何を話せばいいのか分からなくなること
3　自分のことを他人がどう思うのか気にすること
4　人の心より自分の心の方に敏感に反応すること

問2 ②このようなとは、どのようなことか。

1　自分の全てを人前で堂々と見せること
2　自分がどんな人間なのか察知すること
3　人前で恥をかかないように注意すること
4　自分の長所と短所を徹底的に分析すること

問3 あがり症の解決法として最も適切なものはどれか。

1　完璧に準備することで、失敗しないようにする。
2　考え方や心構えを改め、それを実践に移してみる。
3　とにかく大勢の前で話す機会を持つようにする。
4　わざと自分の欠点や弱さを人に見せるようにする。

해석 사람들 앞에 서면 떨려서 머리속이 하얗게 되고 무엇을 말하면 되는지, 무엇을 이야기했는지 모르게 되고 의식이 몽롱해집니다. 그런 경험을 한 분은 '떨림증'이 의심됩니다. 많은 경험을 쌓으면 증상이 없어진다고 생각할지도 모르지만, 반드시 그렇지가 않으며, 더 ①근본적인 부분을 개선하지 않으면 안 됩니다.

떨리는 증상은 자신에 대해서 '사람들이 어떻게 생각할까?'하고 불안하게 생각하는 것에서부터 시작됩니다. 사람은 누구나 자신의 결점이나 연약함을 남들이 알아차리는 것이 무서운 법입니다. 하지만 특별히 그런 느낌이 강하고, 사람의 마음을 알아차리는 것에 민감한 사람은 떨림증이 되기 쉬운 타입의 사람이라고 할 수 있습니다.

해결법으로서는 '사람은 누구나 여러 가지 결점이나 연약함을 가지고 있다, 그것이 인간이다'라는 것을 알고 태도를 바꿔보는 것입니다. 자신을 드러내 보이는 연습을 하는 것입니다. 즉 창피를 당하는 것도 포함하여 자신의 모든 것을 보여주는 용기를 가지는 일이 필요합니다. 결과가 어떻게 되든지 간에 실제로 ②이러한 용기를 낸 체험을 쌓아감으로써 사람들 앞에서 이야기하는 것에 대한 저항은 차츰 줄게 됩니다. 그렇게 되면 자연히 떨림증도 극복되겠지요.

(주1) 떨다 : 흥분하여 평상심을 잃다
(주2) 떨림 : 「떨다」의 명사형
(주3) 경험을 쌓다 : 많은 경험을 쌓아서 익숙해지다
(주4) 태도를 바꾸다 : 각오를 하고 당당하게 행동하다

질문 1 ①근본적인 부분이란, 어떤 것인가?

1 사람들 앞에 나가면 긴장해서 불안해지는 것
2 사람들 앞에서 무엇을 이야기해야 할지 모르게 되는 것
3 자신에 대해 타인이 어떻게 생각할지 신경 쓰는 것
4 남의 마음보다 자신의 마음 쪽에 민감하게 반응하는 것

질문 2 ②이러한이란, 어떤 것인가?

1 자신의 모든 것을 당당하게 보여주는 것
2 자신이 어떤 인간인지 알아차리는 것
3 사람들 앞에서 창피를 당하지 않도록 주의하는 것
4 자신의 장점과 단점을 철저하게 분석하는 것

질문 3 떨림증의 해결법으로서 가장 적절한 것은 어느 것인가?

1 완벽하게 준비함으로써 실패하지 않도록 한다.
2 사고방식이나 마음가짐을 고쳐서 그것을 실전에 옮겨본다.
3 어쨌든 간에 많은 사람들 앞에서 이야기하는 기회를 가지도록 한다.
4 일부러 자신의 결점이나 연약함을 남에게 보이게 한다.

어휘 人前(ひとまえ) 사람들 앞 | あがる 떨다 | 気(き)が遠(とお)くなる 의식이 몽롱해지다, 멍해지다 | あがり症(しょう) 떨림증 | 疑(うたが)い 의심 | 場数(ばかず)を踏(ふ)む 많은 경험을 쌓다 | 症状(しょうじょう) 증상 | 根本的(こんぽんてき) 근본적 | 改善(かいぜん)する 개선하다 | 欠点(けってん) 결점 | 気(き)づく 알아차리다 | 怖(こわ)い 무섭다 | 察知(さっち)する 알아차리다 | 敏感(びんかん) 민감 | 解決法(かいけつほう) 해결법 | 開(ひら)き直(なお)る 태도를 바꾸다 | さらけ出(だ)す 드러내 보이다 | 恥(はじ)をかく 창피를 당하다 | 含(ふく)める 포함하다 | 勇気(ゆうき) 용기 | 体験(たいけん) 체험 | 重(かさ)ねる 쌓다 | 抵抗(ていこう) 저항 | 薄(うす)れる 흐려지다, 적어지다, 줄어들다 | 克服(こくふく) 극복 | 興奮(こうふん)する 흥분하다 | 平常心(へいじょうしん) 평상심 | 失(うしな)う 잃다 | 積(つ)む 쌓다 | 覚悟(かくご) 각오 | 堂々(どうどう)と 당당하게 | 振舞(ふるま)う 행동하다 | 緊張(きんちょう)する 긴장하다 | 敏感(びんかん)に 민감하게 | 反応(はんのう)する 반응하다 | 長所(ちょうしょ) 장점 | 短所(たんしょ) 단점 | 徹底的(てっていてき)に 철저하게 | 分析(ぶんせき)する 분석하다 | 完璧(かんぺき)に 완벽하게 | 改(あらた)める 고치다 | 実践(じっせん)に移(うつ)す 실천에 옮기다 | 大勢(おおぜい) 많은 | わざと 일부러

표현 ～ものだ : ~인 법이다 ('그것이 당연하다'는 느낌을 나타냄)

先輩のアドバイスは聞くものだ。선배의 조언은 들어야 하는 법이다.

困ったときはみんなで助け合うものだ。곤란에 처했을 때는 다같이 서로 돕는 법이다.

해설 **질문 1**

근본적인 부분이 어떤 것인지를 묻는 문제입니다. 뒤에 이어지는 내용을 살펴보면 됩니다. 1번 긴장해서 불안해지는 것이나, 2번 사람들 앞에 서면 무슨 이야기를 할지 모르게 되는 것보다 더 근본적인 부분이 있다고 했고, 4번 자신의 마음보다 남의 마음에 더 민감한 것이 문제라고 했습니다. 정답은 3번 자신에 대해 남이 어떻게 생각할지 신경 쓰는 것입니다.

정답 3

질문 2

'이상과 같은'이 가리키는 내용이 무엇인지 묻는 문제입니다. 당연히 앞서 나온 첫 번째 해결법 내용을 가리키며, 그것은 바로 용기를 낸 체험입니다. 2번 자신이 어떤 인간인지 알아차리는 것은 아니며, 3번 오히려 사람들 앞에서 창피당하는 것을 각오하라고 했고, 4번 자신의 장단점을 철저히 분석한다는 내용은 나오지 않습니다. 정답은 1번 자신의 모든 것을 당당하게 남에게 보여준다는 것입니다.

정답 1

질문 3

떨림증의 해결법으로 적절한 것을 고르는 문제입니다. 본문에서는 두 가지가 나와 있습니다. 남에게 자신의 모든 것을 보여주려고 작심하는 것과 그것을 실천하는 것입니다. 1번 사람들 앞에서 완벽한 모습을 보이고자 하는 것은 본문에서 태도를 약간 바꾸어서 있는 그대로의 모습을 보여줘야 한다는 부분과 모순됩니다. 3번 사람들 앞에 서서 이야기하는 기회를 많이 가진다고 해서 떨림증이 나아지지는 않는다고 앞 부분에 쓰여져 있으며, 4번 본문에서 연약함이나 결점이 남에게 드러나는 것을 두려워해서는 안 된다고 했지만, 일부러 그런 부분을 보여주라고는 하지 않았습니다. 정답은 사고방식이나 마음가짐을 고쳐서 그것을 실천에 옮겨본다고 하는 2번입니다.

정답 2

6分

시간 안에 풀도록 연습하세요!

問題　次の文章を読んで、後の問いに対する答えとして最もよいものを、1・2・3・4から一つ選びなさい。

素敵なインテリア製品を探すのもいいですが、自分の思い通りの家具を手作りするのもまた楽しいものです。「自分の家に合ったサイズのものが売られていない」「子どもの望むおもちゃを作ってあげたい」など、①日曜大工を始めるきっかけは様々です。

日曜大工とは、休日や余暇を利用して行う木工作業、さらには自分で家具などを作ること全てを指す言葉でもあります。板などの材料と、のこぎり、ハンマーなどの道具さえあれば誰でも始めることができます。最近は、ホームセンターの出現で簡単に②これらを手に入れることができるようになり、いすや物を置くための台といった日常で使うちょっとしたものから、テーブル、本棚、犬小屋といった本格的なものまで、趣味として手軽に日曜大工ができるようになりました。

ほとんどの場合が家庭内で必要なものを作るため、家族にも喜ばれ、生活にも楽しさやゆとり、達成感が生まれるところが魅力です。自らの手で行うことで、イメージ通りの自分に合ったものが作れるし、多少質は落ちても費用を大幅に削減できるとともに、できたもののことをよく知っているので、アレンジ、修理、改造までできて資源の節約にもなる等、いろんな面において利点を持っていると言えます。

問1 ①日曜大工を始めるきっかけ、として適当なものは？

1 退屈な休日の暇をつぶすのにぴったりだから
2 家で必要な家具等を自分の力で作りたいから
3 わざわざ家具を買いに出かけるのは面倒だから
4 収納棚やおもちゃをたくさん作っておきたいから

問2 ②これらとは何か。

1 木工作業に必要な材料や道具
2 日常で使うちょっとしたもの
3 本格的なインテリア家具類
4 ほしいものや作りたいもの

問3 日曜大工の利点でないものはどれか。

1 自らの手で作ることにより達成感が味わえる。
2 自分で作ったものなので、修理や改造がしやすい。
3 買うより費用が節約でき、より質のよいものが作れる。
4 家庭内で必要なものを望むサイズで作ることができる。

시나공법 02 적중 예상 문제 해설 08

해석 멋진 인테리어 제품을 찾는 것도 좋지만, 자신의 생각대로 가구를 손수 만드는 것 또한 즐거운 일입니다. '우리 집에 맞는 사이즈를 팔고 있지 않다' '아이가 원하는 장난감을 만들어주고 싶다' 등, ①일요목공을 시작하는 계기는 여러 가지입니다.

일요목공이란 휴일이나 여가를 이용하여 하는 목공작업, 나아가서는 스스로 가구 등을 만드는 일 전체를 가리키는 말이기도 합니다. 판자 등의 재료와 톱, 망치 등의 도구만 있으면 누구나 시작할 수 있습니다. 최근에는 홈센터가 생겨서 쉽게 ②이것들을 손에 넣을 수 있게 되어, 의자나 물건을 얹기 위한 받침대와 같이 일상생활에서 사용하는 조그마한 물건에서 테이블, 책꽂이, 개집과 같은 본격적인 것까지 취미 삼아 손쉽게 일요목공을 할 수 있게 되었습니다.

대부분의 경우, 가정 내에서 필요한 것을 만들기 때문에 가족들도 좋아하며, 생활에도 즐거움과 여유, 성취감이 생겨나는 점이 매력입니다. 자신이 직접 만들므로 생각한대로 자기에게 맞는 것을 만들 수 있고, 다소 질이 떨어지더라도 비용을 대폭 줄일 수 있음과 동시에, 완성된 것에 대해서 잘 알고 있기 때문에 변형, 수리, 개조까지 할 수 있어서 자원 절약도 되는 등, 여러 가지 면에서 이점이 있다고 할 수 있습니다.

질문 1 ①일요목공을 시작하는 계기로서 적당한 것은?

1 지루한 휴일의 심심풀이로서 딱 알맞아서
2 집에서 필요한 가구 등을 자기 힘으로 만들고 싶어서
3 일부러 가구를 사러 외출하는 것이 귀찮아서
4 수납선반이나 장난감을 많이 만들어두고 싶어서

질문 2 ②이것들이란 무엇인가?

1 목공작업에 필요한 재료나 도구
2 일상생활에서 사용하는 조그마한 것
3 본격적인 인테리어 가구류
4 갖고 싶은 것이나 만들고 싶은 것

질문 3 일요목공의 이점이 아닌 것은 어느 것인가?

1 손수 만들므로 성취감을 맛볼 수 있다.
2 자기가 만든 것이므로 수리나 개조가 쉽다.
3 사는 것보다 비용이 절약되고 보다 질이 좋은 것을 만들 수 있다.
4 가정 내에서 필요한 것을 원하는 사이즈로 만들 수 있다.

어휘 素敵(すてき) 멋지다 | インテリア 인테리어 | 製品(せいひん) 제품 | 手作(てづく)り 손수 만듦 | 望(のぞ)む 바라다 | おもちゃ 장난감 | 日曜大工(にちようだいく) 일요목공 | 休日(きゅうじつ) 휴일 | 余暇(よか) 여가 | 木工(もっこう) 목공 | 作業(さぎょう) 작업 | さらには 나아가서는 | 指(さ)す 가리키다 | 板(いた) 판자 | 材料(ざいりょう) 재료 | のこぎり 톱 | ハンマー 망치 | ホームセンター 홈센터(목공, 원예, 수공예, 자동차 관련용품과 가정잡화를 파는 대형 마트) | 出現(しゅつげん) 출현 | 台(だい) 받침대 | 犬小屋(いぬごや) 개집 | 本格的(ほんかくてき) 본격적 | 手軽(てがる)に 손쉽게 | ゆとり 여유 | 達成感(たっせいかん) 성취감 | 質(しつ) 질 | 費用(ひよう) 비용 | 大幅(おおはば) 대폭 | 削減(さくげん) 삭감 | アレンジ 변형 | 修理(しゅうり) 수리 | 改造(かいぞう) 개조 | 資源(しげん) 자원 | 節約(せつやく) 절약 | 退屈(たいくつ)だ 지루하다 | ひまをつぶす 심심풀이를 하다 | ぴったり 딱 맞다 | わざわざ 일부러 | 面倒(めんどう)だ 귀찮다 | 収納棚(しゅうのうだな) 수납선반

표현 ～とともに : ~와 동시에, ~와 함께 (여기서는 '~와 동시에'라는 뜻임)

雨が降り出すとともに、雷が鳴り出した。 비가 내리기 시작하면서 동시에 번개가 치기 시작했다.

社会が豊かになるとともに、より良い環境の下での生活を望むようになる。
사회가 풍족해짐과 동시에 보다 좋은 환경에서 생활하기를 원하게 된다.

～うえ : ~한데다가, ~인데다가 ＝～に加えて

値段が安いうえに、品質が優れている。 가격이 싼데다가 품질이 뛰어나다.

寝坊したうえ電車に乗り遅れて、授業に出られなかった。
늦잠을 잔데다가 전철도 놓쳐서 수업에 들어가지 못했다.

해설 **질문 1**

일요목공을 시작하는 계기로서 적당한 것을 고르는 문제입니다. 1번 실제로는 휴일의 심심풀이로 시작하는 사람들이 있을지 몰라도 본문에서는 그런 언급이 없으며, 3번 가구를 사러 가는 것이 귀찮아서 그렇다는 이야기도 없었고, 4번 아이의 장난감이나 수납선반을 많이 만들어 두고 싶어서 시작하게 된다는 언급도 없습니다. 정답은 자신의 생각대로 가구를 손수 만드는 것도 즐겁다(=自分の思い通りの家具を手作りするのもまた楽しい), 즉 집에서 필요한 것들을 자기 힘으로 만들고 싶어서라고 한 2번입니다.

정답 2

질문 2

이들이 가리키는 내용이 무엇인지 묻는 문제입니다. 바로 앞 문장을 주목하면 됩니다. 일요목공을 하려면 간단한 재료나 도구만 있으면 시작할 수 있는데, 최근에는 홈센터의 등장으로 이것들을 쉽게 손에 넣을 수 있다고 했습니다. 바로 목공작업에 필요한 재료나 도구라고 한 1번이 정답입니다. 선택지를 이것들 대신에 문장에 대입해보면서 정답을 찾는 것도 하나의 방법입니다.

정답 1

질문 3

일요목공의 이로운 점이 아닌 것을 고르는 문제입니다. 마지막 단락을 살펴보면 되는데, 1번 자기 손으로 만듦으로써 성취감을 맛볼 수 있다고 했고, 2번 자기가 만든 것이므로 수리나 개조하기가 쉽다고 했으며, 4번 가정 내에서 필요한 것을 만들 수 있다는 내용과 자신의 집에 맞는 사이즈의 물건을 팔고 있지 않다는 내용이 본문에 있습니다. 집에서 만들게 되면 다소 질은 떨어지더라도(多少質は落ちても) 비용은 적게 든다고 했는데, 3번에서 질이 좋은 것을 만들 수 있다고 했기 때문에 틀렸습니다.

정답 3

6分

✐시간 안에 풀도록 연습하세요!

問題　次の文章を読んで、後の問いに対する答えとして最もよいものを、1・2・3・4から一つ選びなさい。

今年の１月から自転車駐輪場(注1)設置義務に関する条例(注2)が新しくなりました。自転車は手軽で便利な乗り物で環境にやさしく、かつ健康的な交通手段として、多くの方々に利用されています。しかし、自転車の利用が増える一方、駐輪場の需要が追いつかず、路上に自転車が放置されるなどの問題も出てきています。

つばき市では、１０年前からこのような問題の改善に取り組んできました。しかし、依然として駐輪場がない施設の周辺では、大量の自転車が路上に止められ、車や歩行者の安全な通行を妨げるだけではなく、都市の景観まで損なわれています。①このような問題を解決するためには、まずは駐輪場の増設が不可欠です。

そこで、②原因者負担の考え方に基づき、自転車利用者の目的地である施設の設置者に、より広く駐輪場設置の義務を果たしてもらうように、今までの対象施設である小売店舗、及び銀行・信用金庫に加え、飲食店、病院、学習施設、博物館、スポーツ施設、郵便局、映画館、カラオケボックス、レンタルビデオ店及び官公署を新たに設置義務の対象とすることにしました。

（注1）駐輪場：自転車をとめておくところ
（注2）条例：地方公共団体が国の法律とは別に定める自主法

問1 今年から自転車駐輪場設置義務が変わった理由は何か。

1 駐輪場を設置しない施設が増えてきたから
2 自転車の利用の増加とともに問題が出てきたから
3 町に建物が増えたことで駐輪スペースが減ったから
4 環境によい自転車の利用をより増加させたいから

問2 ①このような問題とは、どんなことか。

1 自転車の利用が車よりも増えてきていること
2 周辺施設の利用者がだんだん減っていること
3 駐輪場を設置する義務が果たされていないこと
4 路上の自転車により景観や安全が守られないこと

問3 ②原因者負担の考え方とは、どういう意味か。

1 つばき市の路上に自転車を放置した人が責任をとらなくてはならない。
2 自転車の利用者は自分の自転車をしっかりと管理しなければならない。
3 自転車の利用者が訪問した施設の設置者が自転車を管理しなければならない。
4 今までの対象施設である小売店舗や銀行が一切の責任をとらなくてはならない。

시나공법 02 적중 예상 문제 해설 09

해석 올해 1월부터 자전거 보관소 설치의무에 관한 조례가 새롭게 바뀌었습니다. 자전거는 간편하고 편리한 교통수단이고 환경에 좋고 또한 건강에 좋은 교통수단으로서 많은 분들이 이용하고 있습니다. 하지만 자전거 이용이 늘어나는 한편, 자전거 보관소의 수요를 따라잡지 못하여 노상에 자전거가 방치되는 등의 문제도 생겨나고 있습니다.

쓰바키시에서는 10년 전부터 이러한 문제의 개선에 힘써왔습니다. 하지만 여전히 자전거 보관소가 없는 시설 주변에서는 대량의 자전거가 노상에 세워져 있어서, 자동차나 보행자의 안전한 통행을 방해할 뿐만 아니라, 도시의 경관까지 손상되고 있습니다. ①이러한 문제를 해결하기 위해서는 우선은 자전거 보관소의 증설이 불가피합니다.

그래서 ②원인자 부담의 사고에 기초하여 자전거 이용자의 목적지인 시설 설치자에게 보다 널리 자전거 보관소 설치의 의무를 다하게 하기 위하여, 지금까지의 대상시설인 소매점포 및 은행 · 신용금고에 더하여, 음식점, 병원, 학습시설, 박물관, 스포츠 시설, 우체국, 영화관, 노래방, 비디오 대여점 및 관공서를 새로 설치의무 대상으로 하기로 했습니다.

(주1) 주륜장 : 자전거를 세워 두는 곳

(주2) 조례 : 지방공공단체가 나라의 법률과는 따로 정하는 자주법

질문 1 올해부터 자전거 보관소 설치의무가 바뀐 이유는 무엇인가?

1 자전거 보관소를 설치하지 않는 시설이 늘어나고 있기 때문에
2 자전거 이용의 증가와 함께 문제가 생겨났기 때문에
3 마을에 건물이 늘어나서 보관 공간이 줄어들었기 때문에
4 환경에 좋은 자전거 이용을 보다 늘리고 싶기 때문에

질문 2 ①이러한 문제란 어떤 것인가?

1 자전거 이용이 자동차보다 늘어나고 있는 것
2 주변시설 이용자가 점점 줄어드는 것
3 자전거 보관소를 설치하는 의무가 지켜지지 않는 것
4 노상에 있는 자전거 때문에 경관이나 안전이 지켜지지 않는 것

질문 3 ②원인자 부담의 사고란 어떤 의미인가?

1 쓰바키시의 노상에 자전거를 방치한 사람이 책임을 지지 않으면 안 된다.
2 자전거 이용자는 자신의 자전거를 제대로 관리하지 않으면 안 된다.
3 자전거 이용자가 방문한 시설의 설치자가 자전거를 관리하지 않으면 안 된다.
4 지금까지의 대상시설인 소매점포나 은행이 일체의 책임을 지지 않으면 안 된다.

어휘 駐輪場(ちゅうりんじょう) 자전거 보관소 | 設置(せっち) 설치 | 義務(ぎむ) 의무 | 条例(じょうれい) 조례 | 手軽(てがる)だ 간편하다 | 乗(の)り物(もの) 탈것 | 環境(かんきょう) 환경 | かつ 또 | 需要(じゅよう) 수요 | 追(お)いつく 따라잡다 | 路上(ろじょう) 노상 | 放置(ほうち)する 방치하다 | 改善(かいぜん) 개선 | 取(と)り組(く)む 힘쓰다 | 依然(いぜん)として 여전히 | 施設(しせつ) 시설 | 周辺(しゅうへん) 주변 | 大量(たいりょう) 대량 | 歩行者(ほこうしゃ) 보행자 | 通行(つうこう) 통행 | 妨(さまた)げる 방해하다 | 都市(とし) 도시 | 景観(けいかん) 경관 | 損(そこ)なう 해치다, 손상시키다 | 解決(かいけつ)する 해결하다 | 増設(ぞうせつ) 증설 | 不可欠(ふかけつ) 불가피 | 原因者(げんいんしゃ) 원인자 | 負担(ふたん) 부담 | 基(もと)づく 기초하다 | 果(は)たす 다하다 | 対象(たいしょう) 대상 | 小売店舗(こうりてんぽ) 소매점포 | 信用金庫(しんようきんこ) 신용금고 | 飲食店(いんしょくてん) 음식점 | 博物館(はくぶつかん) 박물관 | カラオケボックス 노래방 | レンタルビデオ店(てん) 비디오 대여점 | 官公署(かんこうしょ) 관공서 | 新(あら)たに 새로이 | 地方(ちほう) 지방 | 公共(こうきょう) 공공 | 団体(だんたい) 단체 | 法律(ほうりつ) 법률 | 別(べつ)に 따로 | 定(さだ)める 정하다 | 自主法(じしゅほう) 자주법 | スペース 공간 | 減(へ)る 줄다 | 管理(かんり)する 관리하다 | 一切(いっさい) 일체

표현 ～一方(で)：~하는 한편(으로) =～する反面

根気強い一方、短気なところもある。끈기가 있는 한편으로 성급한 면도 있다.

人口が増える一方、住宅が不足してくる。인구가 느는 한편 주택이 부족해진다.

～に基づき, に基づいて：~에 기초해서, ~을 기본으로 해서

共同研究の成果に基づき、商品開発に取り組んでいくつもりである。
공동연구 성과에 기초하여 상품개발에 힘써나갈 작정이다.

このいすは人間工学に基づいて設計されたものである。이 의자는 인간공학에 기초하여 설계된 것이다.

～に加えて：~에 더하여, ~에 덧붙여

この電子辞書はかわいさに加えて機能も満載だ。이 전자사전은 귀여운데다가 또 다양한 기능이 가득 들어있다.

かぜの症状に加えてめまいもします。감기 증상에 더해 현기증도 납니다.

해설 **질문 1**

올해부터 자전거 보관소 설치의무가 바뀐 이유에 대해서 묻는 문제입니다. 첫 문장에서 화제를 제시했고 이어서 그 이유에 대해서 설명하고 있습니다. 1번 자전거 보관소를 설치하지 않는 시설이 늘어난 것이 아니라 자전거 이용이 늘었으며, 3번 건물이 늘어나서 자전거를 보관할 공간이 줄었다는 언급은 없었고, 4번 자전거 이용은 이미 증가하고 있습니다. 자전거 이용이 늘어나면서 자전거를 보관할 공간이 모자라는 문제가 생겼기 때문에 정답은 2번입니다. **정답** 2

질문 2

'이러한 문제'가 가리키는 내용이 무엇인지 묻는 문제입니다. 밑줄 바로 앞부분을 참고하면 됩니다. 1번 자전거와 자동차 이용의 차이나, 2번 주변시설 이용자의 감소에 관한 언급은 없으며, 3번 자전거 보관소 설치 의무가 지켜지지 않는다는 이야기도 없습니다. 정답은 노상에 있는 자전거 때문에 경관이나 보행자의 안전이 지켜지지 않는 것이라고 한 4번입니다.

정답 4

질문 3

원인자 부담의 사고가 어떤 의미인지를 묻는 문제입니다. 바로 이어지는 문장에서 보면, 자전거 이용자의 목적지인 시설의 설치자(=시설 주인)가 이용자의 자전거 노상 방치에 대한 책임을 부담해야 한다고 합니다. 1번 자전거를 방치한 사람이나, 2번 자전거 이용자에게는 책임을 묻지 않으며, 4번 소매점포나 은행뿐만 아니라 이번에 새롭게 다른 시설들도 책임을 지게 되었습니다. 정답은 자전거 이용자가 방문한 시설의 설치자가 부담해야 한다고 한 3번입니다. **정답** 3

6分

시간 안에 풀도록 연습하세요!

問題 次の文章を読んで、後の問いに対する答えとして最もよいものを、1・2・3・4から一つ選びなさい。

恋愛中の人の心には「①愛の銀行」があるといいます。好きな人と楽しい出来事があると、その分だけ貯金されます。一方、けんかや言い争いなど二人の間で悲しいことがあると、そこから貯金は引き出されます。すべて出し入れされる通貨は「愛」です。

普通、結婚前の男女はデートをしながら二人での時間を過ごします。デートは楽しいだけではなく、お互いに気遣い、配慮しなければならず、面倒くさいと感じることもあります。一人でいる時は自分の好き勝手に行動できますが、二人でいると相手は自分とは全く違う人格なので、葛藤を覚えることもあります。それでも楽しいことの方が多いと、それぞれの心の中にある「愛の銀行」の貯金額は増えていきます。そして、ある程度たまると結婚しようという決断に踏み出せるようになります。逆に、嫌な思いをすることの方が多いと、愛がだんだん引き出され、②貯金高がマイナスになり、果ては二人の関係は終わってしまいます。

このように、デートとは一緒に映画を見たり食事をしたり楽しい時間を過ごすことだけが目的なのではなく、それを通して心の中の「愛の銀行」に愛を出し入れしながら、自分や相手の気持ちを確認する過程であるといえます。

問1 ①「愛の銀行」とはどのようなものか。

1 結婚の資金をためる目的で作った二人の銀行口座
2 二人の心にそれぞれあるお互いに対する感情の出入り
3 結婚するまでに相手を試すための心の中に決めた基準
4 二人の時間を過ごすことでたまっていくお互いへの愛情

問2 ②貯金高がマイナスになるのは、どうしてか。

1 デート費用をあまりにも使いすぎてしまったから
2 相手との間で楽しくないことの方が多かったから
3 結婚の準備をするのに想像以上にお金がかかるから
4 二人の関係がもうすでに終わってしまったから

問3 結婚前のデートはどのようなものだと言っているのか。

1 楽しい時間を持つことで二人の愛情を育てていくことを主目的とする。
2 自分に対して配慮してくれる人かどうか相手を試すことを主目的とする。
3 二人の時間を通して互いの感情を深め、愛情を確認することを主目的とする。
4 一緒にいるだけで幸せな気分になれる相手かどうかを試すことを主目的とする。

해석 연애 중인 사람의 마음속에는 ①'사랑의 은행'이 있다고 합니다. 좋아하는 사람과 즐거운 일이 있으면 그만큼 저축됩니다. 한편, 싸움이나 언쟁 등 두 사람 사이에 슬픈 일이 있으면 거기에서 저금이 인출됩니다. 넣고 빼는 통화는 모두 '사랑'입니다.

보통 결혼 전인 남녀는 데이트를 하면서 둘만의 시간을 보냅니다. 데이트는 즐겁기만 한 것이 아니라 서로에게 신경을 쓰고 배려하지 않으면 안 되어서 귀찮게 느낄 수도 있습니다. 혼자 있을 때는 자신이 하고 싶은 대로 행동할 수 있지만, 둘이서 있으면 상대는 자신과 전혀 다른 인격이기 때문에 갈등을 느낄 수도 있습니다. 그래도 즐거운 일 쪽이 많으면 각각의 마음속에 있는 '사랑의 은행'의 저금액은 늘어갑니다. 그리고 어느 정도 모이면 결혼하고자 하는 결단을 내릴 수 있게 됩니다. 반대로 싫은 느낌 쪽이 많으면 사랑이 점점 인출되어 ②저금 잔액이 마이너스가 되어 결국에는 두 사람의 관계는 끝나버립니다.

이와 같이 데이트란 함께 영화를 보거나 식사를 하거나 하면서 즐거운 시간을 보내는 것만이 목적이 아니라, 그것을 통하여 마음속의 '사랑의 은행'에 사랑을 넣었다 뺐다 하면서 자신과 상대방의 마음을 확인하는 과정이라고 할 수 있습니다.

질문 1 ①'사랑의 은행'이란 어떤 것인가?
1 결혼자금을 모을 목적으로 만든 두 사람의 은행 계좌
2 두 사람의 마음에 각각 있는 서로에 대한 감정의 출입
3 결혼하기까지 상대를 시험하기 위하여 마음속에 정한 기준
4 둘만의 시간을 보냄으로써 쌓여가는 서로에 대한 애정

질문 2 ②저금 잔액이 마이너스가 되는 이유는 무엇인가?
1 데이트 비용을 너무 많이 사용해버렸기 때문에
2 상대방과의 사이에 즐겁지 않은 일 쪽이 많았기 때문에
3 결혼 준비를 하는데 상상 이상으로 돈이 들기 때문에
4 둘만의 관계가 이미 끝나버렸기 때문에

질문 3 결혼 전의 데이트는 어떤 것이라고 말하고 있는가?
1 즐거운 시간을 가짐으로써 두 사람의 애정을 키워나가는 것을 주목적으로 한다.
2 자신에 대해서 배려해주는 사람인지 어떤지 상대방을 시험하는 것을 주목적으로 한다.
3 둘의 시간을 통해 서로의 감정을 돈독히 하고 애정을 확인하는 것을 주목적으로 한다.
4 함께 있는 것만으로 행복한 기분이 들 수 있는 상대인지 어떤지 시험하는 것을 주목적으로 한다.

어휘 恋愛(れんあい) 연애 | 出来事(できごと) 일, 사건 | 貯金(ちょきん) 저금 | 一方(いっぽう) 한편 | けんか 싸움 | 言(い)い争(あらそ)い 언쟁 | 引(ひ)き出(だ)す (돈을) 찾다 | 出(だ)し入(い)れ 찾고 넣음 | 通貨(つうか) 통화 | 気遣(きづか)う 신경 쓰다 | 配慮(はいりょ)する 배려하다 | 面倒(めんどう)くさい 귀찮다 | 好(す)き勝手(かって)に 하고 싶은 대로 | 人格(じんかく) 인격 | 葛藤(かっとう) 갈등 | 覚(おぼ)える 느끼다 | 貯金額(ちょきんがく) 저금액 | たまる 모이다 | 決断(けつだん) 결단 | 踏(ふ)み出(だ)す 내딛다, 나서다 | だんだん 점점 | 貯金高(ちょきんだか) 저금잔액 | 果(は)て 결국 | 確認(かくにん)する 확인하다 | 過程(かてい) 과정 | 資金(しきん) 자금 | ためる 모으다 | 口座(こうざ) 계좌 | 感情(かんじょう) 감정 | 出入(でい)り 출입 | 試(ため)す 시험하다 | 基準(きじゅん) 기준 | 想像(そうぞう) 상상 | 育(そだ)てる 키우다 | 主目的(しゅもくてき) 주목적 | 深(ふか)める 깊게 하다

해설 **질문 1**

사랑의 은행이 어떤 것인지 묻는 문제입니다. 1번 돈을 저금하는 실제 은행 계좌가 아니며, 3번 사랑하는 상대를 시험하기 위한 것도 아니고, 4번 서로 간의 애정이 쌓여가기도 하지만 없어지기도 합니다. 정답은 2번 두 사람의 마음속에 각각 가지고 있는 서로에 대한 감정의 출입(=서로에 대한 감정이 좋기도 하다가 나쁘기도 하기 때문에 사랑이 들어갔다 나왔다 함)입니다.

정답 2

질문 2

왜 저금 잔액이 마이너스가 되는지, 그 이유를 묻는 문제입니다. 1번 저금 잔액은 실제 돈이 아니므로 데이트 비용으로 사용할 수 없고, 마찬가지로 3번도 결혼 준비에 쓸 현금이 아니며, 4번은 전후 관계가 바뀌었습니다. 저금 잔액이 마이너스가 되면 두 사람의 관계가 끝나버리겠지요. 정답은 2번 상대방과의 사이에 즐겁지 않은 일이 많이 있었기 때문에 사랑의 은행에 저축되었던 사랑이 계속 빠져나가서 마이너스가 된 것입니다.

정답 2

질문 3

결혼 전의 데이트를 어떻게 설명하고 있는지 묻는 문제입니다. 마지막 단락에 보면 둘만의 즐거운 시간을 보내는 것만이 목적이 아니라, 자신과 상대방의 마음을 확인하는 것이어야 한다고 했습니다. 1번 애정을 키워나가는 것만이 주목적이 아니라고 했고, 2번, 4번처럼 상대방을 시험하는 것도 주목적이 되지는 않습니다. 정답은 서로의 감정을 돈독히 하고 애정을 확인하는 것을 주목적으로 한다고 한 3번입니다.

정답 3

시나공법 03

통합 이해

3번째 문제 유형은 〈통합 이해〉 로, 통합 이해 문제에서는 비교적 평이한 내용의 합계 600자 정도의 2~3개의 복수의 본문을 서로 비교, 통합하면서 읽은 후에 각 내용간의 공통점이나 주장에 대한 질문에 답합니다.
통합 이해에서는 상담자의 상담내용이 정확히 무엇인지 알아야 하고, 그리고 답변자들의 문장을 읽고 어떤 식의 조언과 답변을 하고 있는지 잘 파악해야 합니다. 또한 각각의 주장과 그와 더불어 두 본문의 공통점과 차이점을 정확히 파악하는 것이 중요합니다.
통합 이해는 10분 동안에 풀도록 합니다. 600자의 지문 1개와 각 지문에 달린 문제 2문항을 시간 안에 차분하게 풀어내도록 연습하세요.

시나공법 03

문제 유형 파악하기

문제 유형3은 통합 이해 문제로 복수의 지문에서 문제가 출제될 예정입니다. 합계 600자 정도의 2~3개의 본문을 읽고 2가지 질문에 답하는 문제입니다.

시험에 이렇게 나온다!

❶ 합계 600자 정도의 평이한 내용의 상담문, 주장문, 기사 등이 2~3개 제시된다.

問題　次のAとBは、高学歴に関する文章である。AとBの両方を読んで、後の問いに対する答えとして最もよいものを、1・2・3・4から一つ選びなさい。

A

高学歴だからと言って、必ずしも仕事が出来るとは限りません。その人のやる気次第だと思います。一度同じ土俵(注1)に立ってしまえば、学歴というのは「あるに越したことはない(注2)」程度のものになる場合も少なくありません。それに、入社後に学歴がどうこう言ってる人は出世出来ないでしょう。仕事が出来ることをどう定義するかは、人によって違いますが、課長職に高卒の人もいます。スタートラインの違いはありますが、入社後は学歴よりプロセスと結果です。それが会社のシステムだと思います。高学歴で仕事が出来ない人間より、学歴には関係なく仕事で結果を出せる人が評価されるのは当然でしょう。

(注1) 土俵：勝負などが行われる場
(注2) あるに越したことはない：あったほうがよい

B

高学歴じゃないと出来ない仕事は確かにあります。医者や研究職などは専門的なことを身につけていなければなりません。それに、伝統ある有名企業に入るためには、未だに学歴が重視されるのも事実です。仕事が出来るかどうかは学歴とは関係ないですが、入社出来るかどうかは学歴が大きく関係します。しかし、それは会社がそのように決めているからに過ぎず、採用されたら、仕事の結果は学歴と関係なく出てくるはずです。

また、「学歴が高い」とは、試験やレポートで良い点数をとる技術をどれだけ持っているか、ということであって、人間の本質や能力には関係ないかもしれません。しかし、試験やレポートで良い点数をとる技術を磨いた人は、それ以外のことでも自分磨きをしている可能性が高いので、高学歴の人の方がありがたがられるわけです。

❷ 복수의 본문 간의 공통점이나 차이점, 주장을 묻는 문제가 2문제 출제된다.

問1 AとBで共通する内容はどんなことか。

1 入社する時に、学歴は何の影響も及ぼさない。
2 仕事の出来、不出来は学歴とは関係ない。
3 学歴が高い人はこれまで自分磨きをしてきた人だ。
4 学歴が高い人の方が入社しやすいのが現実だ。

問2 AとBの意見について、正しいのはどれか。

1 Bは、高学歴の人が早く出世するのが現実社会のシステムだと言っている。
2 仕事の出来について、Aはやる気次第、Bは学歴が関係すると言っている 。
3 Aは、入社後は学歴よりプロセスと結果で評価されるものだと言っている。
4 高学歴について、Aは出世への近道、Bは入社への近道だと言っている。

해석 **A**

고학력이라고 해서 반드시 일을 잘 한다고는 할 수 없습니다. 그 사람의 의욕에 달려 있다고 생각합니다. 한번 같은 씨름판에 서 버리면 학력이라는 것은 '있으면 더 좋은' 정도의 것에 불과한 경우가 적지 않습니다. 게다가 입사 후에 학력이 이러니저러니 하는 사람은 출세할 수 없을 것입니다. 일을 잘 한다는 것을 어떻게 정의하느냐는 사람에 따라 다르지만, 과장직에 고졸인 사람도 있습니다. 출발선에 차이는 있지만 입사 후에는 학력보다 과정과 결과입니다. 그것이 회사 시스템이라고 생각합니다. 고학력에 일을 못하는 사람보다 학력에 관계없이 일에서 결과를 낼 수 있는 사람이 평가 받는 것은 당연하겠지요.

B

고학력이 아니면 할 수 없는 일은 분명히 있습니다. 의사나 연구직 등은 전문적인 것을 습득하지 않으면 안 됩니다. 게다가 전통 있는 유명기업에 들어가기 위해서는 아직까지 학력이 중시되고 있는 것도 사실입니다. 일을 잘 할 수 있는지 어떤지 학력과는 관계가 없지만, 입사할 수 있을지 없는지는 학력과 큰 관계가 있습니다. 하지만 그것은 회사가 그렇게 정하고 있는데 지나지 않으며, 채용되고 나면 일의 결과는 학력과 상관없이 나올 것입니다.

또한 '학력이 높다'는 것은 시험이나 리포트에서 좋은 점수를 받는 기술을 얼마나 지니고 있는가, 라는 것이며, 인간의 본질이나 능력과는 관계가 없을지도 모릅니다. 하지만 시험이나 리포트에서 좋은 점수를 받는 기술을 닦은 사람은 그 이외의 일에 있어서도 자신의 실력을 닦을 가능성이 높기 때문에 고학력인 사람 쪽이 고맙게 여겨지는 것입니다.

(주 1) 씨름판 : 승부 등을 겨루는 장소
(주 2) 있으면 더 좋다

질문 1 A와 B에서 공통되는 내용은 어떤 것인가?

1 입사할 때 학력은 아무런 영향을 끼치지 않는다.
2 일을 잘 하고 못하는 것은 학력과 관계가 없다.
3 학력이 높은 사람은 지금까지 자신의 실력을 잘 닦아온 사람이다.
4 학력이 높은 사람 쪽이 입사하기 쉬운 것이 현실이다.

질문 1 A와 B의 의견에 대해서 올바른 것은 어느 것인가?

1 B는 고학력인 사람이 빨리 출세하는 것이 현실사회의 시스템이라고 말하고 있다.
2 일을 잘 하는 것에 대해서, A는 의욕에 달려있고, B는 학력과 관계가 있다고 한다.
3 A는 입사 후에는 학력보다 과정과 결과로 평가 받는 것이라고 한다.
4 고학력에 대해서, A는 출세를 향한 지름길, B는 입사를 위한 지름길이라고 한다.

어휘 高学歴(こうがくれき) 고학력 | やる気(き) 하고자 하는 의욕 | ～次第(しだい) ～에 따라 달라짐 | 土俵(どひょう) 씨름판이라는 뜻에서 파생하여 승부의 장 | あるに越(こ)したことはない 있으면 더 좋다 | 出世(しゅっせ) 출세 | 定義(ていぎ)する 정의하다 | 課長職(かちょうしょく) 과장직 | 高卒(こうそつ) 고졸 | スタートライン 스타트라인, 출발점 | プロセス 프로세스, 과정 | 結果(けっか) 결과 | システム 시스템 | 評価(ひょうか)する 평가하다 | 当然(とうぜん) 당연 | 医者(いしゃ) 의사 | 研究職(けんきゅうしょく) 연구직 | 専門的(せんもんてき) 전문적 | 身(み)につける 습득하다 | 伝統(でんとう) 전통 | 企業(きぎょう) 기업 | 未(いま)だに 아직까지 | 重視(じゅうし) 중시 | 採用(さいよう) 채용 | 技術(ぎじゅつ) 기술 | 本質(ほんしつ) 본질 | 能力(のうりょく) 능력 | 点数(てんすう) 점수 | 磨(みが)く 닦다 | 自分磨(じぶんみが)き 자신의 실력을 닦음 | ありがたがる 고맙게 여기다 | 影響(えいきょう) 영향 | 及(およ)ぼす 끼치다 | 不出来(ふでき) 못함 | 現実(げんじつ) 현실 | 作成(さくせい) 작성 | まかせる 맡기다 | 近道(ちかみち) 지름길

표현 ～次第だ：~에 따라 결정된다, ~나름이다 (명사에 접속하여 그 사람의 의향, 또는 그 사물의 사정 여하에 따른다는 뜻을 나타냄)

夢が叶うかどうかはあなた次第です。꿈이 이루어질지 어떨지는 당신에게 달려 있습니다.

E·メールは使い方次第でけっこう便利です。이메일은 사용법 여하에 따라 꽤 편리합니다.

～に越したことはない：~가 최고다, ~보다 더 나은 것은 없다

用心するに越したことはない。뭐니뭐니해도 조심하는 것이 최고다.

感謝の気持ちは、早く伝えるに越したことはない。감사의 마음은 빨리 전하는 것이 최고다.

～に過ぎない：~에 불과하다, ~에 지나지 않다 ＝～以上ではない, ～でしかない

年齢なんて、ただの数字に過ぎない。나이는 그저 숫자에 불과하다.

技能、情報、知識は道具に過ぎない。기능, 정보, 지식은 도구에 지나지 않는다.

해설 **질문 1**

A와 B의 공통되는 내용이 무엇인지 고르는 문제입니다. A는 일을 잘 하고 못하는 것은 학력과 관계가 없으며, 일에 대한 열정을 가지고 열심히 일하는 과정과 결과가 중요시된다고 했고, B는 학력은 입사할 때 필요조건이 될 수는 있지만, 입사 후에 일을 하는데 있어서는 아무런 영향을 끼치지 않는다고 했습니다. 1번 A와 B 모두 입사할 때 어느 정도 영향을 끼친다고 했고, 3번 고학력인 사람이 자신의 실력을 잘 닦아왔을 가능성이 있다고 한 것은 B뿐이며, 4번 A는 별로 관계가 없다고 했고, B는 입사에 영향을 미치는 경우도 많다고 했습니다. 정답은 일을 잘 하고 못하는 것은 학력과 상관없다고 한 2번입니다.

정답 2

질문 2

A와 B의 의견에 대해서 올바른 것을 고르는 문제입니다. 1번 B는 채용되고 나면 일의 결과와 학력과는 별로 상관이 없다고 했고, 2번 B에서 학력과는 상관이 없다고 했으며, 4번 A에서 출세를 위한 지름길이라고 하지 않았습니다. 정답은 입사 후에는 학력보다 과정과 결과로 평가 받는 것이라고 한 3번입니다.

정답 3

TIP 통합 이해 문제는 두 본문의 공통점과 차이점을 잘 파악하는 게 중요합니다.

통합이해 문제에서는 비교적 평이한 내용의 합계 600자 정도의 2~3개의 복수의 본문을 서로 비교, 통합하면서 읽은 후에 각 내용간의 공통점이나 주장에 대한 질문에 답합니다. 예를 들어 상담자의 상담내용에 대한 두 명의 답변이라든지, 비슷한 소재나 주제에 대한 두 가지 견해를 실은 본문에 관한 문제가 나올 가능성이 높습니다.

1. 상담자의 상담내용과 그에 대한 답변을 정확히 파악하자

신시험의 가이드에서는 남자친구가 주는 선물의 취향이 마음에 안 드는 여성이 자신의 진심을 남자친구에게 확실하게 말해야 할지 어떨지 고민하는 내용에 대하여 답변자 A와 B가 조언을 하는 내용이 나와 있습니다. A는 앞으로 계속 사귄다면 자신의 의견을 확실하게 말하는 편이 낫다고 하고, B는 남자친구의 취향에 한 번 맞춰보면서 새로운 자신의 모습을 찾아보면 어떻겠냐고 조언을 합니다. 이러한 본문 내용에 대해서 두 문제가 출제되었는데, 첫 번째는 '私の本当の気持ちとは、どんな気持ちか(상담자의 진심이란 어떤 마음인가?)' 하는 문제입니다. 선택지로는 아래의 보기가 제시되었는데요, 정답은 무엇일까요?
정답은 상담자의 진심은 바로 그가 주는 선물이 내 취향이 아니다(彼からのプレゼントは私の好みのものでない)는 것 입니다.

두 번째 질문으로는 '「相談者」の相談に対するA，Bの回答について、正しいのはどれか(상담자의 상담에 대한 A와 B의 답변에 대해서 올바른 것은 어느 것인가?)'였는데 정답은 바로 서두에서 말한 바와 같이 A는 자신의 의견을 확실히 말하는 편이 낫다며 상담자의 취향을 보다 중시하고, B는 남자친구의 취향에 한번 맞춰보기를 권하고 있으므로 상담자의 남자친구의 생각을 이해하고 있다(Aは相談者の好みをより重視し、Bは相談者の彼の考え方に理解を示す意見を述べている)고 하는 것이었습니다.
그러므로 이런 문제를 풀기 위해서는 상담자의 상담내용이 정확히 무엇인지 알아야 하고, 그리고 답변자들의 문장을 읽고 어떤 식의 조언과 답변을 하고 있는지 잘 파악해야 합니다.

2. 두 본문의 공통점과 차이점을 파악하자

신시험의 기출문제를 보면 두 개의 본문을 읽고 각각의 내용과 공통점, 차이점을 묻는 문제가 출제되고 있습니다. 예를 들어 A 메모하는 법과 B 필기하는 법에 관한 두 문장이 있는데, 메모하는 법에서는 강연회 등에서 그저 듣기만 하면 나중에 기억나는 내용이 전혀 없을 수도 있으므로 자신의 일이나 생활, 흥미로운 사항에 관해서는 메모하는 편이 낫다고 합니다. 한편 필기하는 법에서는 모든 내용을 필기하다 보면 오히려 핵심을 간과하기 쉬우므로 중요한 수치나 요점만을 필기하는 편이 훨씬 기억에 남는다고 합니다.

이러한 두 개의 본문 내용에 대해서 두 문제가 출제되었는데, 첫 번째는, 'Aは、なぜメモをとることを勧めているのか(A는 왜 메모하기를 권하고 있는가)'하는 질문입니다. 정답은 그저 듣기만 하면 나중에 기억나는 내용이 전혀 없을 수 있으므로 이야기 내용을 잊지 않도록 하기 위해서(話の内容を忘れないようにするため)라고 한 것입니다.

두 번째 질문으로는 'AとBに共通して述べられていることは何か(A와 B에서 공통적으로 이야기하고 있는 내용이 무엇인가?)'입니다.

정답은 A와 B는 모두 메모나 필기할 필요는 없고 중요한 것만 써두라고 했으므로, 메모나 노트에 이야기 내용 모두는 안 쓰는 편이 낫다(メモやノートに話の内容のすべては書かないほうがよい)고 한 것입니다.

이와 같이 두 개의 본문을 읽고 푸는 문제에서는 각각의 주장과 그와 더불어 두 본문의 공통점과 차이점을 정확히 파악해두어야 합니다.

참고로 기출문제 중에서는 新社会人の人間関係(신사회인의 인간관계)에 관한 두 개의 본문을 읽고 아래 문제에 답하는 문제가 출제되기도 했습니다.

문제 1　AとB に共通している内容は？ A와 B에 공통되는 내용은?
문제 2　AとBのそれぞれの立場は？ A와 B의 각각의 입장은?

10分

✎시간 안에 풀도록 연습하세요!

問題　次のAとBは、家計管理に関する文章である。AとBの両方を読んで、後の問いに対する答えとして最もよいものを、1・2・3・4から一つ選びなさい。

A

収入はそれなりにあり、節約もしているはずなのにお金が貯まらないという悩みを持っている人がいます。また、貯蓄のペースがなかなかつかめなくて、将来に不安を抱えている人もいます。そんな人たちの多くが、時間がないことを理由に家計管理そのものをあきらめていたり、家計簿をつけていないことに罪悪感を持っていたりします。しかし、家計簿をつける時間がとれなくても、一度お金の流れを整理して、貯まる仕組みさえ作ってしまえば、あとは自動的にお金を貯めることができます。そして、貯まる仕組みができれば将来に向けた貯蓄のペースがつかめるので、漠然(注1)とした不安を解消することもできます。

（注1）漠然：ぼんやりとしてはっきりしないこと

B

家計管理は長距離マラソンのようなもの。最初に全力疾走(注2)してしまうと、最後まで走り続けるのが大変になるように、月初めにお金を使いすぎると、お金が月末までもたなくなってしまいます。そこで、あらかじめ一ヵ月の生活費を５つの封筒に分けておいて、あとは毎週封筒ひとつ分の予算で生活をするといいでしょう。予算オーバーさえしなければ、使い道は自由です。家計簿をつける必要もありません。

これに慣れると、飲み会でお金を使いすぎた週には外食をしないように、そして洋服を買った週には美容院には行かないというように、大きな出費を上手にコントロールできるようになります。お金を一定のペースで使うことができるので、月末になっても「お金がなくてつらい」という思いをすることがありません。

（注2）全力疾走：全力を出して走ること

問1 AとBで共通する内容はどんなことか。

1 家計簿をつけることでお金に関する将来の不安を解消できる。
2 収入がある程度あっても節約しなければお金は貯められない。
3 お金を貯めるためには生活費を一週間ごとに分けて使うべきである。
4 家計簿をつけること以外でも家計を管理する方法はいろいろとある。

問2 AとBの意見について、正しいのはどれか。

1 Aはお金を上手に使うための方法を、Bはお金を貯める方法を述べている。
2 Aは家計簿をつけることの利点を、Bは出費を調節する方法を述べている。
3 Aはお金の貯まる仕組み作りを、Bはお金を一定のペースで使うことを勧めている。
4 Aは貯蓄のペースをつかむことを、Bは月初めにお金を使わないことを勧めている。

해석 **A**

수입은 그런대로 있고 절약도 하고 있는데도 돈이 모이지 않는다는 고민을 가지고 있는 사람이 있습니다. 또한 저축하는 페이스를 좀처럼 잡지 못해서 장래에 대한 불안감을 가지고 있는 사람도 있습니다. 그런 사람들의 대부분이 시간이 없다는 이유로 가계관리 그 자체를 포기하거나 가계부를 쓰지 않는 일에 죄악감을 가지거나 합니다. 그러나 가계부를 쓰는 시간이 없더라도 한번 돈의 흐름을 정리해서 돈이 모이는 구조만 만들어버린다면 나머지는 자동적으로 돈을 모을 수가 있습니다. 그리고 모으는 구조가 만들어진다면 장래를 향한 저축 페이스를 잡을 수 있기 때문에 막연한 불안감을 해소할 수도 있습니다.

(주1) 막연 : 어렴풋이 확실하지 않은 것

B

가계관리는 장거리 마라톤과 같은 것. 처음에 전력질주해버리면 마지막까지 계속 달리기가 힘든 것처럼 월초에 돈을 너무 많이 사용하면 돈이 월말까지 남아나지 않게 되어버립니다. 그래서 미리 1개월 치의 생활비를 5개의 봉투에 나누어 놓고, 그 이후에는 매주 봉투 하나 분의 예산으로 생활하면 좋을 것 같습니다. 예산을 오버하지만 않는다면 사용처는 자유입니다. 가계부를 쓸 필요도 없습니다.

이에 익숙해지면 술모임에서 돈을 너무 많이 쓴 주에는 외식을 하지 않도록, 그리고 옷을 산 주에는 미용실에 가지 않는 등과 같이, 큰 지출을 잘 조절할 수 있게 됩니다. 돈을 일정한 페이스로 사용할 수가 있기 때문에 월말이 되어도 '돈이 없어서 힘들다'는 생각이 들지 않습니다.

(주2) 전력질주 : 온 힘을 내어 달리는 것

질문 1 A와 B에서 공통되는 내용은 어떤 것인가?

1 가계부를 씀으로써 돈에 관한 장래의 불안감을 해소할 수 있다.
2 수입이 어느 정도 있더라도 절약하지 않으면 돈을 모을 수 없다.
3 돈을 모으기 위해서는 생활비를 1주일씩 나누어서 사용해야 한다.
4. 가계부를 쓰는 것 이외에도 가계를 관리하는 방법은 여러 가지 있다.

질문 2 A와 B의 의견에 대해서 올바른 것은 어느 것인가?

1 A는 돈을 잘 사용하기 위한 방법을, B는 돈을 모으는 방법을 말하고 있다.
2 A는 가계부 쓰기의 이로운 점을, B는 지출을 조절하는 방법을 말하고 있다.
3 A는 돈이 모이는 구조 만들기를, B는 돈을 일정한 페이스로 사용할 것을 권하고 있다.
4. A는 저축의 페이스를 잡을 것을, B는 월초에 돈을 사용하지 않을 것을 권하고 있다.

어휘 収入(しゅうにゅう) 수입 | それなり 그런대로 | 節約(せつやく) 절약 | 貯(た)まる 모이다 | 悩(なや)み 고민 | 貯蓄(ちょちく) 저축 | ペース 페이스 | つかむ 잡다 | 抱(かか)える 안다, 가지다 | 家計簿(かけいぼ) 가계부 | 罪悪感(ざいあくかん) 죄책감 | 仕組(しく)み 구조 | 漠然(ばくぜん) 막연 | 解消(かいしょう)する 해소하다 | 長距離(ちょうきょり) 장거리 | マラソン 마라톤 | 全力疾走(ぜんりょくしっそう) 전력질주 | 月初(つきはじ)め 월초 | 月末(げつまつ) 월말 | あらかじめ 미리 | 封筒(ふうとう) 봉투 | 予算(よさん)オーバー 예산오버 | 使(つか)い道(みち) 사용처 | 飲(の)み会(かい) 술모임 | 美容院(びよういん) 미용실 | 出費(しゅっぴ) 지출 | コントロール 컨트롤 | 一定(いってい) 일정 | 調節(ちょうせつ)する 조절하다

표현 お金が貯まる/お金を貯める : 돈이 모이다/돈을 모으다

お金が貯まったら、新車を買うつもりです。돈이 모이면 새 차를 살 작정입니다.

毎月の給料から、５万ずつ貯めています。매달 월급에서 5만엔 씩 돈을 모으고 있습니다.

不安を抱える : 불안감을 가지다

就職活動に不安を抱える人が多い。취업활동에 불안감을 지니고 있는 사람이 많다.

家計簿をつける : 가계부를 쓰다

家計簿をつければ、家計の収支が把握できる。가계부를 쓰면 가계의 수지를 파악할 수 있다.

ペースをつかむ : 페이스를 잡다

スポーツでは自分のペースをつかむのが大切です。스포츠에서는 자신의 페이스를 잡는 것이 중요합니다.

不安を解消する : 불안을 해소하다

悩みや不安を解消し、人生を楽しく生きよう。고민과 불안을 해소하여 인생을 즐겁게 살자.

해설 **질문 1**

A와 B의 공통되는 내용을 묻는 문제입니다. 1번 A와 B 모두 가계부를 쓰지 않아도 괜찮다고 했고, 2번 A는 돈을 모으는 것에 대해, B는 돈을 쓰는 법에 이야기하고 있으며, 3번 생활비를 1주일씩 나눠서 쓰라는 것은 B에만 나오는 내용입니다. A에서 가계부를 굳이 쓰지 않더라도 돈을 모을 수 있다고 했고, B에서는 가계부를 쓸 필요가 없다고 하면서 다른 방법을 소개하고 있으므로 정답은 가계를 관리하는 방법이 여러 가지 있다고 한 4번입니다.

정답 4

질문 2

A와 B의 의견을 올바로 설명한 답을 고르는 문제입니다. 1번 A와 B가 반대로 되어 있으며, 2번 A에 가계부 쓰기의 이로운 점은 나와 있지 않으며, 4번 B에서 월초에 돈을 사용하지 않을 것을 권한 것이 아니라 주 단위로 나누어서 돈을 관리하라고 했습니다. A는 돈의 흐름을 정해서 모으는 구조를 만들어 버리면 된다고 했으므로 돈이 모이는 구조 만들기에 대해, B는 1개월 분 생활비를 5개 봉투에 나누어 쓰는 방법 즉 지출을 일정한 페이스로 관리할 것에 대해 권하고 있으므로 정답은 3번입니다.

정답 3

10分

시간 안에 풀도록 연습하세요!

問題　次のAとBは、学校の授業に関する文章である。AとBの両方を読んで、後の問いに対する答えとして最もよいものを、1·2·3·4から一つ選びなさい。

A

従来の教師中心の教え込む授業では教師が手取り足取り指導した。いわゆる成績のいい学生ほど、言われたとおりのことをするのは得意だが、自分で何かを考え出すことが苦手であり、自律性や創造力は置き去りにされてきた。

その反省を踏まえ、最近の教育現場では対話を取り入れた授業が注目されている。①対話式授業とは先生と学生との話し合いを指すのではなく、学生同士が意見を出し合い、討論することで授業を進めることをいう。相手の意見を聞き、それを理解し、新たな自分の意見を投げかける。その繰り返しが授業の質を高め、学力向上はもちろん、学生同士のよい人間関係形成にも役立つのである。教師の「教え込み」から、子ども同士の「対話」へ、唯一の「正解」だけを求める時代は終わった。

B

教える側は教えられる側よりも多くのことが分かっています。そのため、つい無理に教え込もうとしてしまいます。が、それでは自分自身で課題を設定し、それを解消する能力が養われず、求められる答えしか出せないようになってしまいます。人は興味をもったことにはもっと知りたいという欲求が生じ、自然と真剣に取り組むものです。教える側はただ、学びたいという気持ちを刺激して、学べる環境を維持する役割に徹することが大切です。ですから教えることが上手な人は、まず自律を促すことをまず第一に考えます。 教えられる側が能動的になり、教える側が受動的になってこそ教育効果は最大になるのです。

問1 ①対話式授業とはどのようなものか。

1 生徒と教師の話し合いを通じて学力を向上させていく授業
2 生徒たちが自主的に意見を交換することで進めていく授業
3 生徒同士の人間関係を育成することで成り立っている授業
4 自律性や創造性を育成することを目標に教師が進める授業

問2 AとBで共通して述べられているのはどんなことか。

1 教師は何もせずに学生を見守ることが一番よい。
2 教師があれこれと教え過ぎることは逆効果だ。
3 学生は教師の言うことを聞きすぎてはいけない。
4 従来の授業では自律性の育成に重点が置かれてきた。

시나공법 03 적중 예상 문제 해설 02

해석 **A**

기존의 교사 중심의 주입식 수업에서는 교사가 꼼꼼하게 하나하나 지도했었다. 이른바 성적이 좋은 학생일수록 지시 받은 대로 하는 것은 잘 하지만, 스스로 뭔가를 생각해내는 것을 잘 못하여 자율성이나 창조력이 부족했었다.

그러한 반성을 근거로 하여 최근의 교육현장에서는 대화를 도입한 수업이 주목을 받고 있다. 대화식 수업이란 선생님과 학생이 서로 이야기를 주고 받는 것을 가리키는 것이 아니라, 학생끼리 의견을 내고 토론을 하여 수업을 진행시키는 것을 말한다. 상대방의 의견을 듣고 그것을 이해하여 새로운 자신의 의견을 던진다. 그 반복이 수업의 질을 높이고, 학력 향상은 물론 학생들 간의 좋은 인간관계 형성에도 도움이 되는 것이다. 교사의 '주입식 교육'에서, 아이들 간의 '대화'로, 유일한 '정답' 만을 구하는 시대는 끝났다.

B

가르치는 쪽은 배우는 쪽보다 많은 것을 알고 있습니다. 그 때문에 무심코 무리하게 주입시키려고 하고 맙니다. 하지만 그렇게 해서는 스스로 과제를 설정하여 그것을 해결하는 능력이 키워지지 않으며, 요구 받은 정답밖에 말하지 못하게 됩니다. 사람은 흥미를 가진 일에 대해서는 더 알고 싶은 욕구가 생겨서 자연스럽게 진지하게 임하게 되는 것입니다. 가르치는 쪽은 그저 배우고 싶다는 기분을 자극하여 배울 수 있는 환경을 유지하는 역할을 철저히 하는 것이 중요합니다. 그러므로 잘 가르치는 사람은 우선 자율성을 촉진시키는 것을 우선 제일로 생각합니다. 배우는 쪽이 능동적이 되고, 가르치는 쪽이 수동적이 되어야만 교육효과는 최대가 되는 것입니다.

질문 1 ①대화식 수업이란 어떤 것인가?

1 학생과 교사의 대화를 통해 학력을 향상시켜나가는 수업
2 학생들이 자주적으로 의견을 교환함으로써 진행시켜나가는 수업
3 학생 간의 인간관계를 육성함으로써 이루어지는 수업
4 자율성이나 창조성을 육성하는 것을 목표로 교사가 진행하는 수업

질문 2 A와 B에서 공통적으로 말하고 있는 것은 어떤 것인가?

1 교사는 아무것도 하지 않고 학생을 지켜보는 것이 가장 좋다.
2 교사가 이것저것 너무 많이 가르치는 것은 역효과이다.
3 학생은 교사가 말하는 것을 너무 많이 들으면 안 된다.
4 기존 수업에서는 자율성 육성에 중점을 두었었다.

어휘 従来(じゅうらい) 기존 | 教師(きょうし) 교사 | 教(おし)え込(こ)む 주입시키다 | 手取(てと)り足取(あしと)り 꼼꼼하게 하나하나 | 指導(しどう)する 지도하다 | いわゆる 이른바 | 考(かんが)え出(だ)す 생각해내다 | 自律性(じりつせい) 자율성 | 創造力(そうぞうりょく) 창조력 | 置(お)き去(ざ)り 내버려 두고 가버림 | 反省(はんせい) 반성 | 踏(ふ)まえる 토대로 하다 | 現場(げんば) 현장 | 取(と)り入(い)れる 도입하다 | 討論(とうろん)する 토론하다 | 投(な)げかける 던지다 | 繰(く)り返(かえ)し 반복 | 向上(こうじょう) 향상 | 同士(どうし) 끼리 | 正解(せいかい) 정답 | つい 무심코 | 設定(せってい)する 설정하다 | 解消(かいしょう)する 해소하다 | 能力(のうりょく) 능력 | 養(やしな)う 기르다 | 欲求(よっきゅう) 욕구 | 生(しょう)じる 생기다 | 真剣(しんけん)に 진지하게 | 取(と)り組(く)む 임하다 | 刺激(しげき)する 자극하다 | 維持(いじ)する 유지하다 | 徹(てっ)する 철저하게 하다 | 促(うなが)す 촉진하다 | 能動的(のうどうてき) 능동적 | 受動的(じゅどうてき) 수동적 | 効果(こうか) 효과 | 交換(こうかん)する 교환하다 | 育成(いくせい)する 육성하다 | 成(な)り立(た)つ 성립되다 | 見守(みまも)る 지켜보다 | 逆効果(ぎゃくこうか) 역효과 | 重点(じゅうてん) 중점

표현 手取り足取り : 꼼꼼하게 하나하나 (세세한 부분까지 꼼꼼하게 알려주거나 가르쳐주는 모양)

今は大学が手取り足取り学生の就職の面倒をみる時代になりました。
지금은 대학이 꼼꼼하게 학생의 취직을 보살펴주는 시대가 되었습니다.

仕事に慣れない新入社員の私を、先輩は手取り足取り指導してくれた。
업무에 익숙하지 않은 신입사원인 나를 선배는 꼼꼼하게 하나하나 지도해줬다.

置き去りにされる : '내버려 두고 가버림을 당하다', '홀로 남겨지다'는 의미에서 더 나아가 '뒤떨어지다', '부족하다'는 의미

森に置き去りにされたかわいそうな兄弟
숲에 버려진 불쌍한 형제

開発優先の政策に福祉は置き去りにされてきた。
개발우선정책 때문에 복지는 뒤떨어졌었다.

～を踏まえる : ~에 근거하다, ~에 입각하다

新入社員の研修では、先輩たちの経験をふまえた助言が好評だった。
신입사원 연수에서는 선배들의 경험에 근거한 조언이 호평이었다.

事実を踏まえて論じる。 사실에 근거하여 논하다.

해설 **질문 1**

본문에서 말하는 대화식 수업이 어떤 것인지 묻는 문제입니다. 밑줄 바로 뒤에 이어지는 내용에서 ～ではなく、～ことをいう라고 나와 있습니다. 즉 선생님과 학생의 대화가 아니라, 학생들간의 의견교환을 말한다고 합니다. 그러므로 1번 학생과 교사의 대화를 통한 수업은 아니며, 3번 학생들간의 인간관계 육성은 대화식 수업으로 인해 얻을 수 있는 효과라고 할 수 있고, 4번 교사가 일방적으로 진행하는 수업이 아니라고 했습니다. 정답은 학생들의 자주적인 의견교환으로 진행되는 수업이라고 하는 2번입니다.

정답 2

질문 2

A와 B의 공통점을 찾는 문제입니다. A는 지금까지의 교사의 일방적인 주입식 교육에서 학생들 간의 의견교환을 통한 자주적인 수업에 대해 이야기하고 있고, B는 선생님이 수업에서 최대한 수동적인 입장을 취함으로써 학생들의 능동적인 학습의욕을 고취시킬 수 있다는 이야기입니다. 1번 A와 B 모두 너무 많이 나서지 말고 자제하는 편이 낫다고 했고, 3번 A와 B 모두 학생입장에서 서서 교사의 말을 너무 많이 들으면 안 된다고는 하지 않았으며, 4번 A에서 기존 수업에서는 자율성이 부족했다고 했습니다. 정답은 교사가 이것저것 너무 많이 가르치는 것은 역효과라고 하는 2번입니다.

정답 2

시나공법 03 적중 예상 문제 03

10分

시간 안에 풀도록 연습하세요!

問題　次のAとBは、地球温暖化に関する文章である。AとBの両方を読んで、後の問いに対する答えとして最もよいものを、1·2·3·4から一つ選びなさい。

A

　地球温暖化の原因は二酸化炭素やメタンなどを含んだ温室効果ガスだと言われています。二酸化炭素をたくさん出すようになったのは、人間の生活が原因になっています。なかでも、土の中から「化石燃料」と呼ばれる石油や石炭、天然ガスなどをたくさん掘り出して燃やすようになったことが一番大きな原因と言えるでしょう。これらを燃やすとたくさんの二酸化炭素が空気中に出てしまいます。

　例えば、車を走らせたり、工場の機械を動かしたり、電気を作ったりなど、たくさんの化石燃料を燃やすことで私たちは生活の快適さを手に入れてきました。その他にも、森が開発されて木が減ってきていることも二酸化炭素の増加につながっていると言えるでしょう。

B

　このまま地球温暖化が進むと、100年後には年間平均気温が１～５℃上昇するかもしれないと予測されています。もしこれが現実になると、世界中の海岸の高さが今より９～88cm高くなり、小さな島国などはほとんど海に沈没[注1]し、数百万人の人が生活できなくなります。

　温暖化が起こるのは、温室効果ガスが原因です。と言っても、温室効果ガスがあること自体が悪いわけではありません。多すぎるのがいけないのです。１万年前から今までの間、地球の温度は４～７℃しか上昇していませんでした。温室効果ガスの量が安定していたためです。

　現在は温室効果ガスの過剰で問題が起こっていますが、逆に温室効果ガスが少なすぎると今度は地球が寒くなりすぎてしまい、生物が生きていけなくなります。

（注1）沈没：水の中に沈むこと

問1 AとBで共通する内容はどんなことか。

1 温室効果ガスがあることは地球環境によくないということ
2 温暖化が起きている原因は温室効果ガスによるということ
3 森林や海の開発により二酸化炭素が増加したということ
4 気温が上昇することにより生物が生きにくくなったということ

問2 AとBの意見について、正しいのはどれか。

1 Aは、化石燃料を掘り出すことを直ちにやめるべきだと述べている。
2 Bは、温室効果ガスを完全になくすことが、人類に必要だと述べている。
3 Aは二酸化炭素の増加、Bは平均気温上昇の恐れに関して述べている。
4 Aは地球温暖化の結果を、Bは地球温暖化の原因を述べている。

해석 A

지구온난화의 원인은 이산화탄소나 메탄 등을 포함한 온실효과가스라고 합니다. 이산화탄소를 많이 발생시키게 된 것은 인간의 생활이 원인이 되고 있습니다. 그 중에서도 흙 속에서 '화석연료'라고 불리는 석유나 석탄, 천연가스 등을 많이 캐내어 태우게 된 것이 가장 큰 원인이라고 할 수 있겠지요. 이들을 태우면 많은 이산화탄소가 공기 중에 나오게 됩니다.

예를 들면 자동차를 달리게 하거나, 공장의 기계를 움직이게 하거나, 전기를 만드는 등, 많은 화석연료를 태움으로써 우리 생활의 쾌적함을 얻었습니다. 그 외에도 숲이 개발되어 나무가 줄어든 것도 이산화탄소의 증가와 연관이 있다고 할 수 있겠지요.

B

이대로 지구온난화가 진행되면 100년 후에는 연간 평균기온이 1～5℃ 상승할지도 모른다고 예측하고 있습니다. 만약에 이것이 현실이 되면 온 세계의 해안의 높이가 지금보다 9～88cm 높아져서 작은 섬나라 등은 거의 바다에 침몰하고 수백 만 명의 사람이 생활을 할 수 없게 됩니다.

온난화가 일어나는 것은 온실효과가스가 원인입니다. 그렇다고는 해도 온실효과가스가 있는 것 자체가 나쁜 것은 아닙니다. 너무 많으면 안 되는 것입니다. 1만년 전부터 지금까지 지구의 온도는 4～7℃밖에 상승하지 않았습니다. 온실효과가스의 양이 안정되어 있었기 때문입니다.

현재는 온실효과가스의 과잉으로 문제가 일어나고 있지만, 거꾸로 온실효과가스가 너무 적으면 이번에는 지구가 너무 추워져서 생물이 살 수 없게 됩니다.

(주1) 침몰 : 물 속에 가라앉는 것

질문 1 A와 B에서 공통되는 내용은 어떤 것인가?

1 온실효과가스가 있는 것은 지구환경에 좋지 않다는 것
2 온난화가 일어나고 있는 원인은 온실효과가스에 있다는 것
3 삼림이나 바다 개발에 의해 이산화탄소가 증가했다는 것
4 기온이 상승함으로써 생물들이 살기 힘들게 되었다는 것

질문 2 A와 B의 의견에 대하여 올바른 것은 어느 것인가?

1 A는 화석연료를 캐내는 것을 바로 그만두어야 한다고 말하고 있다.
2 B는 온실효과가스를 완전히 없애는 것이 인류에게 필요하다고 말하고 있다.
3 A는 이산화탄소의 증가, B는 평균기온 상승의 우려에 대해서 말하고 있다.
4 A는 지구온난화의 결과를, B는 지구온난화의 원인을 말하고 있다.

어휘 地球温暖化(ちきゅうおんだんか) 지구온난화 | 原因(げんいん) 원인 | 二酸化炭素(にさんかたんそ) 이산화탄소 | メタン 메탄 | 含(ふく)む 포함하다 | 温室効果(おんしつこうか)ガス 온실효과가스 | 化石燃料(かせきねんりょう) 화석연료 | 石油(せきゆ) 석유 | 石炭(せきたん) 석탄 | 天然(てんねん)ガス 천연가스 | 掘(ほ)り出(だ)す 캐내다 | 燃(も)やす 태우다 | 快適(かいてき)さ 쾌적함 | 開発(かいはつ) 개발 | 増加(ぞうか) 증가 | 年間(ねんかん) 연간 | 平均(へいきん) 평균 | 気温(きおん) 기온 | 上昇(じょうしょう)する 상승하다 | 予測(よそく)する 예측하다 | 現実(げんじつ) 현실 | 海岸(かいがん) 해안 | 島国(しまぐに) 섬나라 | 沈没(ちんぼつ) 침몰 | 安定(あんてい)する 안정되다 | 過剰(かじょう) 과잉 | 直(ただ)ちに 바로 | 恐(おそ)れ 우려

표현 と言っても : 그렇다고는 해도 (앞에 말한 내용과 대립하거나 모순되는 뜻을 나타냄)

私は映画が大好きです。と言っても、時間とお金が無くてもっぱらビデオで見ていますが。
저는 영화를 아주 좋아합니다. 그렇다고는 해도 시간과 돈이 없어서 오로지 비디오로 보고 있습니다만.

寒い夜は、お酒を飲むに限る。と言っても、飲みすぎはよくない。
추운 밤에는 술을 마시는 게 최고이다. 그렇기는 하지만 과음은 좋지 않다.

해설 **질문 1**

A와 B의 공통되는 내용이 무엇인지 묻는 문제입니다. 1번 B는 꼭 온실효과가스가 나쁜 것만은 아니라고 했고, 3번 A에서만 산림개발에 관하여 이야기하고 있으며, 4번 B에서만 기온 상승과 생물에 관하여 이야기하고 있습니다. 정답은 A와 B 모두가 온난화가 일어나고 있는 원인이 온실효과가스에 있다고 하는 2번입니다.

정답 2

질문 2

A와 B의 의견에 대하여 올바른 설명을 고르는 문제입니다. 1번 화석연료를 캐내는 것이 이산화탄소를 증가시켜서 지구 온난화를 불러일으킨다고는 했지만 그만두어야 한다고는 하지 않았고, 2번 B에서 온실효과가스는 적당량이 있어야 한다고 했으며, 4번 A에는 원인에 대한 언급이, B에는 결과에 대한 언급이 있습니다. 정답은 A는 이산화탄소의 증가, B는 평균기온 상승에 대한 우려에 대해서 말하고 있다고 한 3번입니다.

정답 3

10分

✐시간 안에 풀도록 연습하세요!

問題 次のAとBは、白髪染めに関する文章である。AとBの両方を読んで、後の問いに対する答えとして最もよいものを、1·2·3·4から一つ選びなさい。

A

白髪が目立つ人の中でも髪を染めていない人がいます。面倒くさい上、髪の毛も傷むし、それに染料(注1)の成分も少し心配になります。そのため、妊婦さんや体を気にしなければならない状態の人の場合は、周りの人からやめておいた方がいいと言われたりします。

それはなぜかというと、髪は外から見える部分だけでなく、毛穴(注2)の中の部分、即ち毛根のところまであって、白髪染めをするということは、その、見えない部分まで染めてしまうことになるからです。白髪染めの染料のいくらかは、毛穴から、頭皮の内側に入っていくわけだから、その過程で、頭皮を刺激してしまう場合も稀にあり、注意が必要です。

(注1) 染料：着色に用いるための材料
(注2) 毛穴：皮膚の表面にある、毛の生えている小さな穴

B

白髪があるとやはり年取って見えてしまうので、とても気になります。私としても、白髪頭はまだとても受け入れられないので、二〜三年前から黒く染めています。白髪頭では、どんな服を着たらよいかわからないし、町で「おばあちゃん」って呼ばれることがあり、その度にショックを受けます。それが、黒く染めると、若々しく健康そうに見えると周りから言ってもらえ、自分なりにも満足できます。

最近はいろんなタイプの白髪染めがあります。部分染めか全体染めか、しっかり染めるか手軽さ重視か、目的によって使い分けられます。私は、他人の前に出る時に白髪のことが気になるようなら、少しくらい髪の毛が傷んだとしても、染めた方がいいと思います。

問1 Bさんが白髪を染めるのはどうしてか。

1 自他共に若く見えると思うので
2 手軽に使えるタイプのものがあるので
3 二～三年に一度、染めるだけでいいので
4 どんな服を着ても似合うようになるので

問2 AとBの意見について、正しいのはどれか。

1 AもBも、白髪を染める時の注意点について言っている。
2 AもBも、白髪を染めると髪の毛が傷んでしまうと言っている。
3 Aは白髪染めの注意点について、Bは利点について言っている。
4 Aは白髪染めの染料について、Bは使用法について言っている。

시나공법 03 **적중 예상 문제 해설 04**

해석 **A**

흰머리가 눈에 띄는 사람 중에서도 염색을 하지 않는 사람이 있습니다. 귀찮은데다가 머리카락도 상하고, 게다가 염료 성분도 조금 걱정이 됩니다. 그렇기 때문에 임산부나 몸을 조심하지 않으면 안 되는 상태의 사람의 경우에는 주변사람들로부터 하지 않는 편이 낫다는 이야기를 듣기도 합니다.

그것은 왜냐하면 머리카락은 겉으로 보이는 부분뿐만 아니라 모공 속의 부분, 즉 모근 부분까지 있어서, 흰머리를 염색한다는 것은 그 보이지 않는 부분까지 염색해버리게 되기 때문입니다. 흰머리 염색 염료의 얼마 정도가 모공에서 두피 안쪽으로 들어가기 때문에 그 과정에서 두피를 자극해버리는 경우도 드물게 발생하므로 주의가 필요합니다.

(주 1)염료 : 착색에 사용되는 재료

(주 2)모공 : 피부 표면에 있는 털이 나 있는 작은 구멍

B

흰머리가 있으면 아무래도 나이가 들어 보이기 때문에 아주 신경이 쓰입니다. 저로서도 흰머리는 아직 도저히 받아들여지지 않기 때문에 2~3년 전부터 검게 물들이고 있습니다. 흰머리로는 어떤 옷을 입으면 될지 모르겠고, 거리에서 '할머니'라고 불릴 때가 있어서 그 때마다 쇼크를 받습니다. 그런데 검게 물들이면 젊고 건강해 보인다고 주위에서 말해주기 때문에 스스로도 만족할 수 있습니다.

최근에는 여러 가지 타입의 흰머리 염색이 있습니다. 부분 염색을 할지 전체 염색을 할지, 짙게 염색할지 가볍게 염색하는 것을 중시할지, 목적에 따라 구분하여 사용합니다. 저는 남 앞에 나갈 때에 흰머리가 신경이 쓰일 것 같다면 조금쯤 머리카락이 상하더라도 염색하는 편이 낫다고 생각합니다.

질문 1 B씨가 흰머리를 염색하는 이유는 무엇인가?

1 자타가 모두 젊어 보인다고 생각하기 때문에
2 손쉽게 사용할 수 있는 타입의 염색약이 있기 때문에
3 2~3년에 한 번만 염색하면 되기 때문에
4 어떤 옷을 입더라도 어울리기 때문에

질문 2 A와 B의 의견에 대해서 올바른 것은 어느 것인가?

1 A도 B도 흰머리를 염색할 때의 주의점에 대해서 말하고 있다.
2 A도 B도 흰머리를 염색하면 머리카락이 상해버린다고 말하고 있다.
3 A는 흰머리 염색의 주의점에 대해서, B는 이로운 점에 대해서 말하고 있다.
4 A는 흰머리 염색의 염료에 대해서, B는 사용법에 대해서 말하고 있다.

어휘 白髪(しらが) 흰머리 | 目立(めだ)つ 눈에 띄다 | 染(そ)める 염색하다 | 傷(いた)む 상하다 | 染料(せんりょう) 염료 | 成分(せいぶん) 성분 | 妊婦(にんぷ) 임산부 | 毛穴(けあな) 모공 | 即(すなわ)ち 즉 | 毛根(もうこん) 모근 | 頭皮(とうひ) 두피 | 過程(かてい) 과정 | 刺激(しげき)する 자극하다 | 稀(まれ)に 드물게 | 年取(としと)る 나이 들다 | 気(き)になる 신경 쓰이다 | 受(う)け入(い)れる 받아들이다 | ショックを受(う)ける 쇼크를 받다 | 若々(わかわか)しい 아주 젊어 보이다 | 手軽(てがる)さ 손쉬움 | 重視(じゅうし) 중시 | 使(つか)い分(わ)ける 구분해서 사용하다 | 着色(ちゃくしょく) 착색 | 用(もち)いる 사용하다 | 皮膚(ひふ) 피부 | 表面(ひょうめん) 표면 | 毛(け)が生(は)える 털이 나다 | 自他共(じたとも)に 자타가 모두 | 認(みと)める 인정하다 | 似合(にあ)う 어울리다

표현 ～上：~한 데다가, ~인데다가

この店のカレーは値段が安い上、味も結構いい。이 가게의 카레는 가격이 싼 데다가 맛도 꽤 괜찮다.

この仕事は面倒な上、手間もかかる。이 일은 귀찮은데다가 손도 많이 간다.

～ようなら：~할 것 같으면, ~한 모양이라면

このまま熱が下がらないようなら、医者の診察を受けた方がいいでしょう。
이대로 열이 내리지 않을 것 같으면 의사의 진찰을 받는 편이 낫겠지요.

もし遅れるようなら、前もって連絡をしてほしい。만약에 늦어질 것 같으면 미리 연락을 해줬으면 좋겠다.

해설 **질문 1**

B씨가 흰머리를 염색하는 이유를 고르는 문제입니다. 본문에서 검게 물들이자 주변에서도 젊고 건강해 보인다고들 하고, B씨도 만족하고 있다는 이야기가 나옵니다. 2번 간편한 염색약에 대한 소개가 나오지만 그것이 염색하는 이유는 아니며, 3번 2~3년 전부터 B씨가 염색을 시작했다고 했고, 4번 머리가 희면 어떤 옷을 입을지 모르겠다고 했지만, 염색을 한다고 해서 어떤 옷이든지 다 어울릴 것이라고는 하지 않았습니다. 정답은 자타가 모두 젊어 보인다고 생각하기 때문이라고 하는 1번입니다. **정답** 1

질문 2

A와 B의 의견에 대해서 올바른 것을 고르는 문제입니다. 1번 A만 흰머리 염색할 때의 주의점에 대해서 말하고 있고, 2번 염색하면 머리카락이 상한다고 한 것은 A이며, 4번 A는 염색 염료에 대해 말하고 있지만, B는 사용법에 대해 말하고 있지 않습니다. 정답은 A는 염색의 주의점, B는 이로운 점에 대해서 말하고 있다고 한 3번입니다. **정답** 3

시나공법 03 적중 예상 문제 05

10分

시간 안에 풀도록 연습하세요!

問題 次の文章は、「相談者」からの相談と、それに対するAとBからの回答です。三つの文章を読んで、後の問いに対する答えとして最もよいものを、1・2・3・4から一つ選びなさい。

相談者

私は結婚して一年になりますが、これから子どもを持つかどうか悩んでいます。私は夫と二人での暮らしで十分幸せを感じています。うちの両親の場合、引きこもりの弟のことで喧嘩が絶えませんでしたし、正直私の子どもも弟みたいになったらどうしようと不安です。子育てで喧嘩するような夫婦になるなら子どもは要らないのでは？と思ったり、逆に仲のいい夫婦なら子育てで喧嘩にはならないのかな？とも思います。子どもができてからが夫婦の正念場(注1)であるとよく言われますが、夫婦仲がよければ何とか乗り切っていけるものなのでしょうか。皆様のアドバイスをお願いします。

（注１）正念場：真価を問われる大事な場面

回答者 A

世の中には子どもに恵まれない人もいますし、晩婚のため子どものいない人生を選択する夫婦もいます。二人が結婚の形態に同意をして、幸せなら、子どもがいてもいなくても、夫婦の暮らしの充実度に差はないと思います。まだ若い夫婦のようですから、ご主人とゆっくりと話をして自然の流れに身を任せてもいいのではないでしょうか。

回答者 B

おっしゃるとおり子育ては楽しいことばかりではないかもしれません。それでもお互いを尊重し合える関係であれば、子育てで困難があったとしてもきっと乗り越えていけるはずです。夫婦二人の時はまだ恋人のような関係でも、子どもが生まれれば家族という言葉がふさわしい関係になっていくものです。子どもが生まれて、夫婦仲が悪くなるようであれば、子どもがいなくてもいずれはそうなります。本当に夫婦円満・仲良しであれば、子どもが生まれてもその関係はくずれることはないと思います。

問1 相談者が子どもを持とうかどうか悩んでいる理由は何か。

1 弟の子どものように引きこもりにならないか不安だから
2 子育てに関する喧嘩で夫婦仲が悪くならないか心配だから
3 子どもがいると困難が多く、楽しいことばかりではないから
4 まだ結婚一年目で、もっと夫婦二人での時間を持ちたいから

問2 「相談者」の相談に対する回答AとBについて、正しいのはどれか。

1 子どもに対して、Aはいない方がいい、Bはいた方がいいと言っている。
2 Aは、子どもがいなくても夫婦の暮らしを充実させられると言っている。
3 Bは、子育てで夫婦仲が悪くなることもいずれはあるだろうと言っている。
4 AもBも、仲のいい夫婦なら子育てで喧嘩になることはないと言っている。

해석 **상담자**

저는 결혼한지 1년이 되었습니다만, 앞으로 아이를 가질지 어떨지 고민하고 있습니다. 저는 남편과 둘이서 살면서 충분히 행복하다고 느끼고 있습니다. 우리 부모님의 경우, 집에만 틀어박혀 있는 남동생 때문에 싸움이 그치지 않았고, 솔직히 저희 아이도 남동생처럼 되면 어쩌지? 하고 불안합니다. 육아 때문에 싸우는 부부가 된다면 아이는 필요 없지 않나? 하고 생각하기도 하고, 거꾸로 사이가 좋은 부부라면 혹시 육아 때문에 싸움이 생기지나 않을까? 하고 생각하기도 합니다. 흔히 아이가 생긴 후부터가 부부의 고비라고들 합니다만, 부부 사이가 좋으면 어떻게든지 잘 이겨낼 수 있는 것인가요? 여러분의 조언을 부탁합니다.

(주 1) 고비 : 진가를 따지게 되는 중요한 장면

답변자 A

세상에는 자식 인연이 없는 사람도 있고, 늦게 결혼하여 자식이 없는 인생을 선택하는 부부도 있습니다. 두 사람이 결혼의 형태에 동의하여 행복하다면 자식이 있든지 없든지 간에 부부 생활의 만족감에 차이는 없다고 생각합니다. 아직 젊은 부부 같은데, 남편과 천천히 대화를 하여 자연스러운 흐름에 몸을 맡겨도 되지 않을까요?

답변자 B

말씀하신 대로 육아는 즐거운 일만 있는 것은 아닐지도 모릅니다. 그렇지만 서로를 존중할 수 있는 관계라면, 육아 때문에 곤란에 처하더라도 반드시 극복할 수 있을 것입니다. 부부 두 사람일 때는 아직 연인과 같은 관계일지라도, 자식이 태어나면 가족이라는 말이 어울리는 관계가 될 것입니다. 자식이 태어나서 부부 사이가 나빠질 것이라면 자식이 없더라도 멀지 않아 그렇게 될 것입니다. 정말로 부부 사이가 원만하고 사이가 좋다면 자식이 태어나더라도 그런 관계가 무너지는 일은 없을 것이라고 생각합니다.

질문 1 상담자가 아이를 가질지 어떨지 고민하는 이유는 무엇인가?

1 남동생의 아이처럼 집에 틀어박히게 되지 않을까 불안해서
2 육아에 관한 싸움 때문에 부부 사이가 나빠지지 않을까 걱정되어서
3 자식이 있으면 힘든 일이 많으며, 즐거운 일만 있는 것이 아니라서
4 아직 결혼한 지 1년째라서 부부 둘만의 시간을 더 가지고 싶어서

질문 2 '상담자'의 상담에 대한 답변 A와 B에 대해서 올바른 것은 어느 것인가?

1 자식에 대해서 A는 없는 쪽이 좋다, B는 있는 쪽이 좋다고 한다.
2 A는 자식이 없어도 부부 생활에 충실할 수 있다고 한다.
3 B는 육아 때문에 부부 사이가 나빠지는 일도 언젠가는 있을 것이라고 한다.
4 A도 B도 사이가 좋은 부부라면 육아 때문에 싸우게 되는 일은 없을 것이라고 한다.

어휘 相談(そうだん) 상담 | 幸(しあわ)せ 행복 | 引(ひ)きこもり 집에 틀어박혀 있음 | 喧嘩(けんか) 싸움 | 絶(た)える 그치다 | 正直(しょうじき) 솔직히 | 不安(ふあん) 불안 | 子育(こそだ)て 육아 | 逆(ぎゃく)に 거꾸로 | 仲(なか)がいい 사이가 좋다 | 正念場(しょうねんば) 고비 | 乗(の)り切(き)る 이겨내다 | 回答(かいとう) 회답, 답변 | 世(よ)の中(なか) 세상 | 恵(めぐ)まれる 운 좋게 주어지다 | 晩婚(ばんこん) 만혼 | 選択(せんたく)する 선택하다 | 形態(けいたい) 형태 | 同意(どうい) 동의 | 充実度(じゅうじつど) 충실도 | 差(さ) 차이 | 流(なが)れ 흐름 | 身(み)を任(まか)せる 몸을 맡기다 | おっしゃる 말씀하시다 | 尊重(そんちょう)する 존중하다 | 乗(の)り越(こ)える 극복하다 | いずれ 멀지 않아 | 円満(えんまん) 원만 | 仲良(なかよ)し 사이 좋음 | くずれる 무너지다

표현 ~に恵まれる : 풍족하다, 운 좋게 주어지다, 혜택을 누리다

この地域は豊かな自然環境に恵まれている。이 지역은 풍족한 자연환경의 혜택을 누리고 있다.

子どもの高校生活に望むのはよい友達に恵まれることだ。

아이의 고교생활에 바라는 점은 좋은 친구와 만나는 것이다.

해설 **질문 1**

상담자가 아이를 가질지 어떨지 고민하는 이유가 무엇인지 고르는 문제입니다. 상담자는 부모님이 집에 틀어박혀있는 남동생 때문에 자주 싸우셨던 안 좋은 기억이 있고, 또 아이가 남동생처럼 되지 않을까 걱정도 되는 한편, 아이의 육아 문제 때문에 남편과 혹시 싸우게 되지 않을까 걱정을 하고 있습니다. 1번 남동생의 아이가 아니라 남동생이 집에 틀어박혀 있다고 했고, 3번 자식이 태어나면 힘든 일이 많을 것 같아서라기 보다는, 자식으로 인해 부부 사이가 나빠질 것을 우려하고 있으며, 4번 부부 둘만의 시간을 가지고 싶다는 말은 없었습니다. 정답은 육아로 인한 싸움 때문에 부부 사이가 나빠지지 않을까 걱정이 된다고 한 2번입니다.

정답 2

질문 2

답변 A와 B에 대해 올바로 설명한 것을 고르는 문제입니다. A는 자식이 있든지 없든지 간에 부부관계에 그다지 영향을 끼치지 않으며, 앞으로 남편과 잘 상의해보도록 하라고 했고, B는 자식이 태어남으로 인해 나빠질 부부 사이라면 자식이 없더라도 멀지 않아 나빠질 것이라고 했습니다. 1번 A에서 없어도 된다고는 했지만 없는 쪽이 좋다고 하지 않았고, 3번 B에서는 육아 때문에 부부사이가 나빠진다고 한 것이 아니라, 육아 때문에 나빠질 부부관계라면 언젠가는 나빠질 것이라고 했지만, 부부사이가 원만하다면 육아로 인해 관계가 나빠질 리는 없다고 했으며, 4번 B에서는 사이가 좋은 부부라면 육아 때문에 싸움이 날 리가 없다고 했지만 A에서는 특별히 그러한 언급이 없습니다. A는 자식이 있든지 없든지 간에 부부생활에 만족감의 차이는 없다고 했으므로 정답은 2번입니다.

정답 2

10分

시간 안에 풀도록 연습하세요!

問題 次の文章は、「相談者」からの相談と、それに対するAとBからの回答です。三つの文章を読んで、後の問いに対する答えとして最もよいものを、1・2・3・4から一つ選びなさい。

相談者

婚約中の彼と、趣味やセンスが全く合いません。私はナチュラル系、彼はアメリカンスタイルが好きです。 先日彼から、財布をプレゼントされましたが、自分だったら絶対買わないような色やデザインのものでびっくりしました。前回も同じようなことで喧嘩になったため、あまりがっかりした反応を見せてはいけないと思い、ショックを隠しました。彼の気持ちと行為は本当に嬉しく感謝していますが、こんなに持ち物やインテリアの趣味が違ってもうまく暮らしていけるのでしょうか。

回答者 A

私たち夫婦も同じでした。私は自然で素朴な感じが好きですが、夫は機能的でモダンなスタイルのものを好みます。そこで私たちは、それぞれのエリアを決めて各自が管理するようにしています。夫の担当場所は夫が自由に、それ以外の場所は私の趣味で自由にやらせてもらっています。そうすると担当以外の場所ではお互い口出ししないので衝突することはありません。

回答者 B

男性が女性の持ち物やファッションを選ぶのは難しいものです。財布とインテリアは別に考えていいと思います。インテリアの場合、部屋によって趣味を分けるのはどうでしょう。例えば、寝室・ダイニングキッチン・玄関・洗面所はナチュラルにして、リビング・車関係は彼に任せるとか。うまくやれば斬新(注1)で素敵な空間作りができると思います。 趣味が違う方がおもしろくていい、と私は思っています。お互い理解し合えば大丈夫ではないでしょうか。

（注1）斬新：趣向や発想などが新しいこと

問1 相談者はどんなことで悩んでいるのか。

1 彼のセンスが自分の好みとは全く合わないこと
2 彼の行動から受けたショックを隠していること
3 彼がアメリカンスタイルにこだわっていること
4 彼からプレゼントされた財布が気にいらないこと

問2 「相談者」の相談に対する回答AとBについて、正しいのはどれか。

1 Aは、夫婦で同じ趣味を持つのはおもしろいと言っている。
2 Bは、趣味が違うと衝突してしまい大変だと言っている。
3 AもBも、部分ごとに担当を分けることを勧めている。
4 AもBも、相談者の趣味を主張することを勧めている。

해석 **상담자**

약혼중인 그와 취향과 센스가 전혀 맞지 않습니다. 저는 내추럴 계통, 그는 아메리칸 스타일을 좋아합니다. 며칠 전에 그로부터 지갑을 선물 받았는데, 저 같으면 절대로 사지 않을 것 같은 색과 디자인의 것이라서 깜짝 놀랐습니다. 지난번에도 비슷한 일 때문에 싸움이 일어났기 때문에 너무 실망한 반응을 보이면 안 되겠다고 생각하여 쇼크를 숨겼습니다. 그의 기분과 행위는 정말로 기쁘고 감사하지만, 이렇게 소지품이나 인테리어의 취향이 다르더라도 잘 살아갈 수 있을까요?

답변자 A

저희 부부도 마찬가지였습니다. 저는 자연스럽고 소박한 느낌을 좋아하지만, 남편은 기능적이고 모던한 스타일의 것을 좋아합니다. 그래서 저희는 각각의 구역을 정해서 각자가 관리하도록 하고 있습니다. 남편의 담당 장소는 남편이 자유롭게, 그 이외의 장소는 제 취향대로 자유롭게 꾸미고 있습니다. 그렇게 하면 담당 이외의 장소에서는 서로 참견을 하지 않기 때문에 충돌할 일이 없습니다.

답변자 B

남성이 여성의 소지품이나 패션을 고르는 일은 어려운 일입니다. 지갑과 인테리어는 따로 생각해도 좋을 것입니다. 인테리어의 경우, 방에 따라서 취향을 나누는 것은 어떨까요? 예를 들면 침실 · 주방 겸 식당 · 현관 · 세면장은 내추럴하게 하고, 거실 · 자동차에 대해서는 그에게 맡기는 등. 잘만 하면 참신하고 소박한 공간을 만들 수 있을 것입니다. 취미가 다른 편이 재미있어서 좋다고 저는 생각합니다. 서로 이해한다면 괜찮지 않을까요?

(주 1)참신 : 취미나 발상이 새로운 것

질문 1 상담자는 어떤 일로 고민하고 있는가?

1 그의 센스가 자신의 취향과 전혀 맞지 않는 것
2 그의 행동으로부터 받은 쇼크를 숨기고 있는 것
3 그가 아메리칸 스타일을 고집하는 것
4 그로부터 선물 받은 지갑이 마음에 안 드는 것

질문 2 '상담자'의 상담에 대한 답변 A와 B에 대해서 올바른 것은 어느 것인가?

1 A는 부부가 같은 취향을 가지는 것은 재미있다고 말하고 있다.
2 B는 취향이 다르면 충돌해서 힘들다고 말하고 있다.
3 A도 B도 부분별로 담당을 나눌 것을 권하고 있다.
4 A도 B도 상담자의 취향을 주장할 것을 권하고 있다.

어휘 婚約(こんやく) 약혼 | 趣味(しゅみ) 취미, 취향 | センス 센스 | ナチュラル系(けい) 내추럴 계통 | アメリカンスタイル 아메리칸 스타일 | びっくりする 깜짝 놀라다 | 前回(ぜんかい) 지난 번 | がっかりする 실망하다 | 反応(はんのう) 반응 | 隠(かく)す 숨기다 | 行為(こうい) 행위 | 持(も)ち物(もの) 소지품 | 素朴(そぼく) 소박 | 機能的(きのうてき) 기능적 | モダン 모던, 현대적 | 好(この)む 좋아하다 | エリア 구역 | 各自(かくじ) 각자 | 管理(かんり)する 관리하다 | 担当(たんとう) 담당 | 口出(くちだ)しする 참견하다 | 衝突(しょうとつ)する 충돌하다 | 寝室(しんしつ) 침실 | ダイニングキッチン 주방 겸 식당 | 玄関(げんかん) 현관 | 洗面所(せんめんじょ) 세면장 | リビング 거실 | 斬新(ざんしん) 참신 | 空間作(くうかんづく)り 공간 만들기 | 発想(はっそう) 발상 | こだわる 집착하다 | 気(き)にいらない 마음에 들지 않다 | 勧(すす)める 권하다 | 主張(しゅちょう)する 주장하다

표현 させてもらう : (내가) ~을 한다 (사역형 させる+~てもらう를 써서, 상대방의 양해, 허락을 얻어서 내가 그 행동을 한다는 뜻으로 쓰임)

いつも参考にさせてもらっています。 항상 참고로 하고 있습니다.

度々こちらの銀行を利用させてもらっています。 자주 이 은행을 이용하고 있습니다.

해설 **질문 1**

상담자의 고민이 무엇인지 묻는 문제입니다. 상담자는 인테리어나 소지품의 취향이 전혀 다른 약혼자와 앞으로 잘 살아갈 수 있을지 고민하고 있습니다. 2번 쇼크를 받고 그 사실을 숨기고 있는 것은 고민의 이유가 아니고, 3번 그가 아메리칸 스타일을 좋아하는 것 자체가 고민거리는 아니며, 4번 선물 받은 지갑이 마음에 안 드는 것 또한 고민거리 자체는 아닙니다. 정답은 그와 상담자의 취향이 맞지 않는 점이라고 하는 1번입니다.

정답 1

질문 2

답변 A와 B에 대한 올바른 설명을 고르는 문제입니다. 1번 B가 부부의 취향이 다른 것이 재미있다고 했고, 2번 A는 각자의 고유 구역을 정해서 꾸민다면 충돌할 염려가 없다고 했으며, 4번 A와 B 모두 상담자의 취향만을 주장할 것이 아니라 부부 간에 서로를 인정하라고 했습니다. 정답은 A와 B 모두 부분별로 취향을 나눌 것을 권했다고 하는 3번입니다.

정답 3

시나공법 04

주장 이해

4번째 문제 유형은 〈주장 이해〉입니다. 주장이해 문제에서는 논리전개가 비교적 명쾌한 평론이나 수필 등 900자 정도의 본문을 읽고 전체적으로 전달하고자 하는 필자의 주장이나 의견, 생각을 파악할 수 있는지 묻는 문제가 출제됩니다. 본문이 900자 정도이기 때문에 집중력을 발휘해서 장문의 글을 읽고 그 흐름을 파악하는 능력이 요구되지만, 기본적으로 글을 읽어나가는데 있어서는 앞서 나온 단문 이해, 중문이해의 풀이요령과 크게 다를 바가 없습니다.

주장 이해는 15분 동안에 풀도록 합니다. 900자의 지문 1개와 지문에 달린 문제 3문항을 15분 동안에 차분하게 풀어내도록 연습하세요.

시나공법 04 문제 유형 파악하기

문제 유형4는 주장 이해 문제로 1개의 지문에서 3문제가 출제될 예정입니다. 900자 정도의 장문을 읽고 3가지 질문에 답하는 문제입니다.

시험에 이렇게 나온다!

① 비교적 논리 전개가 명쾌한 평론이나 수필 등 900자 정도의 본문이 출제된다.

問題 次の文章を読んで、後の問いに対する答えとして最もよいものを、1・2・3・4から一つ選びなさい。

どこの会社も不景気で人員削減されています。これにより1人当たりの仕事量がかなり増え、毎日の残業が当たり前になっている人も多いのではないでしょうか。人生の中で無理をしてでもがんばれるのは20～30代の間だけとも言われますが、だからといって残業続きでは心も体も疲れ果ててしまいます。たまには仕事を早く切り上げて自分の時間を持つことも必要です。平日でもデートしたり、友達と会って飲み会を楽しんだり、映画や展示会にも足をのばすといった、充実したプライベートを過ごすためにも、時間短縮が図れる①仕事術を取り入れてみるのはどうでしょうか。

この仕事術で最も大切なことは、（　　②　　）。すなわち、仕事のポイントを押さえ、いかに有効に時間を使い、短時間でノルマを達成できるかを考えながら仕事を進めることです。例えば、集中する時間を作るという方法があります。だらだらと長時間仕事をしたり、あれこれ手をつけてどれも中途半端のままという仕事の仕方はやめましょう。その代わり、時間を決め、その時間内に決めた分量の仕事を終わらせるというように、メリハリをつけて（注1）一つずつを完結させるスタイルにするとずっと効率があがります。

また、デスクの整理整頓をして、身のまわりをシンプルにすることで、より仕事に集中できます。まわりが散らかっているということは、頭の整理ができていないということにもつながります。すっきりしたデスクだと集中力が高まり、仕事へのやる気やアイデアがわいてくるものです。また、資料やデータが見つからず、あちこち探すのもやはり時間の無駄になってしまいます。

最後に、チームとのつながりを大切にすることです。人は誰しも得意なものとそうではない分野があるものです。それぞれの苦手分野をカバーし、フォローし合える信頼関係も必須条件となります。それに、一人で抱え込んでしまえば丸一日かかる仕事でも、分担して行えばより短時間でやり遂げることができます。たとえ一人一人の能力には限界があったとしても、その力を結集することで相乗効果(注2)をなし、最高の結果を引き出すことができます。

(注1) メリハリをつける：物事にけじめをきちんとつけること
(注2) 相乗効果：複数の原因が重なって、個々に得られる結果以上になること

❷ 문제는 3문제가 출제되며, 필자의 주장이나 의견, 생각 등을 정확하게 이해했는지를 묻는 문제가 주로 출제된다.

問1 ①仕事術を取り入れてみる理由として、ふさわしいのはどれか。
1 毎日続く残業の疲れで体調をこわしてしまったから
2 20〜30代は人生の中でもっとも仕事に熱中できる時期だから
3 残業で時間を取られずに仕事以外の自分の時間を持ちたいから
4 人員削減の対象とならないよう、より多く仕事をこなしたいから

問2 (　　②　　)には、仕事術の一例が入る。それはどれか。
1 一人で集中して仕事を行うことです。
2 無駄な時間を徹底的に省くことです。
3 より多くの仕事を同時に行うことです。
4 質を上げるために時間をかけることです。

問3 筆者の言う「仕事術」の内容として合うものはどれか？
1 時間を有効に使い、仕事の進め方や時間の使い方を工夫する。
2 時間をかけるほど仕事の質も上がるので大事な仕事は慎重に行う。
3 あれこれ手をつけて仕事が終わらない時は、他の人にも助けてもらう。
4 身のまわりを整理するなど仕事以外の無駄なことはしないようにする。

해석 어느 회사나 불경기로 인원이 삭감되고 있습니다. 이에 따라 1인당 업무량이 상당히 늘어서 매일 야근하는 것을 당연시하는 사람도 많은 것이 아닐까요? 인생에서 무리를 해서라도 열심히 일할 수 있는 것은 20~30대뿐이라고 합니다만, 그렇다고 해서 야근을 계속하게 된다면 몸도 마음도 몹시 지쳐버리게 됩니다. 때로는 일을 빨리 끝내고 자신의 시간을 갖는 것도 필요합니다. 평일이라도 데이트를 하거나 친구와 만나서 술모임을 즐기거나 영화나 전시회에도 발걸음을 옮기는 등, 사생활을 충실히 보내기 위해서라도 시간을 단축할 수 있는 ①업무기술을 도입해 보는 것은 어떨까요?

이 업무기술에서 가장 중요한 것은 (　②　). 즉 업무의 핵심을 파악하고 얼마나 유효하게 시간을 사용하여 단시간에 목표량을 달성할 수 있는지를 생각하면서 일을 진행시키는 것입니다. 예를 들면 집중하는 시간을 만드는 방법이 있습니다. 끝없이 오랜 시간 동안 일을 하거나 이것저것 손을 대어 모두 다 어중간하게 일하는 식으로 하지는 맙시다. 그 대신 시간을 정해서 그 시간 내에 정해진 분량을 끝내도록 정확히 나누어서 하나씩 완결시킬 수 있는 스타일로 한다면 훨씬 효율적입니다.

또한 책상을 정리 정돈하여 주위를 깨끗하게 함으로써 일에 집중할 수 있습니다. 주위가 지저분하다는 것은 머리속이 정리되지 않는 것과도 연관이 있습니다. 깔끔한 책상이라면 집중력이 높아져서 업무에 대한 의욕이나 아이디어가 생겨나는 법입니다. 또한 자료나 데이터를 찾을 수 없어서 여기저기 찾는 것도 역시 시간낭비가 되고 맙니다.

마지막으로 팀과의 연계를 중요시 여겨야 합니다. 인간은 누구나 잘 하는 것과 그렇지 못한 분야가 있는 법입니다. 각각의 잘 못하는 분야를 커버해주고 서로 도와주는 신뢰관계도 필수조건이 됩니다. 게다가 혼자서 떠안고 있으면 꼬박 하루가 걸리는 일이라도 분담해서 한다면 보다 짧은 시간 내에 다 해낼 수가 있습니다. 비록 한 사람 한 사람의 능력에는 한계가 있다 하더라도 그 힘을 결집시킴으로써 상승효과를 얻을 수 있고 최고의 결과를 이끌어낼 수 있습니다.

(주1) 어떤 일에 정확히 구분을 짓는 일

(주2) 상승효과 : 복수의 원인이 쌓여서 개별적으로 얻을 수 있는 결과 이상이 되는 것

해석 **질문 1** ①업무기술을 도입해 보는 것의 이유로서 알맞은 것은 어느 것인가?

1 매일 계속되는 야근의 피로 때문에 컨디션이 안 좋아졌기 때문에
2 20~30대는 인생에서 가장 일에 열중할 수 있는 시기이기 때문에
3 야근으로 시간을 빼앗기지 않고 업무 외에 자신의 시간을 가지고 싶기 때문에
4 인원삭감의 대상이 되지 않도록 더 많이 일을 처리하고 싶기 때문에

질문 2 (　②　)에는 업무기술의 한 예가 들어간다. 그것은 어느 것인가?

1 혼자서 집중해서 일을 하는 것입니다.
2 헛된 시간을 철저히 없애는 것입니다.
3 보다 많은 일을 동시에 하는 것입니다.
4 질을 향상시키기 위하여 시간을 들이는 것입니다.

질문 3 필자가 말하는 '업무기술'의 내용으로서 맞는 것은 어느 것인가?

1 시간을 유효하게 사용하고 업무를 진행시키는 방법이나 시간 사용법을 잘 구사한다.
2 시간을 들일수록 업무의 질도 올라가기 때문에 중요한 일은 신중하게 한다.
3 이것저것 손을 대어 일이 끝나지 않을 때에는 다른 사람에게 도움을 청한다.
4 주위를 정리하는 등 업무 이외에 불필요한 일은 하지 않도록 한다.

어휘 不景気(ふけいき) 불경기 | 人員(じんいん) 인원 | 削減(さくげん) 삭감 | 残業(ざんぎょう) 잔업 | 当(あ)たり前(まえ) 당연함 | 疲(つか)れ果(は)てる 몹시 지치다 | 切(き)り上(あ)げる 끝내다 | 展示会(てんじかい) 전시회 | 足(あし)をのばす 발길을 옮기다, ~에 가다 | プライベート 사생활 | 充実(じゅうじつ)させる 충실하게 하다 | 短縮(たんしゅく) 단축 | 図(はか)る 도모하다 | 仕事術(しごとじゅつ) 업무기술 | 取(と)り入(い)れる 도입하다 | 押(お)さえる 파악하다, 누르다 | いかに 얼마나 | 有効(ゆうこう) 유효 | ノルマ 노동의 목표량 | 達成(たっせい)

する 달성하다 | 集中(しゅうちゅう)する 집중하다 | だらだらと 질질, 끝없이 | 中途半端(ちゅうとはんぱ) 어중간함 | メリハリをつける 정확히 구분을 짓다 | 完結(かんけつ)する 완결하다 | 効率(こうりつ)があがる 효율이 오르다 | 整理整頓(せいりせいとん) 정리정돈 | シンプル 심플 | 散(ち)らかす 어지럽히다 | すっきりする 상쾌하다 | 集中力(しゅうちゅうりょく) 집중력 | 高(たか)まる 높아지다 | やる気(き) 의욕 | アイデア 아이디어 | わく 솟다 | 資料(しりょう) 자료 | データ 데이터 | 見(み)つかる 발견되다 | 無駄(むだ) 헛됨 | カバーする 커버하다 | フォローする 도와주다 | 信頼(しんらい) 신뢰 | 必須(ひっす) 필수 | 抱(かか)え込(こ)む 떠안다 | 丸一日(まるいちにち) 꼬박 하루 | 分担(ぶんたん)する 분담하다 | やり遂(と)げる 해내다 | 限界(げんかい) 한계 | 結集(けっしゅう)する 결집하다 | 相乗効果(そうじょうこうか) 상승효과 | 引(ひ)き出(だ)す 이끌어내다 | 体調(たいちょう) 컨디션 | こわす 망치다 | 熱中(ねっちゅう)する 열중하다 | 時期(じき) 시기 | こなす 처리하다 | 対象(たいしょう) 대상 | 徹底的(てっていてき)に 철저히 | 省(はぶ)く 없애다, 생략하다 | 同時(どうじ)に 동시에 | 質(しつ) 질

표현 ～ものだ : ~인 것이다, ~인 법이다 (그것이 지극히 당연하다는 느낌을 나타냄)

地震のときは、だれでもあわてるものだ。 지진이 일어났을 때는 누구나 당황하는 법이다.

授業中には、静かに先生の話しを聞くものだ。

수업 중에는 조용히 선생님의 말씀을 들어야 하는 것이다.

해설 **질문 1**

시간단축을 할 수 있는 업무기술을 도입하는 이유가 무엇인지 묻는 문제입니다. 본문의 도입부부터 직장에서 야근을 하느라 평일 저녁에 사생활을 즐길 수 없게 되는 문제점을 지적하면서, 이를 극복할 수 있는 방법을 모색하고자 합니다. 1번 야근을 계속하면 몸이 안 좋아진다는 것과 2번 20~30대는 가장 일에 열중할 수 있는 시기라고 하는 것, 4번 인원삭감을 많이 하고 있다는 것은 하나의 현상으로 나와 있을 뿐 직접적인 원인으로 다뤄지지는 않고 있습니다. 밑줄 친 바로 앞부분의 プライベートを充実させるためにも라는 문장이 바로 직접적인 이유가 되므로, 정답은 3번 야근으로 시간을 빼앗기지 않고 사생활을 즐기고 싶기 때문이라는 것입니다.

정답 3

질문 2

앞뒤 문장을 잘 살펴보고 괄호 안에 들어갈 문장이 무엇인지 찾는 문제입니다. 괄호 다음에 바로 이어서 すなわち라는 말을 하면서 다시 한번 설명을 하고 있으므로, 이 부분을 눈여겨보도록 합시다. 즉 업무의 핵심을 파악하여 시간을 유효하게 사용하고 단시간에 목표량을 달성할 수 있도록 일을 해야 한다고 하면서, 이어서 구체적으로 시간관리에 대한 예를 들고 있습니다. 이에 알맞은 답으로서 1번과 3번은 내용이 동떨어져 있고, 4번은 시간에 대해서 이야기하고 있지만, 질을 높이기 위해서라는 말이 본문에는 없기 때문에 적당하지 않습니다. 정답은 헛된 시간을 철저히 없애야 한다고 한 2번입니다.

정답 2

질문 3

필자가 말하는 '업무기술'에 관한 내용으로 알맞은 것이 무엇인지 고르는 문제입니다. 크게 시간 관리하는 법을 '정해진 시간 안에 목표량을 반드시 끝내도록 하는 것', '주변을 깨끗하게 정리해서 집중하는 것', '팀과 연계해서 일을 빨리 끝내는 것'의 3가지로 예를 들어 설명하고 있습니다. 2번 시간을 들일수록 업무의 질이 향상된다는 이야기는 없었고, 3번 어중간하게 끝나면 안 되므로 이것저것 손을 대지 말라고 했고, 다른 사람과는 미리 의논해서 협력하라고 했으며, 4번 집중력과 의욕이 높아지므로 주위를 정리하라고 권했습니다. 정답은 시간을 유효하게 사용하고 업무진행법과 시간사용법을 잘 구사한다고 한 1번입니다.

정답 1

TIP '주장 이해'라는 문제 유형의 이름에서도 알 수 있듯이 필자가 어떤 주장을 하고 있는지를 파악하는데 중점을 두고 푸세요.

주장 이해 문제에서는 논리전개가 비교적 명쾌한 평론이나 수필 등 900자 정도의 본문을 읽고 전체적으로 전달하고자 하는 필자의 주장이나 의견, 생각을 파악할 수 있는지 묻는 문제가 3문제 출제됩니다. '주장 이해'라는 문제 유형의 이름에서도 알 수 있듯이, 필자가 어떤 주장을 하고 있는지, 어떤 이야기를 전달하고자 하는지를 이해하는 데 중점을 두어야 할 것입니다. 본문이 900자 정도이기 때문에 집중력을 발휘해서 장문의 글을 읽고 그 흐름을 파악하는 능력이 요구되지만, 기본적으로 글을 읽어나가는데 있어서는 앞서 나온 단문이해, 중문이해의 풀이요령과 크게 다를 바가 없습니다.

본문의 내용이 비교적 논리전개가 명확한 평론이라고 했으므로, 주로 도입부에서 화제를 제시하고, 이에 대한 일반적인 의견이나 예를 든 후에, 본인의 생각이나 주장을 펼쳐나가는 형식이 가장 일반적일 것입니다. 그 외에 다양한 형식의 본문이 출제될 가능성이 있지만, 가장 핵심은 필자의 주장을 펼쳐나가는 방법을 잘 따라가며 읽으면서 중심이 되는 내용이 무엇인지를 파악하는 것이겠지요. 그를 위해서는 접속사에 유의하여 전후 관계가 순접인지, 역접인지도 잘 이해해야 하겠습니다.

이하, 신시험의 가이드북과 기출문제를 중심으로 각 문항의 출제경향을 파악하겠습니다.

1. (　　)의 앞뒤 문맥을 잘 파악하여 괄호 안에 들어갈 적당한 문장을 찾아보자

신시험 가이드북에서는 '（　）には、筆者の人生に影響を与えた言葉が入る。それはどれか。((　　)에는 필자의 인생에 영향을 끼친 말이 들어간다. 그것은 어느 것인가?) 라는 괄호 안에 들어갈 문장을 찾는 문제가 있습니다. 이는 앞뒤 문장 특히 그 중에서도 뒷문장을 잘 읽어본다면 정답을 찾을 수 있습니다. 왜냐하면 어떤 명제, 혹은 문장을 던진 후에 그에 대한 구체적인 부연설명을 하는 형식의 글이 많기 때문입니다. 신시험 가이드북에서도 뒷부분을 읽어보면 답을 찾을 수 있고, 앞 페이지에 실은 문제 유형 파악하기 〈예제〉에서도 괄호 바로 뒤에 업무기술의 예로서 시간관리에 관한 글이 이어지고 있습니다. 특히 신시험에서는 괄호 안의 이 문장이 필자의 주장이라고 할 정도로 중요한 문장이라서 마지막 부분까지 영향을 미치고 있으므로 괄호 전후의 문장을 주의 깊게 읽어보도록 합니다.

2. 필자가 어떻게 생각하고 있는지 알아야 한다

어떤 개념이나 사물, 현상에 대해서 필자가 어떻게 바라보고, 어떻게 생각하고 있는지를 알아야 합니다. 그러므로 문제를 푸는 동안에는 나의 생각을 버리고 필자의 입장에 서서 생각해 보는 것도 좋은 방법일 것입니다.

구체적으로 다음과 같은 문제가 출제되었습니다.

筆者は努力についてどのように述べているか。

필자는 노력에 대해서 어떻게 말하고 있는가?

自分を変えることは、どのようにすることか。
((필자가 말하는) 자신을 바꾼다는 것은 어떻게 하는 것인가?)

われわれ自身の「ゲーム」が意味していることは何か。
((필자가 말하는) 우리 자신의 '게임'이 의미하는 것은 무엇인가?)

예로 든 문제에서도 알 수 있듯이 필자가 사용하고 있는 단어와 표현이 의미하는 바가 일반적일 수도 있고, 혹은 필자의 독자적인 표현일수도 있습니다. 자세히 살펴보면 문제에 출제되는 대부분의 단어와 표현에는 필자 특유의 사상이 담겨있을 가능성이 많고, 또한 필자가 특별히 의미를 부여한 표현들도 많이 있습니다. 이러한 필자의 생각이 담긴 표현요소들을 잘 파악하는 것이 중요하다고 하겠습니다.
이와 더불어 '自分の努力をわざわざ否定してしまったりするのはなぜだと筆者は述べているか。(자신의 노력을 일부러 부정해버리거나 하는 것은 무엇 때문이라고 필자는 말하고 있는가?)'와 같이 필자가 왜 그렇게 생각하는지, 그 이유를 묻는 질문도 있습니다. 즉, 필자의 생각과 함께, 왜 그러한 생각을 하게 되었는지를 본문을 통해 잘 이해하면서 읽어나가야 하겠습니다.

3. 필자가 주장하는 바를 정확히 이해하자

이 문제 유형의 제목이 '주장 이해'이듯이, 가장 중요한 것은 필자가 말하고자 하는 것이 무엇인가, 그의 주장을 제대로 이해했는가, 하는 것이겠지요. 그러므로 '筆者がこの文章で一番言いたいことはどんなことか。(필자가 이 문장에서 가장 말하고 싶은 것은 어떤 것인가?)'라는 질문은 반드시 출제될 것입니다.
필자의 생각의 본질을 묻는 문제의 선택지를 보면, ①필자의 생각, ②필자의 생각이기는 하지만, 그저 한 예에 지나지 않으며 본질이 아닌 것, ③자신과 다른 입장의 예로 든 것 등이 포함된 경우가 많이 있으므로, 필자의 주장의 핵심을 잘 파악하도록 합시다.
기출문제의 한 예를 들자면 지문은 '〈기억을 잘 하는 방법〉에 대한 서술'입니다. 이 지문에 대한 질문은 아래와 같은 내용입니다.

질문1 잘 기억할 수 있었을 텐데, 왜 못했던 것인가?라고 하는 글이 의미하는 것은 무엇인가?

질문2 기억법을 컴퓨터에 비유하는 이유가 무엇인가?

질문3 (필자가 말하는) 기억을 잘 하는 방법은 무엇인가?

15分

✎ 시간 안에 풀도록 연습하세요!

問題 次の文章を読んで、後の問いに対する答えとして最もよいものを、1・2・3・4から一つ選びなさい。

むかし、フランスに留学していた頃、よく美術館に行った。絵にこれといった関心を持っていたわけではないが、当時は今と違って世界のすばらしい絵が東京で展示されるということはなかったため、せっかく芸術の都にいるのだからと足を運んだ。中には私には難しすぎるものもかなりあり、そんな時はそこを足早に通り過ぎる無知な見物人の一人でしかなかった。

そんな勝手気ままな美術館めぐりを繰り返し、学業を終え日本に戻ってきた。帰国後も暇な時は日本人画家の作品のある美術館に足を運んでみた。そこには明らかに西欧の画家の影響を受けたことが①私のような者にもはっきりとわかる作品がいたるところに並んでいた。決して影響を受けること自体は芸術家にとって悪いことではない。ただ、フランスの美術館で見た絵に大変似ているにもかかわらず、それに比べて何かが足りないように感じた。私は素人なりに首をひねったのだが、よくわからない。日本での展覧会に出かけると、そのもどかしい気持ちがいつも私の心に引っかかった。

そんなある日、ある有名作品の本物と偽物とを並べて見比べてみるという機会があった。しばしこの二つの作品を眺めているうちに、同じように引かれた線や、同じ色彩にも偽物の作品には物足りなさが付きまとっていることに気づいた。②それは日本の展覧会で感じたものに似ていた。さらによく見てみると、一方には「緊張感」が伝わってくるが、もう一方には本物の持つ緊張感が欠けていることがわかった。本物一本一本の線それぞれに、全神経を集中して描かれたという張りつめた緊張感があり、それが作品全体に言葉ではいえぬ美しさを作り出しているのである。この緊張感の有無が作品の完成度や芸術作品としての価値を作り出しているということをこの時発見し、確信した。

私たちの生活はと言うと、常にそのような緊張感の中で生きているわけではない。普通の日常生活とは崩れたものであり、だらしないものである。だから私たちは緊張したものの代表として、優れた芸術作品に触れようと美術館を訪ねるのではないだろうか。そこには日常生活では見つけられない緊張の光が存在しているのだから。

問1 ①私のような者とは、どういうことを指しているか。

1 絵に詳しいとは言えない素人であること
2 日本画家の作品に関しては素人であること
3 美術館めぐりを繰り返してきた 人であること
4 本場の芸術作品に多く触れてきた人であること

問2 ②それは日本の展覧会で感じたものに似ていた。と思ったのは、どうしてか。

1 日本の展覧会での作品にも何かが欠けているような印象を受けていたから
2 日本の展覧会にある作品はフランスの美術館で見た絵に大変似ていたから
3 日本の展覧会にある作品は西欧のものに負けないくらい完成度が高いから
4 日本の展覧会での作品も偽者の絵と同様で独創性が見られないから

問3 筆者は人々が美術館に行く理由は何だと言っているか。

1 有名作品を眺めることで本物の価値を見極める目が養われるから
2 美術館で勝手気ままな時間を過ごすことで、気分転換ができるから
3 美術館には日常を忘れさせてくれる優れた芸術品が存在するから
4 美術館にある芸術作品から日常生活にはない緊張が感じられるから

해석 예전에 프랑스에 유학 갔던 시절에 자주 미술관에 갔었다. 그림에 이렇다 할 관심을 가졌던 것은 아니지만, 당시에는 지금과 달리 세계의 훌륭한 그림이 도쿄에서 전시되는 일이 없었기 때문에 모처럼 예술의 고장에 있는 김에 발걸음을 옮겼다. 그 중에 나에게는 너무 어려운 것도 꽤 있어서, 그럴 때에는 그곳을 재빨리 지나치는 무지한 구경꾼의 한 사람에 지나지 않았다.

그렇게 마음 내키는 대로 자유롭게 미술관 탐방을 되풀이하다가 학업을 마치고 일본으로 돌아왔다. 귀국 후에도 한가할 때에는 일본인 화가의 작품이 있는 미술관에 발걸음을 옮겼다. 그곳에는 명백히 서구 화가의 영향을 받은 것을 ①나 같은 사람도 확연히 알 수 있는 작품이 도처에 진열되어 있었다. 결코 영향을 받은 것 자체는 예술가에게 있어서 나쁜 것이 아니다. 단, 프랑스 미술관에서 본 그림과 매우 비슷한데도 불구하고 그것에 비해 뭔가 부족한 듯이 느껴졌다. 나는 아마추어 나름의 안목으로 의심해보았지만, 잘 모르겠다. 일본에서 열리는 전람회에 가보면 그 답답한 기분이 항상 내 마음에 걸렸다.

그러던 어느 날, 어느 유명 작품의 진품과 위작을 나란히 비교해볼 기회가 있었다. 잠시 이 두 작품을 바라 보고 있는 동안에, 똑같이 그려진 선이나 같은 색채에도 위작 작품에는 부족함이 따라다닌다는 것을 알아차렸다. ②그것은 일본 전람회에서 느꼈던 것과 비슷했다. 더 자세히 보니, 한쪽에는 '긴장감'이 전해져 오는데, 다른 한쪽에는 진품에 있는 긴장감이 결여되어 있다는 것을 알게되었다. 진품에는 선 한줄한줄 각각에 모든 신경을 집중해서 그린 듯한 팽팽한 긴장감이 있으며, 그것이 작품 전체에 말로는 표현할 수 없는 아름다움을 만들어내고 있는 것이다. 이 긴장감의 있고 없고가 작품의 완성도나 예술작품으로서의 가치를 만들어내고 있다는 것을 이때 발견하고 확신했다.

우리의 생활을 말하자면 항상 그러한 긴장감 속에서 살고 있는 것은 아니다. 평소의 일상생활이란 흐트러진 것이며, 야무지지 못한 것이다. 그래서 우리는 긴장한 것의 대표로서 우수한 예술작품에 접하고자 미술관을 방문하는 것이 아닐까? 그곳에는 일상생활에서는 발견할 수 없는 긴장의 빛이 존재하고 있으니까.

질문 1 ①나 같은 사람이란 어떤 것을 가리키는가?
1 그림을 잘 안다고 할 수 없는 아마추어라는 것
2 일본 화가의 작품에 관해서는 아마추어라는 것
3 미술관 탐방을 되풀이 해 온 사람이라는 것
4 본고장의 예술작품에 많이 접해온 사람이라는 것

질문 2 ②그것은 일본 전람회에서 느꼈던 것과 비슷했다.라고 생각한 것은 왜인가?
1 일본 전람회에서 본 작품에도 뭔가 부족한 것 같은 인상을 받았기 때문에
2 일본 전람회에 있는 작품은 프랑스 미술관에서 본 그림과 아주 비슷했기 때문에
3 일본 전람회에 있는 작품은 서구의 것에 지지 않을 정도로 완성도가 높기 때문에
4 일본 전람회에서 본 작품도 위작 그림과 마찬가지로 독창성이 보이지 않기 때문에

질문 3 필자는 사람들이 미술관에 가는 이유가 무엇이라고 말하고 있는가?
1 유명작품을 바라봄으로써 진품의 가치를 꿰뚫어보는 안목이 키워지기 때문에
2 미술관에서 마음 내키는 대로 자유로운 시간을 보냄으로써 기분전환을 할 수 있기 때문에
3 미술관에는 일상을 잊게 하는 뛰어난 예술품이 존재하기 때문에
4 미술관에 있는 예술작품으로부터 일상생활에는 없는 긴장을 느낄 수 있기 때문에

어휘 美術館(びじゅつかん) 미술관 | 展示(てんじ)する 전시하다 | 芸術(げいじゅつ) 예술 | 都(みやこ) 고장 | 足(あし)を運(はこ)ぶ 발걸음을 옮기다 | 足早(あしばや)に 잰 걸음으로 | 通(とお)り過(す)ぎる 지나치다 | 無知(むち) 무지 | 見物人(けんぶつにん) 구경꾼 | 気(き)まま 마음대로 함 | めぐり 탐방 | 繰(く)り返(かえ)す 되풀이하다 | 学業(がくぎょう) 학업 | 画家(がか) 화가 | 明(あき)らか 명백하다 | 西欧(せいおう) 서구 | いたるところ 여기저기, 도처 | 自体(じたい) 자체 | 素人(しろうと) 아마추어 | 首(くび)をひねる 의심스러워하다 | もどかしい 답답하다 | 引(ひ)っかかる 걸리다 | 本物(ほんもの) 진품 | 偽物(にせもの) 위작 | 見比(みくら)べる 견주어보다 | 機会(きかい) 기회 | 眺(なが)める 바라보다 | 色彩(しきさい) 색채 | 物足(ものた)りなさ 부족함 | 付(つ)きま

とう 따라다니다 | 気(き)づく 깨닫다 | 緊張感(きんちょうかん) 긴장감 | 伝(つた)わる 전해오다 | 欠(か)ける 부족하다 | 張(は)りつめる 긴장하다 | 作(つく)り出(だ)す 만들어내다 | 有無(うむ) 유무 | 完成度(かんせいど) 완성도 | 発見(はっけん)する 발견하다 | 確信(かくしん)する 확신하다 | 常(つね)に 항상 | 崩(くず)れる 흐트러지다 | だらしない 야무지지 못하다 | 代表(だいひょう) 대표 | 優(すぐ)れる 뛰어나다 | 触(ふ)れる 접하다 | 負(ま)ける 지다 | 独創性(どくそうせい) 독창성 | 見極(みきわ)める 꿰뚫어보다 | 養(やしな)う 기르다 | 気分転換(きぶんてんかん) 기분전환 | 日常(にちじょう) 일상

표현 ～でしかない : ~에 지나지 않는다

学校は私にとって退屈な場所でしかなかった。 학교는 나에게 있어서 지루한 장소일 뿐이었다.

音痴にとってカラオケは苦痛でしかない。 음치에게 있어서 카라오케는 고통일 뿐이다.

～にもかかわらず : ~인데도 불구하고

彼は熱があるにもかかわらず、遠足に出かけた。 그는 열이 있는데도 불구하고 소풍을 떠났다.

期末試験は易しかったにもかかわらず、不注意でミスをしてしまった。
기말시험은 쉬웠는데도 불구하고 부주의로 실수를 해버렸다.

해설 **질문 1**

'나 같은 사람'이 어떤 사람인지 묻는 문제입니다. 일본 화가의 작품이 서구 화가의 영향을 받은 것이라는 사실을 '나 같이 (부족한, 무지한) 사람'도 확연히 구별할 수 있었다는 취지의 글이며, '그림에 특별한 관심이 있었던 것은 아니다' '무지한 구경꾼의 한 사람에 지나지 않았다' '나는 아마추어 나름의' 등의 표현에서 자신의 그림 감상능력을 아주 낮춰서 말하고 있음을 알 수 있습니다. 2번 일본작가의 작품에 한정해서만 아마추어인 것이 아니고, 3번 미술관 탐방을 되풀이 해왔다는 것과 4번 본고장의 예술작품을 많이 접해온 사람이라는 것은 자랑거리이지 마이너스적인 이미지는 아닙니다. 따라서 정답은 그림을 잘 안다고 할 수 없는 아마추어라고 한 1번입니다.

정답 1

질문 2

그것(위작 작품에는 부족함이 따라다닌다는 것)은 일본 전람회에서 느꼈던 것과 비슷했다고 했는데, 왜 그렇게 생각하게 되었는지 묻는 문제입니다. 앞 단락에서 필자는 일본 전람회에서 본 일본 작가의 작품은 프랑스의 작품과 비슷한데도 불구하고 뭔가 부족한 것 같았다고 했습니다. 즉 일본 작가의 그림과 위작 작품의 비슷한 점은 뭔가 모르게 부족함이 느껴지는 것이라고 할 수 있습니다. 2번 단순히 그림이 비슷해서는 아니며, 3번 일본 전람회 작품의 완성도, 혹은 4번 독창성에 관한 언급은 없었습니다. 정답은 1번 일본 전람회에서 본 작품에도 위작을 봤을 때처럼 뭔가 부족한 것 같은 인상을 받았기 때문이라는 것입니다.

정답 1

질문 3

사람들이 미술관에 가는 이유를 필자가 어떻게 설명했는지 묻는 문제입니다. 마지막 단락을 보면 우리는 일상생활에서 나태해지기 쉬운데 긴장감을 갖기 위하여 '긴장한 것의 대표로서 우수한 예술작품에 접하고자' 한다고 했습니다. 1번 필자는 앞 단락에서 유명작품과 진품의 가치는 긴장감에 있다는 깨달음을 얻었지만 그것이 사람들이 미술관에 가는 이유는 아니었고, 2번 기분전환 하러 간다거나 3번 일상을 잊게 하는 뛰어난 예술품이 존재하기 때문이라는 것은 일반적인 이야기이지 필자의 생각은 아닙니다. 미술관에 있는 작품을 통해 일상생활에 없는 긴장감을 느끼기 위해서라는 4번이 정답입니다.

정답 4

15分

시간 안에 풀도록 연습하세요!

問題 次の文章を読んで、後の問いに対する答えとして最もよいものを、1・2・3・4から一つ選びなさい。

風水ではトイレの掃除が金運と関係していると以前からよく言われてきました。①それを裏付けるような調査結果がアメリカで報告されました。その調査によるとお金持ちの共通点として、お金持ちの家のトイレは常にきれいに掃除されていて、きちんと蓋がしまっているということがわかったそうです。

また、日本のある洗剤会社でも「トイレの清潔さに関する比較調査」を行いました。この調査は対象者を家のトイレを常にきれいに保っている派と、そうではない派の2派に分けアンケートを行ったものです。まず両者に「金運が良い方だと思うか」という質問に答えてもらったところ、きれい派のうち、42%が「そう思う」と回答した一方で、そうでない派ではたったの22%に過ぎないことがわかりました。また、世帯年収を聞いてみたところ、ここでも大きな違いが見られました。なんときれい派の平均とそうではない派の平均の差が90万円近くもあることが明らかとなったのです。トイレをきれいにしているかどうかで、なぜここまで調査結果に差が出るのでしょうか。さらに、性格や意識の違いを調べてみると、きれい派は、「段取り」が良く、「友人」が多い傾向にあることが分かりました。また「トイレをきれいにしていると、友だちも家に気兼ねなく呼べて、人との交わりも増え、人生が楽しくなる」という意見もあり、きれいなトイレは(　　②　　)と言えそうです。

私もこの話を聞き、実際に毎日のトイレ掃除はもちろん、トイレの蓋は必ず閉めるようにし、どこかお店のトイレに入っても、水回りが汚れていれば、紙できれいに拭くように心がけてみました。そうしたら、不思議なことが起こり始めました。トイレ掃除を始めた後から、仕事が増え、臨時収入が入ってくるといったよい出来事が続々と続いたのです。

とはいえ、ただひたすら金運アップのためにのみトイレ掃除を行っても、同じような効果が現れるかどうかは疑問です。トイレ掃除をすることによって謙虚な気持ちを持ち続けること。また、次にトイレに入る人が気持ちよく使用できるようにという心遣いが、巡り巡って自分に回ってくるのではないかと思います。

問1 ①それを裏付けるような調査結果とはどのようなものか。

1 トイレをきれいに保っていないと不幸になるということ
2 トイレ掃除と金運アップの間には関係があるということ
3 お金持ちのトイレは金運アップの工夫がされていること
4 トイレ掃除をすることで人格も磨かれていくということ

問2 文脈から判断して、（　②　）に入る適当な文章はどれか。

1 どんな方法よりも金運アップに絶大な効果がある。
2 大きな世帯年収の差を生み出す要因になっている。
3 性格や意識を変えるためにも毎日続けたほうがよい。
4 金運アップだけでなく、より広い交友関係も呼び込む。

問3 筆者が最も言いたいことは何か

1 謙虚な気持ちと他の人を配慮する気持ちを持つことが大事である。
2 金運をアップさせることよりも人生を楽しむことを考えるべきだ。
3 どんな動機であれ、トイレ掃除をすることは運気を高めてくれる。
4 トイレ掃除をすることで収入が増えていくことが明らかになった。

해석 풍수에서는 화장실 청소가 금전운과 관계가 있다는 말을 이전부터 자주 해왔습니다. ①그것을 뒷받침해줄 만한 조사결과가 미국에서 보고되었습니다. 그 조사에 의하면 부자의 공통점으로서, 부자의 집에 있는 화장실은 항상 깨끗하게 청소가 되어 있고, 제대로 변기 뚜껑이 덮여있다는 사실을 알게 되었다고 합니다.

또한 일본의 어떤 세제회사에서도 '화장실의 청결에 관한 비교조사'를 했습니다. 이 조사는 대상자를 집 화장실을 항상 깨끗하게 유지하는 집단과 그렇지 않은 집단의 두 집단으로 나누어 설문조사를 한 것입니다. 우선 양쪽에게 '금전운이 좋은 편이라고 생각하는가'라는 질문의 응답을 받은 결과, 깨끗하게 한다는 집단 중에서 42%가 '그렇게 생각한다'고 대답한 한편, 그렇지 않다는 집단은 고작 22%에 지나지 않는다는 것을 알았습니다. 또한 세대의 1년 수입을 물어봤더니, 여기서도 큰 차이가 보였습니다. 깨끗하게 하는 집단과 그렇지 않은 집단의 평균 차이가 90만엔 가까이 나는 것이 밝혀진 것입니다. 화장실을 깨끗이 하고 있는지 어떤지로 왜 이렇게까지 조사결과에 차이가 나는 것일까요? 또한 성격과 의식 차이를 조사해보면, 깨끗하게 하는 집단은 '준비성'이 좋고, '친구'가 많은 경향이 있다는 것을 알았습니다. 또한 '화장실을 깨끗하게 하면 친구들도 집에 스스럼없이 부를 수 있고 인간관계도 늘어나서 인생이 즐거워진다'는 의견도 있어서, 깨끗한 화장실은 (②)라고 할 수 있을 것 같습니다.

저도 이 이야기를 듣고 실제로 매일 화장실 청소는 물론 변기 뚜껑을 반드시 닫도록 하고, 어느 가게의 화장실에 들어가서도 세면대가 더러우면 종이로 깨끗이 닦도록 주의를 기울여봤습니다. 그렇게 했더니 신기한 일이 일어나기 시작했습니다. 화장실 청소를 시작한 후부터 일이 늘어나고 임시수입이 들어오는 등 좋은 일이 잇따라 계속되는 것입니다.

그렇다고는 해도 그저 오로지 금전운을 올리기 위해서만 화장실 청소를 한다고 해서 똑같은 효과가 나타날지 어떨지는 의문입니다. 화장실 청소를 함으로써 겸허한 마음을 계속 가져야 합니다. 또한 뒤이어 화장실에 들어올 사람이 기분 좋게 사용할 수 있도록 하는 마음씀씀이가 돌고 돌아서 자신에게로 돌아오는 것이 아닐까 생각합니다.

해석 **질문 1** ①그것을 뒷받침해줄 만한 조사결과란, 어떤 것인가?

1 화장실을 깨끗하게 유지하지 않으면 불행해진다는 것
2 화장실 청소와 금전운 상승 간에는 관계가 있다는 것
3 부자의 화장실은 금전운 상승을 위한 고안이 되어져 있다는 것
4 화장실 청소를 함으로써 인격도 연마되어 간다는 것

질문 2 문맥으로 판단하여 (②)에 들어갈 적당한 문장은 어느 것인가?

1 어떤 방법보다 금전운 상승에 절대적인 효과가 있다.
2 세대의 1년 수입의 큰 차이를 발생시키는 요인이 되고 있다.
3 성격과 의식을 바꾸기 위해서도 매일 계속하는 편이 좋다.
4 금전운 상승뿐만 아니라 보다 넓은 교우관계도 불러들인다.

질문 3 필자가 가장 하고 싶은 말은 무엇인가?

1 겸허한 마음과 타인을 배려하는 마음을 가지는 것이 중요하다.
2 금전운을 상승시키는 것보다 인생을 즐기는 것을 생각해야 한다.
3 동기가 어떻든 간에 화장실 청소를 하는 것은 운수를 높여준다.
4 화장실 청소를 함으로써 수입이 늘어나는 것이 명백해졌다.

어휘 風水(ふうすい) 풍수 | 金運(きんうん) 금전운 | 裏付(うらづ)ける 뒷받침하다 | 報告(ほうこく)する 보고하다 | お金持(かねも)ち 부자 | 共通点(きょうつうてん) 공통점 | 蓋(ふた) 뚜껑 | 洗剤(せんざい) 세제 | 清潔(せいけつ) 청결 | 比較(ひかく) 비교 | 保(たも)つ 유지하다 | 派(は) 파 | たったの 고작 | 世帯(せたい) 세대 | 年収(ねんしゅう) 1년 수입 | 平均(へいきん) 평균 | 明(あき)らか 명백하다 | 意識(いしき) 의식 | 段取(だんど)り 준비 | 傾向(けいこう) 경향 | 気兼(きが)ねなく 스스럼없이 | 交(まじ)わり 교제 | 水回(みずまわ)り 세면대 | 汚(よご)れる 더러워지다 | 拭(ふ)く 닦다 | 心(こころ)がける 유의하다 | 不思議(ふしぎ) 신기하다 | 臨時(りんじ)

임시 | 収入(しゅうにゅう) 수입 | ひたすら 오로지 | 効果(こうか) 효과 | 現(あらわ)れる 나타나다 | 疑問(ぎもん) 의문 | 謙虚(けんきょ) 겸허 | 心遣(こころづか)い 마음씀씀이 | 巡(めぐ)る 돌다 | 不幸(ふこう) 불행 | 工夫(くふう) 고안 | 人格(じんかく) 인격 | 磨(みが)く 닦다 | 文脈(ぶんみゃく) 문맥 | 生(う)み出(だ)す 발생시키다 | 要因(よういん) 요인 | 交友(こうゆう) 교우 | 呼(よ)び込(こ)む 불러들이다 | 配慮(はいりょ)する 배려하다 | 動機(どうき) 동기 | 運気(うんき) 운수

표현 ～たところ : ~했더니 (행동의 결과를 나타냄)

電話で問い合わせたところ、まだ空席があるということだった。
전화로 문의해봤더니 아직 공석이 있다고 한다.

医者に診てもらったところ、２～３日休めば治るとのことです。
의사에게 진찰을 받았더니 2~3일 쉬면 낫는다고 합니다.

～一方で : ~하는 한편

生徒に間違いがあったら、きちんと言い聞かせる一方で、やさしい言葉をかけることも忘れてはいけない。 학생에게 잘못이 있으면, 제대로 타이르는 한편으로 상냥하게 말을 거는 것도 잊어서는 안 된다.

彼は病院に勤める一方で、地域ではボランティア活動にも参加している。
그는 병원에 근무하는 한편으로, 지역에서는 봉사활동에도 참가하고 있다.

해설 **질문 1**

'그것을 뒷받침해줄 만한 조사결과'가 무엇인지 묻는 문제입니다. '그것'은 바로 앞 문장에 나온 내용을 가리키며, 이어서 '그것'을 뒷받침해줄 만한 내용이 이어집니다. 즉 풍수에서는 화장실 청소와 금전운이 어떤 관계가 있다는 것이지요. 1번 화장실이 깨끗하지 않으면 불행해진다, 3번 부자의 화장실은 금전운 상승을 위해 고안이 되어 있다, 4번 화장실 청소를 통해 인격을 연마한다 등은 본문 내용과 부합하지 않는 내용입니다. 정답은 화장실 청소와 금전운 상승 간에는 어떤 관계가 있다고 한 2번입니다.

정답 2

질문 2

문맥으로 판단하여 괄호 안에 들어갈 적당한 문장을 고르는 문제입니다. 바로 앞 부분을 보면 '「　」'라는 의견이 있다고 하고 나서 그 내용을 다시 (　②　)괄호에서 정리하는 문장으로 되어 있기 때문에, '「　」'부분을 잘 요약하면 정답을 찾을 수 있습니다. 즉 '화장실을 깨끗하게 하면 친구들도 집에 스스럼없이 부를 수 있고 인간관계도 늘어나서 인생이 즐거워진다'는 내용이므로, 정답은 금전운 상승뿐만 아니라 보다 넓은 교우관계도 불러들인다고 한 4번입니다.

정답 4

질문 3

본문에서 필자가 가장 하고 싶은 말이 무엇인지 묻는 문제입니다. 역시나 마지막 단락에 필자의 주장이 나타나 있습니다. 즉 화장실 청소와 금전운에 어떤 연관 관계가 있을지라도, 오로지 금전운을 올리기 위해서 화장실 청소를 하는 것이 아니라, 화장실 청소를 함으로써 겸허한 마음을 가지고 또한 뒤이어 화장실을 사용할 사람을 배려하게 되면 자연히 자신에게도 좋은 일이 생길 것이라고 했습니다. 2번 인생을 즐기는 것에 대한 언급은 없었고, 3번 동기 여하에 상관없다는 이야기도 없었으며, 4번 화장실 청소를 해서 수입이 늘어나는 것을 밝힌 후에 필자가 하고 싶은 말은 따로 있었습니다. 정답은 겸허한 마음과 타인을 배려하는 마음(=뒤이어 화장실에 들어올 사람이 기분좋게 사용할 수 있도록 하는 마음 씀씀이)을 가지는 것이 중요하다고 한 1번입니다.

정답 1

15分

✎ 시간 안에 풀도록 연습하세요!

問題 次の文章を読んで、後の問いに対する答えとして最もよいものを、1・2・3・4から一つ選びなさい。

現在、ネットショップ市場は巨大なマーケットへと成長し、今後もなおこの傾向は続いていくだろうと見込まれます。ネットショップは売る側と買う側にとってさまざまなメリットがあり、①その両者は密接に関係しています。

まず売る側、すなわち経営者にとって、ネットショップの最大のメリットは、日本全国、場合によっては世界中のインターネットユーザーを相手に商売ができることです。実際に店舗を構えるよりも、遥かに大きなマーケットで商売をすることが可能なのです。これは裏を返せば、買う側つまりネットユーザーにおいても、全国のショップで買い物を楽しむことができるということにつながります。欲しい商品があった場合、自分の足で探す必要がなく、検索サービスを利用することで簡単に見つけ出すことができますし、また、探している商品のメーカーや型番がわかっている場合は、価格や商品到着までの時間などを基準に、自分にピッタリ合ったショップを世界中から選ぶことができるのです。

その他の経営者側のメリットは、少ない初期費用と時間で、手軽に始められることです。しかも、ランニングコスト(注1)の面においても、実店舗を運営することに比べて賃料(注2)と人件費が削減できます。また、中間業者を通さず直接ユーザーに商品が届くので、その分商品を安く販売することができます。これはユーザーにとって最も大きな魅力といえるのではないでしょうか。

また、ネットショッピングは時間と場所を選びません。インターネットができる環境さえあれば買い物ができます。店は原則24時間いつでも営業していることになるので、「いつでも」「どこでも」ショッピングができる環境は、客側にとっても店側にとってもありがたいことです。以上の点を考えてみると、今後もネットショッピングの市場は拡大し、発展していくに違いありません。

(注1) ランニングコスト：経営維持費用
(注2) 賃料：店舗のレンタル料金

問1 ①その両者は密接に関係していますとはどういうことか。

1 お客が増えれば増えるほどネットショップの数も増えていくということ
2 買う側のメリットと売る側のメリットは反比例の関係にあるということ
3 売る側のメリットがそのまま買う側のメリットにもつながるということ
4 売る側が得をすれば買う側は損をするシステムになっているということ

問2 ネットショッピングにおける売り手側の一番のメリットは何だと言っているか。

1 世界中の人を相手に商品を売ることができること
2 少ない初期費用で店舗を構えることができること
3 コストを削減し安い値段で商品を提供できること
4 ネットショッピング市場が成長し続けていくこと

問3 ネットショッピングにおける買い手側の最大のメリットは何だと言っているか。

1 自分にピッタリ合った商品をネットで検索するだけで買えること
2 日本全国、あるいは全世界のユーザーを相手に商売ができること
3 実店舗に比べて、安い値段で商品を購入することができること
4 ネット環境さえあれば、いつでもどこでもショッピングが楽しめること

해석 현재 인터넷숍 시장은 거대한 마켓으로 성장하였고, 앞으로도 계속 이러한 경향은 지속될 전망입니다. 인터넷숍은 파는 쪽과 사는 쪽에게 있어서 여러 가지 이점이 있으며 ①그 양자는 밀접한 관계가 있습니다.

우선 파는 쪽, 즉 경영자에게 있어서 인터넷숍의 최대의 이점은 일본 전국, 경우에 따라서는 전세계의 인터넷유저를 상대로 장사를 할 수 있다는 것입니다. 실제로 점포를 마련하는 것보다 훨씬 큰 숍에서 장사하는 것이 가능합니다. 이는 뒤집어 말하자면 사는 쪽 즉 인터넷 유저에게 있어서도 전국의 숍에서 쇼핑을 즐길 수 있다는 것과 연결이 됩니다. 갖고 싶은 상품이 있을 경우에 자신의 발로 찾아 다닐 필요 없이 검색 사이트를 이용함으로써 쉽게 찾아낼 수 있습니다. 또한 찾고 있는 상품의 메이커나 상품번호를 알고 있을 경우에는 가격이나 상품도착까지의 시간 등을 기준으로 자신에게 딱 맞는 숍을 전세계에서 고를 수가 있는 것입니다.

기타 경영자 쪽의 이점은 적은 초기비용과 시간으로 손쉽게 시작할 수 있는 점입니다. 더구나 운영비용 면에서도 실제 점포를 운영하는 것에 비해 임대료와 인건비를 삭감할 수 있습니다. 또한 중간업자를 통하지 않고 직접 유저에게 상품이 도착하기 때문에 그만큼 상품을 싸게 판매할 수 있습니다. 이는 유저에게 있어서 가장 큰 매력이라고 할 수 있지 않을까요?

또한 인터넷숍은 시간과 장소를 불문합니다. 인터넷을 할 수 있는 환경만 갖춰지면 쇼핑을 할 수 있습니다. 가게는 원칙적으로 24시간 언제나 영업하고 있으므로 '언제나' '어디서나' 쇼핑 할 수 있는 환경은 손님쪽에서도 가게쪽에서도 고마운 일입니다. 이상의 점에서 생각해보면 앞으로도 인터넷쇼핑 시장은 확대되고 발전해 나갈 것이 틀림없습니다.

(주1) 런닝코스트 : 경영유지 비용
(주2) 임대료 : 점포의 임대요금

질문 1 ① 그 양자는 밀접한 관계가 있습니다란, 어떤 말인가?
1 손님이 늘어나면 늘어날수록 인터넷숍의 수도 늘어난다는 것
2 사는 쪽의 이점과 파는 쪽의 이점은 반비례 관계에 있다는 것
3 파는 쪽의 이점이 그대로 사는 쪽의 이점과 연결이 된다는 것
4 파는 쪽이 득을 보면 사는 쪽은 손해를 보는 시스템으로 되어 있다는 것

질문 2 인터넷 쇼핑에 있어서 파는 쪽의 최대의 이점은 무엇이라고 하는가?
1 전세계인을 상대로 상품을 팔 수 있다는 점
2 적은 초기비용으로 점포를 마련할 수 있다는 점
3 비용을 삭감하여 싼 가격으로 상품을 제공할 수 있다는 점
4 인터넷 쇼핑 시장이 계속 성장해나간다는 점

질문 3 인터넷 쇼핑에 있어서 사는 쪽의 최대의 이점은 무엇이라고 하는가?
1 자신에게 딱 맞는 상품을 인터넷으로 검색하는 것만으로도 구입할 수 있다는 점
2 일본전국 혹은 전세계 유저를 상대로 장사를 할 수 있다는 점
3 실제 점포에 비해 싼 가격으로 상품을 구입할 수 있다는 점
4 인터넷 환경만 갖추어져 있다면 언제 어디서나 쇼핑을 즐길 수 있다는 점

어휘 現在(げんざい) 현재 | ネットショップ 인터넷숍 | 市場(しじょう) 시장 | 巨大(きょだい) 거대 | 成長(せいちょう)する 성장하다 | 今後(こんご) 앞으로 | 見込(みこ)む 전망하다 | 密接(みっせつ)に 밀접하게 | 経営者(けいえいしゃ) 경영자 | 商売(しょうばい) 장사 | 店舗(てんぽ) 점포 | 構(かま)える 마련하다 | 遥(はる)かに 훨씬 | 裏(うら)を返(かえ)す 뒤집다 | ユーザー 유저, 사용자 | 検索(けんさく) 검색 | 見(み)つけ出(だ)す 찾아내다 | メーカー 메이커 | 型番(かたばん) 상품번호 | 到着(とうちゃく) 도착 | 基準(きじゅん) 기준 | ピッタリ 딱 | 初期(しょき) 초기 | 費用(ひよう) 비용 | ランニングコスト 운영비용 | 賃料(ちんりょう) 임대료 | 人件費(じんけんひ) 인건비 | 削減(さくげん) 삭감 | 中間業者(ちゅうかんぎょうしゃ) 중간업자 | 販売(はんばい)する 판매하다 | 魅力(みりょく) 매력 | 原則(げんそく) 원칙 | 営業(えいぎょう) 영업 | 拡大(かくだい)する 확대하

다 | 発展(はってん)する 발전하다 | レンタル 렌탈 | 維持(いじ) 유지 | 反比例(はんぴれい) 반비례 | 得(とく) 이득 | 損(そん) 손해 | 提供(ていきょう)する 제공하다 | 購入(こうにゅう)する 구입하다

표현 ~に違いない : ~임에 틀림없다 (확실한 단정을 나타냄)

あそこで先生と話している女の子が彼の妹に違いない。
저기서 선생님과 이야기하고 있는 여자가 그의 여동생에 틀림없다.

彼の実力なら合格するに違いない。 그의 실력이라면 합격임에 틀림없다.

해설 **질문 1**

'그 양자는 밀접한 관계가 있습니다'가 어떤 말인지 묻는 문제입니다. 여기서 '그 양자'가 가리키는 것은 바로 앞에 나온 두 부류의 사람, 즉 인터넷숍에서 파는 사람과 사는 사람이죠. 인터넷숍은 이 양자 모두에게 이점을 가져다 준다고 했습니다. 그러므로 밀접한 관계가 있다는 말은, 3번 파는 쪽의 이점이 곧 사는 쪽의 이점과 연결된다는 것입니다. 1번 손님이 늘어나면 인터넷샵의 수도 늘어난다는 언급은 없으며, 2번 사고 파는 양자의 이점은 반비례 관계가 아니라 비례관계이며 4번 서로 득실관계에 있지 않고 서로 이득을 보는 관계에 있습니다.

정답 3

질문 2

인터넷 쇼핑에서 파는 쪽의 최대의 이점이 무엇인지 묻는 문제입니다. 파는 쪽의 이점으로는, 첫째 전세계의 인터넷유저를 상대로 장사를 할 수 있다는 점, 둘째 적은 초기비용과 시간으로 손쉽게 시작할 수 있는 점, 그리고 마지막으로 언제 어디서나 쇼핑을 할 수 있다는 점 등을 본문에서 말하고 있습니다. 이 중에서 파는 쪽의 '最大のメリットは、日本全国、場合によっては世界中のインターネットユーザーを相手に商売ができること'라고 했으므로, 정답은 1번 전세계인을 상대로 상품을 팔 수 있다는 점입니다.

정답 1

질문 3

인터넷 쇼핑에서 사는 쪽의 최대의 이점이 무엇인지 묻는 문제입니다. 사는 쪽의 이점으로는, 첫째 직접 가지 않아도 자신에게 딱 맞는 상품을 전세계 숍에서 구입할 수 있다는 점, 둘째 싼 가격에 상품을 살 수 있는 점, 그리고 마지막으로 24시간 언제 어디서든 이용할 수 있다는 점을 들 수 있습니다. 이 중에서 "商品を安く販売することができます。これはユーザーにとって最も大きな魅力といえる"라고 했으므로, 정답은 3번 실제 점포에 비해 아주 싼 가격으로 상품을 구입할 수 있다는 점입니다.

정답 3

15分

시간 안에 풀도록 연습하세요!

問題 次の文章を読んで、後の問いに対する答えとして最もよいものを、1・2・3・4から一つ選びなさい。

この世に存在するものの中で最も複雑にできているのが私たち生き物の体である。体の仕組みをよく見てみると、非常に複雑で精巧にできていることに改めて気づく。口の中に入った食べ物は、食道から胃へ、そして小腸、大腸を通って、養分や水分、または残りカスに分離され、それぞれ体内に吸収されるか、体の外に排泄(注1)される。そして、心臓は血液が体中に行きわたるように、常にリズムよく動いて血液を流しつづけている。肺はというと、空気中から得た酸素を体内に取りこみ、老廃物である二酸化炭素を空気中に排出する筋肉運動、要するに呼吸を行っている。全身の骨は関節でつながっていて、そのおかげで体を自由自在に曲げたり伸ばしたりすることができる。耳や口、その他どの部分を見ても、緻密に作られ、各機能を果たしているのには驚きを覚えずにはいられない。①まるで自動車の工場のようである。

体内すべての器官がそれぞれ重要なのは言うまでもないが、その中でも特に、外部からの情報を受け入れる感覚器官が大きな役割を担っている。感覚器官とは、ものを見る視覚、音を聞く聴覚、においをかぐ臭覚、味をみる味覚、ものに触る触覚という五感に加えて、 直感や霊感等をいう第六感までを含む。この六つの内でも最も重要なのは、視覚ではないだろうか。なぜなら、目は何をする場合においても休むことなく働き、外部情報のほとんどをここから取り入れている。それによりわれわれは、危険を察知して回避したり、その情報に基づいて適切な行動を選択したりすることができる。弱肉強食の自然界において一歩先の相手を見つけ、正確に見て把握することは何よりも重要なことである。

また、実際にあるものを見る目のみならず、将来を見つめて予測できる心の目というのもある。この目は生き物の中でも人間のみが持っているものではないだろうか。「②先見の明」とも言うが、社会や国家の発展において、将来の成り行きをより正確に見抜ける能力や幅広い見識を持つことは非常に重要である。いつの時代においてもこのような目を持つ人が新しい時代を切り開く舞台の中心人物となってきた。そのことから見て人間にとって③この二つの目の役割がいかに大切であるかがわかるのである。

（注1）排泄：不要な物質を体外に出すこと

問1 ①まるで自動車の工場みたいだというのは、どういうことか。

1 各器官がそれぞれの工程でそれぞれの役割を担っている。
2 自動車の部品は人間の各器官と似たような形をしている。
3 自動車からの排気ガスは人間の排泄作用と同じ原理である。
4 体内に入った食物はコンベヤーのように一定の速度で消化される。

問2 ②先見の明が意味していることは何か。

1 舞台の中心人物になれる人間的魅力
2 今後のことについて予測し対処する能力
3 新しい時代を切り開いていく深い見識
4 一歩先にいる相手を見つけられる視力

問3 ③この二つの目とは何を指しているのか。

1 将来を見抜く目と、幅広い見識
2 実際にあるものを見る左右の目
3 実際にあるものを見る目と、心の目
4 ものを見る視覚と、直感を指す第六感

해석 이 세상에 존재하는 것 중에서 가장 복잡하게 만들어진 것이 우리 생물들의 몸이다. 몸의 구조를 자세히 살펴보면 상당히 복잡하고 정교하게 만들어졌다는 것을 새삼 깨닫게 된다. 입 속으로 들어간 음식물은 식도에서 위로, 그리고 소장, 대장을 지나, 양분과 수분 혹은 찌꺼기로 분리되어 각각 체내로 흡수되거나 몸 밖으로 배설된다. 그리고 심장은 혈액이 몸 속에 골고루 미치도록 항상 리듬감 있게 움직이면서 계속 혈액을 흘려 보내고 있다. 폐로 말하자면, 공기 중에서 얻은 산소를 체내에 받아들여 노폐물인 이산화탄소를 공기 중으로 배출하는 근육운동, 요컨대 호흡을 하고 있다. 온몸의 뼈는 관절로 연결되어 있어서 그 덕분에 몸을 자유자재로 굽히거나 펴거나 할 수 있다. 귀나 입, 기타 어느 부분을 보더라도 치밀하게 만들어져서 각 기능을 다하고 있는 것에는 놀라지 않을 수 없다. ①마치 자동차 공장과 같다.

체내의 모든 기관이 각각 중요한 것은 말할 필요도 없지만, 그 중에서도 특히 외부로부터의 정보를 받아들이는 감각기관이 큰 역할을 담당하고 있다. 감각기관이란 사물을 보는 시각, 소리를 듣는 청각, 냄새를 맡는 후각, 맛을 보는 미각, 물건을 만지는 촉각 등의 오감에 더해, 직감이나 영감 등을 이르는 제 육감까지를 포함한다. 이 6가지 중에서도 가장 중요한 것은 시각이 아닐까? 왜냐하면 눈은 무슨 일을 하든지 간에 쉴 새 없이 일하며, 대부분의 외부정보를 여기에서 받아들인다. 그래서 우리는 위험을 탐지하고 회피하거나, 그 정보에 기초하여 적절한 행동을 선택하거나 할 수 있다. 약육강식의 자연계에서도 한발 앞의 상대방을 발견하거나 정확히 보고 파악하는 것은 무엇보다도 중요한 일이다.

또한 실제로 어떤 사물을 보는 눈뿐만 아니라, 장래를 내다보고 예측하는 마음의 눈이라는 것도 있다. 이 눈은 생물 중에서도 인간만이 가지고 있는 것이 아닐까? ②'선견지명'이라고도 하는데, 사회나 국가 발전에 있어서 장래에 일어날 일들을 보다 정확하게 뚫어보는 능력이나 폭넓은 식견을 가지는 것은 상당히 중요하다. 어느 시대에서나 이러한 눈을 가진 사람이 새로운 시대를 개척해나가는 무대의 중심인물이 되어 왔다. 그런 점에서 보더라도 역시 인간에게 있어서 ③이 두 개의 눈의 역할이 얼마나 중요한지 알 수 있다.

(주)배설 : 필요 없는 물질을 체외로 내보내는 것

질문 1 ①마치 자동차 공장과 같다라는 것은 어떤 것을 말하는가?

1 각 기관이 각각의 공정에서 각각의 역할을 맡고 있다.
2 자동차 부품은 인간의 각 기관과 비슷한 모양을 하고 있다.
3 자동차에서 나온 배기가스는 인간의 배설작용과 같은 원리이다.
4 체내에 들어간 음식물은 컨베이어처럼 일정한 속도로 소화된다.

질문 2 ②'선견지명'이 의미하고 있는 것은 무엇인가?

1 무대의 중심인물이 될 수 있는 인간적 매력
2 앞으로의 일에 대해 예측하고 대처하는 능력
3 새로운 시대를 개척해나가는 깊은 식견
4 한걸음 앞에 있는 상대방을 찾을 수 있는 시력

질문 3 ③이 두 개의 눈이란 무엇을 가리키는가?

1 장래를 뚫어보는 눈과 폭넓은 식견
2 실제로 있는 것을 보는 좌우의 눈
3 실제로 있는 것을 보는 눈과 마음의 눈
4 사물을 보는 시각과 직감을 가리키는 제 육감

어휘 複雑(ふくざつ) 복잡 | 生(い)き物(もの) 생물 | 仕組(しく)み 구조 | 精巧(せいこう) 정교 | 気(き)づく 깨닫다 | 食道(しょくどう) 식도 | 胃(い) 위 | 小腸(しょうちょう) 소장 | 大腸(だいちょう) 대장 | 養分(ようぶん) 양분 | 水分(すいぶん) 수분 | 残(のこ)りカス 찌꺼기 | 分離(ぶんり)する 분리하다 | 吸収(きゅうしゅう)する 흡수하다 | 排泄(はいせつ)する 배설하다 | 心臓(しんぞう) 심장 | 血液(けつえき) 혈액 | 体中(からだじゅう) 몸 전체 | 行(ゆ)きわたる 골고루 미치다 | リズムよく 리듬감 있게 | 空気(くうき) 공기 | 酸素(さんそ) 산소 | 取(と)りこむ 거두어들이다 | 老廃物(ろうはいぶつ) 노폐물 | 二酸化炭素(にさんかたんそ) 이산화탄소 | 排出(はい

しゅつ)する 배출하다 | 筋肉(きんにく) 근육 | 要(よう)するに 요컨대 | 呼吸(こきゅう) 호흡 | 全身(ぜんしん) 전신 | 骨(ほね) 뼈 | 関節(かんせつ) 관절 | 自由自在(じゆうじざい) 자유자재 | 曲(ま)げる 굽히다 | 伸(の)ばす 펴다 | 緻密(ちみつ) 치밀 | 機能(きのう) 기능 | 驚(おどろ)き 놀라움 | 工場(こうじょう) 공장 | 感覚器官(かんかくきかん) 감각기관 | 担(にな)う 담당하다 | 視覚(しかく) 시각 | 聴覚(ちょうかく) 청각 | かぐ 맡다 | 臭覚(しゅうかく) 후각 | 味覚(みかく) 미각 | 触(さわ)る 만지다 | 触覚(しょっかく) 촉각 | 五感(ごかん) 오감 | 直感(ちょっかん) 직감 | 霊感(れいかん) 영감 | 第六感(だいろっかん) 제육감 | 取(と)り入(い)れる 받아들이다 | 危険(きけん) 위험 | 察知(さっち) 알아차림 | 回避(かいひ) 회피 | 適切(てきせつ) 적절 | 選択(せんたく)する 선택하다 | 弱肉強食(じゃくにくきょうしょく) 약육강식 | 自然界(しぜんかい) 자연계 | 一歩(いっぽ) 한발 | 把握(はあく)する 파악하다 | 将来(しょうらい) 장래 | 予測(よそく) 예측 | 先見(せんけん)の明(めい) 선견지명 | 成(な)り行(ゆ)き 경과 | 見抜(みぬ)く 꿰뚫다 | 幅広(はばひろ)い 폭넓다 | 見識(けんしき) 식견, 학식과 견문 | 切(き)り開(ひら)く 개척하다 | 舞台(ぶたい) 무대 | 物質(ぶっしつ) 물질 | 工程(こうてい) 공정 | 排気(はいき)ガス 배기가스 | 作用(さよう) 작용 | 原理(げんり) 원리 | コンベヤー 컨베이어 | 一定(いってい) 일정 | 速度(そくど) 속도 | 消化(しょうか) 소화 | 対処(たいしょ)する 대처하다

표현 **～ずにはいられない**：~하지 않고는 있을 수 없다, ~해야 한다

そんなことを言われたら誰だって怒らずにはいられない。
저런 말을 들으면 누구라도 화내지 않고는 있을 수 없다.

子どもがテレビばかり見ていると「勉強しなさい」と言わずにはいられない。
아이가 TV만 보고 있으면 '공부하라'고 말하지 않을 수 없다.

～は言うまでもない：~은 말할 것도 없다, ~은 당연하다

娘がかわいいのは言うまでもない。딸이 귀여운 것은 말할 것도 없다.

彼がすぐれた芸術家であることは言うまでもない。그가 뛰어난 예술가라는 것은 말할 것도 없다.

～に加えて：~에 덧붙여, ~에다가

風に加えて雨も降って、寒い日だった。바람에다가 비까지 내려서 추운 날이었다.

電気代に加えて、ガス代まで値上がりした。전기요금에 더해 가스요금까지 올랐다.

해설 **질문 1**

'마치 자동차 공장과 같다'는 것이 어떤 것인지 묻는 문제입니다. 앞에서 생물의 각 신체기관의 역할에 대해서 이야기하고 나서, '어느 부분을 보더라도 치밀하게 만들어져서 각 기능을 다하고 있는 것에는 놀라지 않을 수 없다'고 했습니다. 즉 생물의 각 신체부위가 고유의 역할을 담당하는 것을 자동차 공장의 공정에서 각각 고유의 역할을 맡고 있는 것에 비유했습니다. 그러므로 정답은 각 기관이 각각의 공정에서 각각의 역할을 맡고 있다고 한 1번입니다.

정답 1

질문 2

'선견지명'이 의미하고 있는 바가 무엇인지 묻는 문제입니다. 바로 앞 부분에서 인간에게는 '사물을 보는 눈뿐만 아니라, 장래를 내다보고 예측하는 마음의 눈'이 있다고 하면서, 다른 말로 선견지명이라고도 한다고 했습니다. 1번 선견지명은 인간적인 매력이 아니며, 3번은 선견지명을 가진 사람이 지닌 능력이지 선견지명이 뜻하는 바가 아니고, 4번 사물을 보는 시력을 말하는 것도 아닙니다. 정답은 앞날에 대해 예측하고 대처하는 능력을 의미한다고 하는 2번입니다.

정답 2

질문 3

'이 두 개의 눈'이 무엇을 가리키는지 묻는 문제입니다. 질문2와도 연관이 있는데, '사물을 보는 눈뿐만 아니라, 장래를 내다보고 예측하는 마음의 눈'이 있다고 했으므로, 실제로 눈앞에 보이는 것을 보는 눈과 마음의 눈이라고 한 3번이 정답입니다.

정답 3

적중 예상 문제 05

15分

✎ 시간 안에 풀도록 연습하세요!

問題 次の文章を読んで、後の問いに対する答えとして最もよいものを、1・2・3・4から一つ選びなさい。

何か一つのことを結果が出るまで続けるのは想像以上に難しいことです。普通、人は1年の始めには新たな目標を掲げ、挑戦しようとするものです。しかし、年末まできちんと続けられる人はどのくらいいるでしょうか。「継続は力なり」「千里の道も一歩から」と昔から言われてきたように、少しずつでも続けることによって大きな力を発揮することは誰でもよく知っています。

それなのに、なぜ私たちは続けることができないのでしょうか。挫折するたびに自分はなんて意志が弱く、情けない人間なんだと自分自身を責めたくなります。

私自身、これまでの人生を振り返ってみると、英語の勉強をはじめ、健康のためのジム通いや、禁煙などに挑戦しては三日坊主で終わってしまいました。どれもかなりの決意を持って始めたにも関わらずです。例えば、英会話のクラスに通い始めた時のことです。まず、レベルテストを受け、自分に合うクラスに入り、最初の一ヶ月は楽しく通っていました。それが、だんだん仕事が忙しくなりだし、1週間休んだのをきっかけに、いつの間にか月に一度も行かなくなり、そのまま英語の勉強から遠のいてしまいました。

このように、やる気だけは誰にも負けないと思っていたのに、結局続かないということは<u>①「情熱」や「意志」とは関係がないのでは、</u>と考えるようになりました。どんなに強く決意したことでも、様々な事情により続けられないこともあるのです。

では、どうすればいいのかと悩み続けた結果、あることに気づきました。大切なのは、続けようとする行動にはっきりとした目的・目標があるかどうかということです。私の英会話の場合、時代に乗り遅れないように、そして英語ができたらかっこいいからと、なんとなく勉強を始めました。実際に英語を使って、何がしたいかと問われても、これといった目的がありませんでした。そのため、目の前の仕事に追われるうちにだんだん勉強が後回しになってしまったのです。意志より目的が大事だったのです。

そして、いきなり無理をせず、できることから始めてみるのも大切です。最初の情熱があるうちは何でもできるような気がして、急激な変化を求めがちです。が、それよりも、楽しみながら長く続ける環境を作り出す工夫の積み重ねが必要なのです。

問1 筆者が英語の勉強の継続に失敗した原因は何か。

1 勉強に対する情熱が冷めてしまったから
2 英語の勉強がだんだん面白くなくなったから
3 英語を勉強をする目的が特になかったから
4 勉強以外の誘惑に負けてしまったから

問2 ①「情熱」や「意志」とは関係がないのではとは、どういうことか。

1 いくらやる気を出しても「情熱」や「意志」が沸いてこない。
2 長続きしないのは、「情熱」や「意志」がないからである。
3 「情熱」と「意志」はそれぞれ何の関わりもない。
4 続けることは「情熱」や「意志」よりも目標に左右される。

問3 筆者がこの文章で一番言いたいことはどんなことか。

1 意志が弱いと何も成し遂げることができない。
2 続けることと意志とはあまり関係がない。
3 意欲だけは誰にも負けない自身がある。
4 挫折してしまっても自分を責めるのはよくない。

해석 뭔가 하나를 결과가 나올 때까지 계속하는 것은 상상이상으로 어려운 일입니다. 보통, 사람은 연초에는 새로운 목표를 내걸고 도전하고자 합니다. 하지만 연말까지 제대로 계속하는 사람은 몇 명 정도 있을까요? '계속은 힘이다' '천리 길도 한걸음부터' 라고 옛날부터 말해왔듯이 조금씩이라도 계속함으로써 큰 힘을 발휘한다는 것은 누구나 잘 알고 있습니다.

그런데도 왜 우리는 계속하지 못할까요? 좌절할 때마다 나는 정말로 의지가 약하고 한심한 인간이구나, 하고 자기자신을 자책하고 싶어집니다.

저 자신도 지금까지 인생을 되돌아보면 영어 공부를 비롯하여, 건강을 위해 체육관에 다니거나, 금연 등에 도전했지만 작심삼일로 끝나버렸습니다. 모두 상당한 결의를 가지고 시작했는데도 불구하고 말입니다. 예를 들면 영어회화반에 다니기 시작했을 때의 일입니다. 우선 레벨 테스트를 치고, 나에게 맞는 반에 들어가, 처음 한 달은 즐겁게 다녔습니다. 그런데 점점 일이 바빠지기 시작하여 1주일 동안 쉰 이후로 어느새 1달에 1번도 안 가게 되어 그대로 영어공부에서 멀어졌습니다.

이와 같이 의욕만은 누구에게도 지지 않을 것이라고 생각했었는데, 결국 계속되지 않는 것은 ①'정열'과 '의지'와는 관계가 없는 것이 아닌가,하고 생각하게 되었습니다. 아무리 굳게 결심한 것이라도 여러 가지 사정에 의해 계속할 수 없게 되는 경우도 있습니다.

그럼 어떻게 하면 될까, 하고 고민을 계속한 결과, 어떤 사실을 깨닫게 되었습니다. 중요한 것은 계속하고 하는 행동에는 확실한 목적이나 목표가 있는지 어떤지 하는 것입니다. 제 영어회화의 경우, 시대에 뒤떨어지지 않도록, 그리고 영어를 할 수 있으면 멋있으니까, 하고 막연하게 공부를 시작했습니다. 실제로 영어를 사용하여 무엇을 하고 싶나?는 질문을 받아도 이렇다 할 목적이 없었습니다. 그 때문에 눈 앞의 업무에 쫓기는 사이에 점점 공부는 뒷전이 되어버린 것입니다. 의지보다 목적이 중요했던 것이지요.。

그리고 갑자기 무리하지 말고 할 수 있는 것부터 시작해보는 것도 중요합니다. 처음 열정이 있는 동안은 뭐든지 할 수 있을 것 같은 기분이 들어서 급격한 변화를 찾게 되기 쉽습니다. 하지만 그것보다도 즐겁게 오래 계속하는 환경을 만들어내는 고안을 계속 쌓아가는 것이 필요합니다.

질문 1 필자가 영어 공부 계속하기를 실패한 원인은 무엇인가?

1 공부에 대한 열정이 식어버렸기 때문에
2 영어 공부가 점점 재미없어졌기 때문에
3 영어를 공부하는 목적이 특별히 없었기 때문에
4 공부 이외의 유혹에 져버렸기 때문에

질문 2 ①'열정'과 '의지'와는 관계가 없는 것이 아닌가란, 어떤 것인가?

1 아무리 해보려고 생각해봐도 '열정'과 '의지' 가 끓어오르지 않는다
2 계속되지 않는 것은 '열정'과 '의지' 가 없기 때문이다
3 '열정'과 '의지'는 각각 아무런 연관이 없다
4 계속하는 것은 '열정'과 '의지' 보다 목적에 좌우된다

질문3 필자가 이 문장에서 가장 하고 싶은 말은 어떤 것인가?

1 의지가 약하면 아무것도 이루어낼 수 없다
2 계속하는 것과 의지와는 별로 관계가 없다
3 의욕만은 누구에게도 지지 않을 자신이 있다
4 좌절했다고 하더라도 자책하는 것은 좋지 않다

어휘 結果(けっか) 결과 | 想像(そうぞう) 상상 | 以上(いじょう) 이상 | 新(あら)たな 새로운 | 目標(もくひょう) 목표 | 掲(かか)げる 내걸다 | 挑戦(ちょうせん)する 도전하다 | 年末(ねんまつ) 연말 | 継続(けいぞく) 계속 | 千里(せんり)の道(みち) 천리길 | 一歩(いっぽ) 한걸음 | 発揮(はっき)する 발휘하다 | 挫折(ざせつ)する 좌절하다 | なんて 얼마나(감탄사) | 意志(いし) 의지 | 情(なさ)けない 한심하다 | 責(せ)める 책망하다 | 振(ふ)り返(かえ)る 뒤돌아보다 | ジム 체육관 | 禁煙(きんえん) 금연 | 三日坊主(みっかぼうず) 작심삼일 | 決意(けつい) 결의 | 遠(とお)のく 멀어지다 | やる気(き) 의욕 | 負(ま)けない 지지 않다 | 情熱(じょうねつ) 열정 | 事情(じじょう) 사정 | 目的(もくてき) 목적 | 目標(もくひょう) 목표 | 乗(の)り遅(おく)れる 뒤떨어지다 | 追(お)われる 쫓기다 | 後回(あとまわ)し 뒷전 | 急激(きゅうげき) 급격 | 変化(へんか) 변화 | 積(つ)み重(かさ)ねる 쌓아 올리다 | 原因(げんいん) 원인 | 冷(さ)める 식다 | 誘惑(ゆうわく) 유혹 | 沸(わ)く 끓다 | 長続(ながつづ)きする 오래 계속하다 | 左右(さゆう)する 좌우하다 | 成(な)し遂(と)げる 이루다 | 意欲(いよく) 의욕

표현 なんて、~なんだ : 얼마나 ~한가(감탄을 나타냄)

夕日はなんてきれいなんだ。저녁노을은 얼마나 아름다운가.

なんて面白い映画なんだろう。何回見ても飽きない。얼마나 재미있는 영화인가. 몇 번을 봐도 질리지 않는다.

~をはじめ : ~을 비롯해서

彼は味噌汁をはじめ日本料理なら何でも作れる。그는 된장국을 비롯하여 일본요리라면 뭐든지 만들 수 있다.

動物園にはパンダをはじめ、子ども達に人気がある動物がたくさんいます。
동물원에는 팬더를 비롯하여 어린이들에게 인기 있는 동물이 많이 있습니다.

~がち : ~하기 쉬운, ~하는 경향이 있는

子どもの頃は病気がちで、よく学校を休みました。어릴 적에는 곧잘 아파서 자주 학교를 쉬었습니다.

この間違いは、初心者にありがちなことだ。이런 잘못은 초보자에게 있을 법한 일이다.

해설 **질문 1**

필자가 영어 공부 계속하기를 실패한 원인이 무엇인지 묻는 문제입니다. 필자는 처음에는 의욕에 넘쳐서 열심히 영어회화 공부를 하고자 했으나, '영어를 배우는 이렇다 할 목적이 없었기 때문에 눈 앞의 업무에 쫓기는 사이에 점점 공부가 뒷전이 되어버렸다'고 했습니다. 그러므로 영어를 공부하는 목적이 특별히 없었기 때문이라고 한 3번이 정답입니다.

정답 3

질문 2

'열정과 의지와는 관계가 없는 것이 아닌가'라는 것이 어떤 것인지 묻는 문제입니다. 앞에서 의욕만 있으면 잘 될 줄 알았는데, '결국 계획했던 일을 계속하지 못하는 것은 열정과 의지와는 관계가 없는 것이 아닌가' 하고 의아하게 생각하고 있습니다. 그 다음 단락에서 그것은 바로 확실한 목적이나 목표가 있어야만 되는 일이라고 말하고 있습니다. 즉 열정이나 의지만 있다고 해서 어떤 일을 계속할 수 있는 것이 아니라, 목적이나 목표가 있어야지 된다는 것입니다. 그러므로 정답은 계속하는 것은 열정과 의지보다 목적에 좌우된다고 한 4번입니다.

정답 4

질문 3

필자가 이 문장에서 가장 하고 싶은 말이 무엇인지 묻는 문제입니다. 위의 질문과도 이어지는 내용이지만, 필자는 열정과 의지보다 목표와 목적이 어떤 일을 계속하게 만드는 원동력이라고 했습니다. 1번 의지가 약한 경우에 관한 언급보다는 목적이 약한 경우에 대해서 말하고 있으며, 3번 의욕이 넘쳤다고 한 필자의 경험이 잠깐 나왔지만 그것이 주된 주장은 아니며, 4번 내용에 관한 언급은 없었습니다. 정답은 계속하는 것과 의지와는 별로 관계가 없다고 한 2번입니다.

정답 2

시나공법 05

정보 검색

5번째 문제 유형은 〈정보 검색〉 입니다. 정보검색 문제에서는 700자 정도의 광고, 팸플릿, 비즈니스 문서 등의 정보문을 읽고 필요한 정보를 찾아내서 질문에 답합니다. 이 문제는 새롭게 출제되는 유형인데, 실생활에서 자주 볼 수 있는 안내문 등을 읽고 꼭 필요한 정보를 찾아내는 문제라서, 과제수행을 위한 언어소통 능력을 측정하는 데 중점을 두는 쪽으로 개정된 신시험의 취지에 들어맞는 문제입니다. 긴 문장이 아니기 때문에 깊이 읽을 필요는 없지만, 질문문에서 요구하는 부분은 꼼꼼하게 읽어야 합니다.

정보 검색은 7분 동안에 풀도록 합니다. 700자의 지문 1개와 지문에 달린 문제 2문항을 7분 동안에 읽고 푸는 것이므로, 7분 안에 차분하게 풀어내도록 연습하세요. 평소 일본 포털사이트 등을 통해 광고나 정보문에 관심을 갖고 준비하면 좋겠습니다.

시나공법
05

문제 유형 파악하기

문제 유형5는 정보검색 문제로 1개의 지문에서 2문제가 출제될 예정입니다. 700자 정도의 정보문을 읽고 필요한 정보를 찾아낼 수 있는지를 묻는 문제입니다.

시험에 이렇게 나온다!

❶ 700자 정도의 광고, 팸플릿 정보지, 비즈니스 문서 등의 정보문이 제시됩니다.

問題 右のページは市立図書館の利用案内である。下の問いに対する答えとして最もよいものを、1·2·3·4から一つ選びなさい。

問1 3冊の本を3日間遅れて返却した場合、とられる処置として正しいものはどれか。

1 3日間の貸し出し停止
2 9日間の貸し出し停止
3 30円の延滞料金支払い
4 60円の延滞料金支払い

問2 図書館の利用に関する内容として正しいものはどれか。

1 会員カードの発行はインターネットを通して行うことができる。
2 延長手続きをとった場合、最大3週間図書を借りることができる。
3 図書館にある本ならホームページから2冊まで予約することができる。
4 中学生の場合、学生証と手数料を支払えば図書カードを発行できる。

❷ 문제는 1개의 지문에 2문제가 출제되며, 꼭 필요한 정보를 정확하게 찾아낼 수 있는지를 묻는 문제가 주로 출제됩니다.

市立図書館　利用案内

会員カード発行案内

□加入対象：どなたでも

□加入方法：図書館のホームページより会員加入後、図書館にて会員カードを発行します。
(発行は図書館内1, 2, 3階にある受付デスクどこででも可能)

□必要書類：【一 般 会 員】ご本人のお名前と住所が確認できる文書をお持ちください。(運転免許証、学生証ど)
【小学生以下】健康保険証＋保護者の同意書
【外　国　人】外国人登録証明書カード

□再発行：ご本人のお名前と住所が確認できる文書＋手数料200円

□登録変更：ご本人であることと新しい住所や氏名が確認できるもの、会員カードを受付デスクにお持ちください。
注1) 全てご本人による手続きを原則とします。

貸し出し案内

□貸し出し：一人4冊まで、14日間借りることができます。
会員カードと図書を貸し出しカウンターへお持ちください。
※会員カードを忘れると、図書を借りることができません。
※(館内)のラベルがある図書と、雑誌の最新号は館内でのみご利用ください。

□延　　長：7日間 1回のみ可能(訪問、ホームページ、電話で)
※ただし、予約図書または返却期限を過ぎた図書の場合は延長できません。

□予　　約：一人2冊まで予約の申し込みが可能。(訪問、ホームページで)
図書の用意ができたときに、メールでご連絡します。
※予約サービスはご希望の図書が本棚にないときのみ可能

□延　　滞：貸し出し中止または延滞料支払いのうち、利用者が選択
①貸し出し中止：延滞日数×延滞冊数
②延滞料：延滞日数×延滞冊数×10円
※延滞図書を図書返却箱に返却した場合は、自動で貸し出し停止処理されます。

해석 **질문 1** 3권의 책을 3일 늦게 반납했을 경우에 취해지는 조치로서 올바른 것은 어느 것인가?

1 3일간의 대출정지
2 9일간의 대출정지
3 30엔의 연체료 지불
4 60엔의 연체료 지불

질문 2 도서관 이용에 관한 내용으로서 올바른 것은 어느 것인가?

1 회원카드 발급은 인터넷을 통해서 할 수 있다.
2 연장수속을 취했을 경우 최대 3주간 도서를 빌릴 수 있다.
3 도서관에 있는 책이라면 홈페이지에서 2권까지 예약할 수 있다.
4 중학생의 경우 학생증과 수수료를 지불하면 도서카드를 발급받을 수 있다.

시립도서관 이용안내

회원카드 발급안내

□가입대상 : 누구나
□가입방법 : 도서관 홈페이지에서 회원가입 후, 도서관에서 회원카드를 발급합니다.
(발급은 도서관내 1, 2, 3층에 있는 접수데스크 어디서나 가능)
□필요서류 : 【일반회원】 본인의 이름과 주소를 확인할 수 있는 문서를 지참해 주십시오
(운전면허증, 학생증 등)
【초등학생 이하】 의료보험증+보호자의 동의서
【외 국 인】 외국인등록증명서 카드
□재 발 급 : 본인의 이름과 주소를 확인할 수 있는 문서 + 수수료 200엔
□등록변경 : 본인임과 새 주소나 이름을 확인할 수 있는 것,
회원카드를 접수데스크에 지참해 주십시오.
주 1) 모두 본인이 수속하는 것을 원칙으로 합니다.

대출안내

□대　　출 : 1인 4권까지 14일간 빌릴 수 있습니다.
회원카드와 도서를 대출카운터로 가지고 오십시오.
※회원카드를 분실하면 도서를 빌릴 수 없습니다.
※(관내)라벨이 붙은 도서와 잡지 최신호는 관내에서만 이용바랍니다.
□연　　장 : 7일간 1회만 가능(방문, 홈페이지, 전화로)
※단, 예약도서 또는 반납기한이 지난 도서의 경우에는 연장할 수 없습니다.
□예　　약 : 1인 2권까지 예약신청 가능(방문, 홈페이지에서)
도서 준비가 되면 메일로 연락 드리겠습니다.
※ 예약서비스는 희망하시는 도서가 서가에 없을 때만 가능
□연　　체 : 대출중지 또는 연체료 지불 중에서 이용자가 선택
①대출정지 : 연체일수×연체책수
②연체료 : 연체일수×연체책수×10엔
※연체도서를 도서반납함에 반납했을 경우에는 자동으로 대출정지 처리됩니다.

어휘 発行(はっこう) 발행, 발급 | 加入(かにゅう) 가입 | 対象(たいしょう) 대상 | 受付(うけつけ) 접수 | デスク 데스크 | 可能(かのう) 가능 | 免許証(めんきょしょう) 면허증 | 健康保険証(けんこうほけんしょう) 의료보험증 | 保護者(ほごしゃ) 보호자 | 同意書(どういしょ) 동의서 | 登録(とうろく) 등록 | 再発行(さいはっこう) 재발행 | 手数料(てすうりょう) 수수료 | 変更(へんこう) 변경 | 原則(げんそく) 원칙 | 貸(か)し出(だ)し 대출 | 館内(かんない) 관내 | ラベル 라벨 | 延長(えんちょう) 연장 | 返却期限(へんきゃくきげん) 반납기한 | 希望(きぼう) 희망 | 本棚(ほんだな) 책꽂이, 서가 | 延滞(えんたい) 연체 | 選択(せんたく) 선택 | 中止(ちゅうし) 중지 | 停止(ていし) 정지 | 返却箱(へんきゃくばこ) 반납함 | 処置(しょち) 처치, 조치

표현 경어표현

ご/お～ください : ~해 주십시오 (정중하게 명령할 때 쓰는 말)

ご利用ください (이용해주십시오)

お持ちください (가지고 오십시오)

※ お持ちください는 持ってきてください(가지고 오십시오) 의 특별한 표현으로, 持ってください(가지십시오, 들으세요) 와는 다른 뜻입니다.

해설 **질문 1**

늦게 반납했을 경우이므로 대출안내 중 연체 부분을 살펴보면 됩니다. 책 3권을 3일 연체했기 때문에 9일간(연체일수×연체책수=3일×3권=9일) 대출을 정지당하거나 아니면 연체료(연체일수×연체책수×10엔=3일×3권×10엔=90엔)를 내면 됩니다. 그러므로 정답은 2번 9일간의 대출정지입니다. **정답** 2

질문 2

도서관 이용에 관한 전반적인 내용이므로 회원카드 발행안내와 대출안내를 꼼꼼히 살펴봐야 합니다. 1번 회원가입은 인터넷으로 하지만 발급은 직접 방문해서 수속하라고 했고, 3번 도서관 서가에 없는 책이라야만 예약할 수 있다고 했으며, 4번 수수료는 처음 회원카드 발급 시에는 필요하지 않고 재발급 받을 때만 필요한 것입니다. 정답은 2번 기본 대출기간 14일에 7일 더 연장할 수 있기 때문에 21일 즉 3주가 됩니다.

정답 2

TIP 필요한 정보를 정확하고 빨리 찾아낼 수 있는지를 알아보는 문제입니다.

정보검색 문제에서는 700자 정도의 광고, 팸플릿, 정보지, 비즈니스 문서 등의 정보문을 읽고 필요한 정보를 찾아내서 질문에 답합니다. 이 문제는 새롭게 출제되는 유형인데, 실생활에서 자주 볼 수 있는 안내문 등을 읽고 꼭 필요한 정보를 찾아내는 문제라서, 과제수행을 위한 언어소통 능력을 측정하는데 중점을 두는 쪽으로 개정된 신시험의 취지에 들어맞는 문제입니다. 긴 문장이 아니기 때문에 깊이 읽을 필요는 없지만, 질문문에서 요구하는 부분은 꼼꼼하게 읽어야 합니다.

1. 가장 먼저 전체적인 내용을 신속하게 파악하자

처음부터 모든 내용을 자세하게 읽을 필요는 없으며 전체적으로 어떤 내용에 관해 이야기하고 있는지를 제목과 더불어 살펴봅니다. 실생활 속에서 접할 수 있는 많은 정보지를 보고 필요한 정보를 정확하고 빨리 찾아낼 수 있는지를 알아보는 문제이므로, 큰 제목과 소제목을 훑어보면서 어느 부분에 어떤 정보가 쓰여 있는지 우선 파악을 해놓습니다.

예제를 보면 큰 제목은 '도서관의 이용방법'인데, 구체적으로는 크게 '회원카드 발급'과 '대출'에 관한 안내를 하고 있습니다. 처음 살펴볼 때는 '회원카드 발급'에서는 가입대상, 가입방법, 필요서류, 재발급, 등록변경에 대해 안내하고, '대출'에서는 대출, 연장, 예약, 연체에 관한 안내를 하고 있구나, 정도로 이해하면 될 것입니다.

2. 다음으로 질문 해당 부분을 빨리 읽는다

전체적인 내용을 한번 살펴본 후에 이번에는 질문문으로 눈을 돌립니다. 질문문에서 요구하는 정보가 무엇인지 정확하게 파악한 후에 이제는 해당 본문을 꼼꼼하게 읽도록 합니다. 예제의 첫 번째 질문문의 경우 연체했을 때의 조치에 대해 묻고 있으므로, '대출안내'의 '연체' 부분에만 한정해서 선택지와 하나하나 대조해가면서 맞춰보면 되며, 두 번째 질문문의 경우에는 전반적인 도서관 이용에 관한 문제이기 때문에 선택지 1번부터 차례대로 읽어보고 그에 해당되는 내용을 본문 내용과 비교 검토해 보면서 정답을 찾습니다.

문제에 관한 부분 이외는 시간 절약을 위해 별로 신경을 쓰지 않아도 되지만, 이 때 다음과 같은 ※, 手数料200円, 주 1), ただし, (방문, 홈페이지에서) 등, 즉 기호, 밑줄, 주의, 접속사, 괄호와 같은 부분의 내용이 정답과 관련된 경우가 있으므로 이런 부분은 반드시 주의 깊게 읽도록 합니다.

질문문은 주로 '~할 때에는 무엇이 필요한가?', '~할 수 있는 것은 다음 중 누구인가?', '~에 대한 설명 중 올바른 것은 무엇인가?' 등을 들 수 있습니다. 신시험 기출문제를 보면, 구체적인 예로는 다음과 같은 질문문을 들 수 있습니다.

~について、正しいものはどれか。
~에 대해서 올바른 것은 어느 것인가?

~がしなければならないことは何か。
~가 해야 하는 일은 무엇인가?

이와 같이 크게 전체적인 내용을 묻는 질문이 있는가 하면, 반면에 다음과 같이 세세한 부분에 대한 질문도 있습니다.

~を作るとき何が必要か。
~를 만들 때 무엇이 필요한가?

~をすれば、~することができるか。
~를 하면 ~할 수 있는가?

~をしたい場合にはいつどこへ行けばいいのか。
~를 하고 싶을 경우에는 언제 어디로 가면 되는가?

3. 평소에 정보문을 자주 접하자

정보문이라고 하면, 전단지, 팸플릿, 신문이나 잡지, 인터넷의 광고, 안내문, 기관의 안내책자 등등 우리의 일상생활에서 흔히 접할 수 있는 문서들입니다. 하지만, 우리가 일본현지에 살고 있는 것이 아니기 때문에 일본어로 된 정보문을 쉽게 접하기는 어렵습니다. 그렇다고 해서 전혀 방법이 없는 것은 아닙니다. 가장 손쉬운 방법은 일본의 유명한 포털사이트 몇 군데를 즐겨찾기로 설정해 놓고 시간이 날 때마다 방문해보는 것도 좋은 공부가 되리라 생각합니다. 왜냐하면 우리나라도 그렇듯이 일본 포털사이트에도 광고가 많이 있어서 클릭만 하면 자세한 정보가 잔뜩 실린 정보문이 바로 열리기 때문입니다. 또 하나, 서울의 명동이나 유명 관광지, 외국인안내소 등 일본어로 된 팸플릿을 무료로 배부하는 곳을 방문할 때마다 꼭 하나씩 얻어와서 두고두고 읽어보도록 합니다.
그리고 광고 등을 보게 될 경우에 그저 바라보기만 하는 것이 아니라, 만약에 이런 조건으로 신청한다면 어떻게 될까? 라는 식으로 설정을 상정하거나, 자신의 경우에 대입해보면서 필요한 정보를 찾아내는 연습을 하면 많은 도움이 될 것입니다.
간간히 어려운 단어와 한자가 나올 수도 있지만, 정보문의 제목과 전체적인 내용으로 미루어볼 때 쓰일 만한 단어는 거의 정해져 있으므로 모르는 단어가 나오더라도 당황하지 말고 눈치껏 읽어나가도록 합니다. 또한 그 단어를 알아야만 풀 수 있는 문제가 있는 반면, 몰라도 전혀 문제가 없는 경우도 있으니 단어 하나에만 매달리기 보다는 넓은 시야를 가지고 풀어가면 될 것입니다. 그리고 본인이 실제로 질문문에서 요구하는 어떤 정보를 꼭 얻어야만 하는 상황이라고 생각하면서 문제를 풀다 보면 좀더 집중할 수 있을 것입니다.

7分

✐ 시간 안에 풀도록 연습하세요!

問題 右のページは、医療保険の案内である。下の問いに対する答えとして最もよいものを、1·2·3·4から一つ選びなさい。

問1 医療保険プランAの内容として合っているものはどれか。

1 死亡した際には、お葬式代がコース別に遺族の人たちへ支払われる。

2 検査のため入院した場合、３ヶ月までは入院費が毎日支払われる。

3 どんな手術を受けた場合でも、手術費を受け取ることが出来るわけではない。

4 保険料は１０年ごとに更新され、値段はどんどん上がっていく。

問2 この医療保険に加入して受けられるサービスに関するもので正しいものはどれか。

1 ２４時間いつでも専門カウンセラーによる面談カウンセリングが受けられる。

2 突然体調が悪くなった場合、医師や看護師による応急処置が受けられる。

3 医師による健康に関する相談は電話でのみ受けることができる。

4 保険の加入に関する相談は直接会社へ訪問しなければならない。

医療保険プランA

本当に必要な入院と手術のみを保障するシンプルな医療保険
安い保険料と充実のサービスでサポートします！

保険期間と保険料

①安心の医療保障が、一生にわたって続きます。「長期的視野で老後のことを考えた医療保険を準備したい」という方におすすめです。

②家計にやさしい保険料でご準備いただけます。更新がないため、保険料は一生涯上がりません。例えば、加入時の年齢が

30歳男性の場合：月々　2300円		女性の場合：月々　2200円
40歳男性の場合：月々　3400円		女性の場合：月々　3200円
50歳男性の場合：月々　4500円		女性の場合：月々　4300円

注意事項：表示の保険料は一例であり、年齢・性別・保障内容など条件によって異なります。詳しくは資料をご請求ください。

医療保障

入院保障

日額5000円：病気やケガの治療を目的に入院した場合に1日目から90日目まで保障

手術保障

手術の種類により：5万円・10万円・20万円
日帰り手術を含め、対象の89種類の手術を受けた場合に保障

*** 必要な方はこちらもどうぞ ***
死亡保険：ご自身のもしもに備えて、ご遺族の方が少ない負担でお葬式を用意できる保険です。
コースは3種類：100万円コース　200万円コース　300万円コース

サポートサービス

健康や医療についてのさまざまな相談が受けられる無料サービスです。

① 24時間健康相談：医師や看護師の有資格者が、健康や医療のご相談のお電話に24時間お応えします。

② 心のサポート：電話、または全国各地での面談カウンセリングで、専門家によるメンタルケアが受けられます。

③ 保険相談：電話、またはご来社による面談で、保険に関するご相談をお受けします。

해석 질문 1 의료보험 플랜A의 내용으로서 알맞은 것은 어느 것인가?

1 사망했을 때 장례식 비용이 코스별로 유족들에게 지불된다.
2 검사를 위해 입원했을 경우 3개월까지는 입원비가 매일 지불된다.
3 어떤 수술을 받는 경우에나 수술비를 받을 수 있는 것은 아니다.
4 보험료는 10년 단위로 갱신되며 요금이 점점 올라간다.

질문 2 이 의료보험에 가입해서 받을 수 있는 서비스에 관한 것으로서 올바른 것은 어느 것인가?

1 24시간 언제나 전문 상담원으로부터 면담 상담을 받을 수 있다.
2 갑자기 몸이 안 좋아졌을 경우, 의사나 간호사에 의한 응급처지를 받을 수 있다.
3 의사에 의한 건강상담은 전화로만 받을 수 있다.
4 보험 가입에 관한 상담은 직접 회사로 방문해야 한다.

의료보험 플랜A

정말로 필요한 입원과 수술만을 보장하는 심플한 의료보험.
싼 보험료와 실속 있는 서비스로 지원하겠습니다 !

보험기간과 보험료

① 안심할 수 있는 의료보장이 일생 동안 계속됩니다. '장기적인 시야에서 노후를 생각한 의료보험을 준비하고 싶은' 분께 추천합니다.
② 가계에 부담이 없는 보험료로 준비하실 수 있습니다. 갱신을 하지 않기 때문에 보험료는 평생 오르지 않습니다. 예를 들면 가입시의 연령이

30세 남성의 경우 : 월 2300엔 여성의 경우 : 월 2200엔
40세 남성의 경우 : 월 3400円 여성의 경우 : 월 3200엔
50세 남성의 경우 : 월 4500円 여성의 경우 : 월 4300엔

주의사항 : 표시한 보험료는 하나의 예이며, 연령 · 성별 · 보장내용 등 조건에 따라 달라집니다. 자세한 사항은 자료를 청구해 주십시오.

의료보장

입원보장

1일 5000엔 : 병이나 사고 치료를 목적으로 입원한 경우에 첫날부터 90일까지 보장

수술보장

수술 종류에 따라 : 5만엔 · 10만엔 · 20만엔
당일 수술을 포함하여, 대상이 되는 89종류의 수술을 받았을 경우에 보장

*** 필요한 분은 이쪽도 참고하세요 ***
사망보험 : 본인의 만약의 경우에 대비해서 유족분들이 적은 부담으로 장례식을 준비할 수 있는 보험입니다.
코스는 3종류 : 100만엔 코스 200만엔 코스 300만엔 코스

지원 서비스

건강과 의료에 관한 여러 가지 상담을 받을 수 있는 무료 서비스입니다.
① 24시간 건강상담 : 자격증이 있는 의사와 간호사가 건강과 의료 상담전화를 24시간 해드립니다.
② 심리적 지원 : 전화, 또는 전국각지에서 받는 면담 상담으로서, 전문가에 의한 심리 치료를 받을 수 있습니다.
③ 보험상담 : 전화 또는 회사방문을 통한 면담으로서, 보험에 관한 상담을 받습니다.

어휘 手術(しゅじゅつ) 수술 | 保障(ほしょう)する 보장하다 | シンプルだ 심플하다 | 医療保険(いりょうほけん) 의료보험 | 充実(じゅうじつ) 충실하다, 실속있다 | サポートする 지원하다 | 一生(いっしょう) 평생 | 長期的(ちょうきてき) 장기적 | 視野(しや) 시야 | 老後(ろうご) 노후 | おすすめ 권장 | 家計(かけい) 가계 | 更新(こうしん) 갱신 | 一生涯(いっしょうがい) 한평생 | 月々(つきづき) 다달이 | 注意事項(ちゅういじこう) 주의사항 | 表示(ひょうじ) 표시 | 一例(いちれい) 일례 | 条件(じょうけん) 조건 | 異(こと)なる 다르다 | 請求(せいきゅう) 청구 | 日額(にちがく) 1일 금액 | 日帰(ひがえ)り 당일치기 | 含(ふく)める 포함하다 | 対象(たいしょう) 대상 | 死亡(しぼう) 사망 | 備(そな)える 대비하다 | 遺族(いぞく) 유족 | 負担(ふたん) 부담 | お葬式(そうしき) 장례식 | 医師(いし) 의사 | 看護師(かんごし) 간호사 | 有資格者(ゆうしかくしゃ) 유자격자 | 応(こた)える 응하다 | 各地(かくち) 각지 | 面談(めんだん) 면담 | カウンセリング 상담, 카운셀링 | 専門家(せんもんか) 전문가 | メンタルケア 심리치료 | 来社(らいしゃ) 내사, 회사방문 | ～ごとに ~마다 | どんどん 점점 | 突然(とつぜん) 갑자기 | 体調(たいちょう) 컨디션 | 応急処置(おうきゅうしょち) 응급처치

표현 ～にわたって : ~에 걸쳐서 (장소, 기간, 어떤 사항 등이 어떤 범위 전체에 미치는 것을 나타냄)

開店3周年を記念し、1ヶ月にわたってイベントを開催しています。
개점 3주년을 기념하여 한 달에 걸친 이벤트를 개최하고 있습니다.

海外移住のため、長期にわたって英語を勉強しています。
해외이주를 위해 장기간에 걸쳐 영어를 공부하고 있습니다.

경어 표현

① ご/お～ください : ~해주십시오(상대방에게 정중하게 부탁, 지시,명령할 경우에 사용하는 존경 표현)
ご請求ください (청구해주십시오)　　ご確認ください (확인해주십시오)

② ご/お～します : ~하겠습니다 (내가 상대에게 어떤 일을 해줄 경우에 사용하는 겸양 표현)
お応えします (응하겠습니다)　　お受けします (받겠습니다)

③ ご/お+명사 : 명사 앞에 お나 ご를 붙여서 경의를 표함
ご準備, ご自身, ご遺族, お葬式, ご相談, お電話, ご来社

해설 **질문 1**

의료보험 플랜A의 전체적인 내용에 대해 알맞은 것을 고르는 문제입니다. 1번 사망 시에 코스별로 장례비용이 지급되는 것이 아니라, 사망보험 가입하는데 3가지 코스가 있다는 것이고, 2번 입원보장에서 병이나 사고치료를 목적으로 입원한 경우에는 보험료가 지급되지만, 검사를 위한 입원에서는 지급되지 않으며, 4번 본문의 밑줄 친 부분에서 보험료는 한평생 오르지 않는다고 했습니다. 정답은 3번 수술보장은 대상이 되는 89종류의 수술에만 해당되기 때문에 어떤 수술이든 간에 다 보장 받을 수 있는 것은 아닙니다.

정답 3

질문 2

의료보험 가입 후에 받을 수 있는 서비스에 관한 설명 중에서 올바른 것을 고르는 문제입니다. 아래쪽의 지원 서비스 부분을 보면, 1번 지원서비스에서 24시간 받을 수 있는 것은 전화상담이고, 2번 의사나 간호사로부터 상담은 받을 수 있지만 응급처치는 받을 수 없으며, 4번 보험가입 상담은 전화 또는 회사방문 두 가지 다 가능합니다. 정답은 의사에 의한 건강상담은 전화로만 가능하다고 한 3번입니다.

정답 3

7分

✎ 시간 안에 풀도록 연습하세요!

問題 右のページは、自然の森観光ウォーカー認定の案内である。下の問いに対する答えとして最もよいものを、1·2·3·4から一つ選びなさい。

問1 観光ウォーカーに認定されるための手続きとして正しいものはどれか。

1 スタンプを集めた後、ホームページにおいて認定登録の申し込みをする。
2 スタンプを押して集めたシート10枚を登録申込書とともに郵送する。
3 まずはホームページで認定登録申込書をダウンロードすることから始める。
4 森を歩く前に、森の全体マップとスタンプシートをプリントしておく。

問2 観光ウォーカーの認定登録に関する内容として正しいものはどれか。

1 スタンプは全体が見えるものに限り登録有効となる。
2 登録された人は全員市のホームページに名前が載る。
3 家族や友人と一緒に登録すると登録料が割引される。
4 中学生以下は保護者の同意がないと登録できない。

いずみ市自然の森観光ウォーカー認定

いずみ市自然の森を歩いて一周した方を、いずみ市が「自然の森観光ウォーカー」として認定します。美しい森を歩きながら、植物、昆虫、野鳥といった身近な生き物や、それらを取り巻く環境を観察し、自然とのふれあいをお楽しみください。

スタート

まずは、インターネットからいずみ市のホームページに入り、「いずみ市自然の森の全体マップ」と「スタンプシート」をダウンロードして手に入れましょう。（ホームページ→http:www//izumishi/moriwalker~/jp）

いずみ市自然の森を一周歩いて、各スタンプポイントで「スタンプシート」にスタンプを押しましょう。
自然の森一周はどこから始めても、何日かかってもOK

15のスタンプポイントのうち、10箇所のスタンプが集まったら、ホームページでダウンロードした「認定登録申込書」に必要事項を記入して、スタンプシートと同封して申し込んでください。
※認定登録料1000円が必要になります。（中学生以下は800円）

ゴール

全ての条件をみたしていれば、あなたもいずみ市自然の森ウォーカーです。記念品と賞状が届き、希望者はホームページに認定者としてお名前が掲載されます。

※注意※
- スタンプシートはお一人様につき一枚ずつ必要です。
- ご家族・ご友人等と一緒に認定登録申込書をまとめて郵送される場合は、申込書の枚数と振り込み料金が一致するようにお願いいたします。
- スタンプの全体がはっきり見えるように押されたもののみ有効となります。スタンプを押す際、ご注意ください。
- ご自分の健康状態や天候、安全等に十分注意して、決して無理をされないよう自己の責任において実施してください。

해설 **질문 1** 관광워커로 인정받기 위한 절차로서 올바른 것은 어느 것인가?

1 스탬프를 모은 후에 홈페이지에서 인정등록신청을 한다.
2 스탬프를 찍어서 모은 시트 10장을 등록신청서와 함께 우송한다.
3 우선은 홈페이지에서 인정등록신청서를 다운로드하는 일부터 시작한다.
4 숲을 걷기 전에 숲 전체지도와 스탬프 시트를 프린트 해둔다.

질문 2 관광워커의 인정등록에 관한 내용으로서 올바른 것은 어느 것인가?

1 스탬프는 전체가 보이는 것에 한해 등록이 유효하다.
2 등록된 사람은 전원 시 홈페이지에 이름이 게재된다.
3 가족이나 친구와 함께 등록하면 등록료를 할인받는다.
4 중학생 이하는 보호자의 동의가 없으면 등록할 수 없다.

이즈미시 자연숲 관광워커 인정

이즈미시 자연숲을 걸어서 일주한 분을 이즈미시가 '자연숲 관광워커'로 인정합니다. 아름다운 숲을 걸으면서 식물과 곤충, 들새와 같은 친근한 생물과, 그를 둘러싼 환경을 관찰하면서 자연과의 교류를 즐기시기 바랍니다.

출발

우선은 인터넷에서 이즈미시 홈페이지에 들어가서 '이즈미시 자연숲 전체 지도'와 '스탬프 시트'를 다운로드해서 손에 넣읍시다.(홈페이지→http:www//izumishi/moriwalker~/jp)

⬇

이즈미시 자연숲을 한 바퀴 돌고 각 스탬프 포인트에서 스탬프 시트에 스탬프를 찍읍시다.
자연숲 일주코스는 어디에서 출발하든지, 며칠 걸리든지 상관없습니다.

⬇

15개의 스탬프 포인트 중에서 10군데 스탬프가 모아지면 홈페이지에서 다운로드한 '인정등록신청서'에 필요사항을 기입하여 스탬프시트와 동봉하여 신청해주십시오.
※인정등록료 1000엔이 필요합니다.(중학생 이하는 800엔)

도착

모든 조건이 충족되었다면 당신도 이즈미시 자연숲 워커입니다. 기념품과 상장을 받게되며, 희망자는 홈페이지에 인정자로 이름이 게재됩니다.

※주의※
- 스탬프 시트는 1명당 1장씩 필요합니다.
- 가족 · 친구 등과 함께 신청서를 한번에 모아서 우송하실 경우에는 인정등록신청서의 매수와 입금 요금이 일치하도록 부탁 드립니다.
- 스탬프 전체가 확실하게 보이도록 찍힌 것만 유효합니다. 스탬프를 찍을 때 주의하여 주십시오.
- 자신의 건강상태나 날씨, 안전 등에 충분히 주의하고, 절대로 무리를 하지 않도록 자기책임하에 실시하여 주십시오.

어휘 ウォーカー 워커 | 認定(にんてい) 인정 | 一周(いっしゅう)する 일주하다 | ウォーカー 워커 | 昆虫(こんちゅう) 곤충 | 野鳥(やちょう) 들새 | 身近(みぢか) 친근함 | 取(と)り巻(ま)く 둘러싸다 | 環境(かんきょう) 환경 | 観察(かんさつ)する 관찰하다 | ふれあい 교류 | マップ 맵, 지도 | スタンプシート 스탬프 시트 | ダウンロード 다운로드 | スタンプポイント 스탬프 포인트 | 押(お)す 찍다 | 箇所(かしょ) 군데 | 登録(とうろく) 등록 | 記入(きにゅう)する 기입하다 | 同封(どうふう)する 동봉하다 | みたす 충족하다 | 賞状(しょうじょう) 상장 | 掲載(けいさい)する 게재하다 | まとめる 모으다 | 郵送(ゆうそう)する 우송하다 | 枚数(まいすう) 매수 | 振(ふ)り込(こ)み 입금 | 一致(いっち)する 일치하다 | 有効(ゆうこう) 유효 | 天候(てんこう) 날씨 | 決(けっ)して 절대로 | 無理(むり)する 무리하다 | 自己(じこ) 자기 | 責任(せきにん) 책임 | 実施(じっし)する 실시하다 | 手続(てつづ)き 절차 | 載(の)る 실리다 | 割引(わりびき)する 할인하다 | 保護者(ほごしゃ) 보호자 | 同意(どうい) 동의

표현 ～といった : ~와 같은, ~등과 같은 (크게 아래의 두 가지 뜻으로 나눌 수 있다)

① 예를 들 경우

休みをとって旅行に行くといった余裕はない。휴가를 받아서 여행 같은 것을 갈 여유는 없다.

これといった不満はない。이렇다 할 불만은 없다.

② 2가지 이상의 대등한 일을 예로 들 경우

彼には絵画や音楽といった芸術的な才能がある。그에게는 그림이나 음악과 같은 예술적인 재능이 있다.

山下さんはご飯に味噌汁と野菜の煮物、焼き魚といった和食を食べます。
야마시타 씨는 밥에 된장국과 야채조림, 생선구이와 같은 일식요리를 먹습니다.

～につき : ~당 =～ごとに

オレンジは1キロにつき600円で売られている。오렌지는 1㎏당 600엔에 팔리고 있다.

会費は1人につき3,000円となっている。회비는 1인당 3000엔으로 되어 있다.

해설 **질문 1**

관광워커로 인정받기 위한 절차로서 올바른 것을 고르는 문제입니다. 1번 스탬프를 10개 이상 모았다면 홈페이지에서 등록신청을 하는 것이 아니라, 인정등록신청서를 다운로드해서 거기에 필요사항을 기입해서 우편으로 신청해야 하고, 2번 스탬프 시트는 1명당 1장이라고 했으며, 3번 처음에는 홈페이지에서 자연숲 지도와 스탬프 시트를 다운로드하는 일부터 시작합니다. 정답은 4번 숲을 걷기 전에 숲 전체지도와 스탬프 시트를 프린트 해둔다는 것입니다. **정답** 4

질문 2

관광워커의 인정등록에 관한 내용으로 올바른 것을 고르는 문제입니다. 2번 등록된 사람은 희망자에 한해 홈페이지에 게재한다고 했고, 3번 가족이나 친구와 함께 등록하면 할인해준다는 이야기는 없었으며, 4번 중학생 이하의 경우에 보호자의 동의가 필요하다는 안내도 없었습니다. 정답은 1번 스탬프는 전체가 확실하게 보이는 것만 유효하다고 했습니다.

정답 1

7分

✎ 시간 안에 풀도록 연습하세요!

問題 右のページは、ゴミの分け方や出し方の案内である。下の問いに対する答えとして最もよいものを、1·2·3·4から一つ選びなさい。

問1 新聞紙を出す方法として正しいものはどれか。

1 区役所などに設置してある回収ボックスに指定の曜日に出す。

2 市で集める燃えるゴミとして水曜日か金曜日に出す。

3 スーパーで実施している店頭回収にある程度まとめて出す。

4 地域の活動として行われている集団回収に出す。

問2 ゴミの出し方として正しいものはどれか。

1 テレビを捨てたい場合はメーカに回収してもらい、リサイクルできるようにする。

2 ３０センチほどのクーラーボックスは粗大ゴミとして有料で回収してもらう。

3 台所から出た生ゴミは他のゴミとは別に集め、専用のゴミ袋に入れて出す。

4 フライパンなどの小さな金属類は毎週木曜に出し、無料で回収してもらう。

ゴミの分け方・出し方

市で収集するもの

□ 燃えるゴミ：生ゴミ、少量の紙類や枝など：水・金（週二回収集）

□ 燃えないゴミ：

- 資源ゴミ：缶・びん・ペットボトル・新聞/雑誌など：木(週一回)
  - ・食器トレイはスーパーマーケットなどで実施している店頭回収に優先的に出してください。
  - ・自治会・町内会、子ども会などで実施している資源集団回収に優先的に出してください。
- 小さな金属類：なべなど(缶・びん・ペットボトルの収集日と同じ)
- 粗大ゴミ：金属製品で３０センチ以上のもの、それ以外(プラスチック製品、木製品など)で50センチ以上のもの
  - ・電話又はインターネットで申し込んでください。
    ※事前申し込みにより有料で収集

市では収集できないもの

□ エアコン、テレビ、電気冷蔵庫、電気洗濯機

電気リサイクル法対象の四品目は、家電小売店が回収し、家電メーカーがリサイクルしています。

□ パソコン

家庭で使用しているパソコンは、メーカーによる自主回収・リサイクルが義務づけられています。

□ その他：引越しなどによる多量ゴミ、処理が困難なゴミ

●こちらもご利用ください●

□ 自治会・町内会、子ども会などが地域の自主活動として集団回収を行っています。

・集めているもの：ご家庭から出る紙類、布類、金属類、びん類など

□ 資源回収ボックス：区役所・地区センターなどに設置してある、常設の資源回収拠点です。

・集めているもの：ご家庭から出る紙類、紙パック、布類

・出し方：新聞紙と折り込みチラシは、一緒にして紙ひもなどで十字にしばってください。

해석 질문 1 신문지를 버리는 방법으로서 올바른 것은 어느 것인가?

1 구청 등에 설치된 회수박스에 지정된 요일에 버린다.
2 시에서 모으는 타는 쓰레기로 수요일이나 금요일에 버린다.
3 슈퍼에서 실시하는 가게 앞 회수에 어느 정도 모아서 버린다.
4 지역 활동으로로 행해지는 집단회수에 버린다.

질문 2 쓰레기 버리는 법으로서 올바른 것은 어느 것인가?

1 TV를 버리고 싶은 경우에는 메이커가 회수해서 재활용할 수 있도록 한다.
2 30㎝ 정도의 아이스박스는 대형쓰레기로 유료로 회수한다.
3 부엌에서 나온 음식물 쓰레기는 다른 쓰레기와 따로 모아서 전용 쓰레기 봉지에 넣어서 버린다.
4 프라이팬 등의 작은 금속류는 매주 목요일에 버리고 무료로 회수한다.

쓰레기 분리법 · 버리는 법

시에서 수거하는 것

□타는 쓰레기 : 음식물 쓰레기, 소량의 종이류나 나뭇가지 등 : 수 · 금(주 2회 수거)
□타지 않는 쓰레기 :
▣ 자원쓰레기 : 캔 · 병 · 페트병 · 신문/잡지 등 : 목(주 1회)
• 식기 쟁반은 슈퍼마켓 등에서 실시하고 있는 가게 앞 회수에 우선적으로 버려주십시오.
• 자치회 · 주민회, 어린이회 등에서 실시하고 있는 자원집단 회수에 우선적으로 버려주십시오.
▣ 작은 금속류 : 냄비 등(캔 · 병 · 페트병의 수거일과 같음)
▣ 대형쓰레기 : 금속제품으로 30㎝이상인 것, 그 외(플라스틱 제품, 나무제품 등) 50㎝이상인 것
• 전화 또는 인터넷으로 신청해 주십시오. ※사전신청에 의해 유료로 수거

시에서 수거할 수 없는 것

□에어컨, TV, 전기냉장고, 전기세탁기
전기 재활용법 대상 4품목은 가전소매점이 회수하여 가전메이커가 재활용하고 있습니다.
□컴퓨터
가정에서 사용하고 있는 컴퓨터는 메이커에 의한 자주 수거 · 재활용이 의무화되어 있습니다.
□기타 : 이사 등으로 인한 많은 양의 쓰레기, 처리가 곤란한 쓰레기

●이쪽도 이용해 주십시오●
□자치회 · 주민회, 어린이회 등이 지역 자주활동으로 집단회수하고 있습니다.
• 모으는 물건 : 가정에서 나오는 종이류, 천, 금속류, 병 등
□자원회수 박스 : 구청 · 주민센터 등에 설치되어 있는 상설 자원회수거점입니다.
• 모으는 물건 : 가정에서 나오는 종이류, 종이팩, 천 종류
• 버리는 법 : 신문지와 전단지는 함께 종이 끈 등으로 십자로 묶어주십시오.

어휘 ゴミ 쓰레기 | 資源(しげん) 자원 | 分(わ)け方(かた) 분리법 | 出(だ)し方(かた) 버리는 법 | 収集(しゅうしゅう)する 수거하다 | 燃(も)える 타다 | 生(なま)ゴミ 음식물 쓰레기 | 少量(しょうりょう) 소량 | 枝(えだ) 나뭇가지 | 缶(かん) 캔 | びん 병 | ペットボトル 페트병 | 食器(しょっき) 식기 | トレイ 트레이, 쟁반 | 実施(じっし)する 실시하다 | 店頭(てんとう) 가게 앞 | 回収(かいしゅう) 회수 | 優先的(ゆうせんてき) 우선적 | 自治会(じちかい) 자치회 | 町内会(ちょうないかい) 주민회 | 集団(しゅうだん) 집단 | 金属(きんぞく) 금속 | なべ 냄비 | 粗大(そだい)ゴミ 대형쓰레기 | プラスチック 플라스틱 | 製品(せいひん) 제품 | 事前(じぜん) 사전 | 有料(ゆうりょう) 유료 | エアコン 에어컨 | 対象(たいしょう) 대상 | 小売店(こうりてん) 소매점 | 家電(かでん)メーカー 가전메이커 | 家庭(かてい) 가정 | 自主(じしゅ) 자주 | 義務(ぎむ)づける 의무화하다 | 引越(ひっこ)し 이사 | 処理(しょり) 처리 | 困難(こんなん)だ 곤란하다 | 地域(ちいき) 지역 | 布(ぬの) 천 | 区役所(くやくしょ) 구청 | 地区(ちく)センター 주민센터 | 設置(せっち)する 설치하다 | 常設(じょうせつ) 상설 | 拠点(きょてん) 거점 | 紙(かみ)パック 종이팩 | 品目(ひんもく) 품목 | 折(お)り込(こ)む 접어 넣다 | 紙(かみ)ひも 종이 끈 | 十字(じゅうじ) 십자 | しばる 묶다 | クーラーボックス 아이스박스 | 専用(せんよう) 전용 | ゴミ袋(ぶくろ) 쓰레기 봉지 | フライパン 프라이팬

해설 **질문 1**

신문지 버리는 방법으로서 올바른 것을 고르는 문제입니다. 본문은 크게 시에서 수거하는 것과 수거하지 않는 것, 그리고 또 다른 이용방법(이쪽도 이용해 주십시오)등 3가지로 구분해서 설명하고 있습니다. 여기에서 신문지 혹은 종이류 버리는 법을 살펴보면, ①타지 않는 쓰레기의 자원쓰레기, 이쪽도 이용해 주십시오 부분의 ②자치회 등의 집단회수, ③자원회수 박스 3가지를 생각할 수 있습니다. 1번 구청 회수박스는 지정요일에 상관없이 언제든지 이용이 가능하다고 했고, 2번 타지 않는 쓰레기로 목요일에 버릴 수 있으며, 가게 앞 수거는 식기쟁반의 경우에만 합니다. 정답은 4번 자치회, 주민회, 어린이회 등의 지역 활동에서 집단 수거해 가도록 하는 것입니다.

정답 4

질문 2

쓰레기 버리는 법으로서 올바른 것을 고르는 문제입니다. 1번 시에서 수거할 수 없는 TV는 가전소매점에서 회수하여 가전메이커가 재활용한다고 했고, 2번 대형쓰레기의 경우 금속은 30㎝이상, 기타 제품은 50㎝이상이어야 하므로, 50㎝가 안 되는 아이스박스는 대형쓰레기가 될 수 없으며, 3번 부엌에서 나오는 쓰레기는 따로 분리 수거하지 않고 시에서 수거하는 타는 쓰레기와 같이 버리면 됩니다. 정답은 4번 타는 쓰레기의 작은 금속류에 속하는 프라이팬은 매주 목요일에 버리며 무료라는 것입니다.

정답 4

7分

✎ 시간 안에 풀도록 연습하세요!

問題 右のページは、スカイタワーのイベント案内である。下の問いに対する答えとして最もよいものを、1·2·3·4から一つ選びなさい。

問1 一人でゆっくりと静かに音楽を楽しみたい場合、何曜日が最も適しているか。

1 水曜日
2 木曜日
3 金曜日
4 土・日曜日

問2 ライブイベントの説明として正しいものはどれか。

1 前もってホームページでリクエストしておくと、週末に必ず 聞くことができる。
2 ライブやコンサートのイベントは一週間に４回、各２回ずつ開催される。
3 週末に自分のリクエスト曲が流れれば、飲み物代のみで利用することができる。
4 リクエスト曲を若手のミュージシャンにライブで歌ってもらうこともできる。

スカイタワー<ミュージック・パーティ>

スカイタワーでは、素敵な夜景とともに楽しめる上質なライブやコンサート、リクエストプログラムをお届けしています。 音楽を聞きながらお酒や食事が楽しめる、そんな素敵な時間をお約束します♪

曜日：毎週水曜・木曜・金曜・土曜・日曜
時間：第一回　19：00～20：00
　　　第二回　20：30～21：30
場所：展望台　３階特設ステージ
料金：展望台料金＋お飲み物代

曜日	イベント内容
水曜日	<イージーリスニング> クラシック音楽の中でも、 親しみやすく、聞きやすい音楽をお届けするコンサートです。 やさしい音楽が流れる展望カフェでゆったりリラックスできるひと時をお届けします。
木曜日	<ロマンチックナイト> 美しい夜景にぴったりなジャズやポップス中心に、若手のミュージシャンが生演奏。落ち着いた雰囲気でぜいたくな夜の空間をロマンチックに演出します。特別な記念日に是非。
金曜日	<フォークコンサート> 懐かしい60～70年代のポップス、歌謡曲を中心に、「本物の大人」のためのコンサートを熱くお届けします。 中年世代には懐かしく、若者には新鮮でかっこよく、どんな世代でも、それぞれの感性で、それぞれの楽しみ方ができます。
土・日曜日	<週末リクエスト・パーティ> 皆さんのリクエストの中からＤＪが選んだ曲をメッセージとともにお流しします。お名前と、曲名、その曲に関する思い出・エピソード等をお書きの上、ステージの前に設けられた赤いボックスにお入れ下さい。 （＊前もってホームページで申し込むこともできます） 選ばれた方にはドリンク一杯無料サービス。 たくさんのリクエストをお待ちしております。

해석 **질문 1** 혼자서 느긋하게 조용히 음악을 즐기고 싶을 경우에 무슨 요일이 가장 적합한가?

1 수요일
2 목요일
3 금요일
4 토 · 일요일

질문 2 라이브 이벤트의 설명으로서 올바른 것은 어느 것인가?

1 미리 홈페이지에서 신청해두면 주말에 반드시 들을 수 있다.
2 라이브와 콘서트 이벤트는 1주일에 4번, 각 2회씩 개최된다.
3 주말에 자신의 신청곡이 흘러나오면 음료수 값만으로 이용할 수 있다.
4 신청곡을 젊은 뮤지션이 라이브로 불러줄 수도 있다.

스카이 타워 <뮤직파티>

스카이 타워에서는 멋진 야경과 함께 즐길 수 있는 수준 높은 라이브와 콘서트, 음악신청 프로그램을 전해드리고 있습니다. 음악을 들으면서 술이나 식사를 즐길 수 있는 그런 멋진 시간을 약속 드립니다♪

요일 : 매주 수요일 · 목요일 · 금요일 · 토요일 · 일요일
시간 : 제1회 19 : 00~20 : 00
제2회 20 : 30~21 : 30
장소 : 전망대 3층 특설무대
요금 : 전망대요금+음료수 값

요일	이벤트 내용
수요일	<이지 리스닝> 클래식 음악 중에서도 친근하고 듣기 편한 음악을 전해드리는 콘서트입니다. 부드러운 음악이 흐르는 전망카페에서 느긋하고 편하게 쉴 수 있는 시간을 마련해드립니다.
목요일	<로맨틱 나이트> 아름다운 야경에 딱 어울리는 재즈나 팝스를 중심으로 젊은 뮤지션이 라이브로 연주. 차분한 분위기에서 사치스러운 밤 공간을 로맨틱하게 연출합니다. 특별한 기념일에 꼭.
금요일	<포크 콘서트> 그리운 60~70년대의 팝스, 가요를 중심으로 '진정한 성인'을 위한 콘서트를 뜨겁게 보내드립니다. 중년세대에게는 그립고, 젊은이에게는 신선하고 멋있고, 어떤 세대든지 각각의 감성으로 각각 즐길 수 있습니다.
토 · 일요일	<주말 음악신청 파티> 여러분의 신청곡 중에서 D J가 고른 곡을 메시지와 함께 들려드립니다. 이름과 곡명, 그 곡에 관한 추억 · 사연 등을 쓰신 후에 무대 앞에 설치된 빨간 박스에 넣어주십시오. (＊미리 홈페이지에서 신청할 수도 있습니다) 선택되신 분은 음료수 1잔 무료서비스. 많은 신청곡을 기다리고 있겠습니다.

어휘 素敵(すてき) 멋지다 | 夜景(やけい) 야경 | 楽(たの)しむ 즐기다 | 上質(じょうしつ) 질이 좋음 | リクエスト 신청 | 届(とど)ける 보내다 | 展望台(てんぼうだい) 전망대 | 特設(とくせつ) 특설 | ステージ 무대 | イージーリスニング 이지 리스닝 | クラシック 클래식 | 親(した)しみやすい 친근하다 | 流(なが)れる 흐르다 | ロマンチックナイト 로맨틱 나이트 | ぴったり 꼭 맞음 | ジャズ 재즈 | ポップス 팝스 | 若手(わかて) 젊은이 | ミュージシャン 뮤지션 | 生演奏(なまえんそう) 라이브 | 落(お)ち着(つ)く 차분해지다 | 雰囲気(ふんいき) 분위기 | ぜいたく 사치스럽다 | 空間(くうかん) 공간 | 演出(えんしゅつ) 연출 | フォーク 포크 | 是非(ぜひ) 꼭 | 懐(なつ)かしい 그립다 | 歌謡曲(かようきょく) 가요 | 本物(ほんもの) 진짜, 진정한 | 中年(ちゅうねん) 중년 | 世代(せだい) 세대 | かっこよい 멋지다 | 感性(かんせい) 감성 | 流(なが)す 흐르게 하다 | 思(おも)い出(で) 추억 | エピソード 에피소드 | 設(もう)ける 설치하다 | 前(まえ)もって 미리 | ドリンク 음료수 | 適(てき)する 적합하다 | 聞(き)かせる 들려주다 | 開催(かいさい)する 개최하다

표현 ～の上 : ~한 후에, ~한 결과 (명사+～の上 / 동사의 과거형+～の上) ＝～したのち, ～した結果

ただちに調査の上、結果をご報告いたします。곧바로 조사한 후에 결과를 보고드리겠습니다.

ご確認の上、ご連絡お願いします。확인한 후에 연락 부탁 드립니다.

相談した上で返事します。의논한 후에 답변 드리겠습니다.

해설 **질문 1**

혼자서 느긋하게 조용히 음악을 듣고 싶을 경우에 무슨 요일 이벤트가 가장 적합한지 고르는 문제입니다. 2번 차분한 분위기이지만 특별한 기념일이라고 했기 때문에 혼자보다는 애인이나 부부 등 2명이 즐기기에 적합하고, 3번 뜨거운 시간을 보낸다고 했기 때문에 조용하지 않을 것이며, 4번 음악신청이기 때문에 다양한 장르의 음악이 흘러나올 것이 예상되므로 조용하지만은 않을 것입니다. 정답은 1번 클래식 음악 중에서도 친근하고 듣기 편한 음악을 느긋하게 들을 수 있다는 수요일 이지 리스닝입니다. **정답** 1

질문 2

라이브 이벤트에 대한 설명으로 올바른 것을 고르는 문제입니다. 1번 미리 홈페이지에서 신청할 수 있다고 했지만 반드시 들을 수 있다고는 하지 않았고, 3번 주말에 신청곡이 나오면 음료수를 무료로 준다고 했으며, 4번 신청곡은 DJ가 음악을 틀어준다고 했습니다. 정답은 4번 라이브 이벤트는 1주일에 4번 각 2회씩 개최된다는 것입니다. **정답** 2

7分

✎ 시간 안에 풀도록 연습하세요!

問題 右のページは、海外ペンパルの案内である。下の問いに対する答えとして最もよいものを、1·2·3·4から一つ選びなさい。

問1 スポーツ好きの男性が、国籍と年齢を問わず趣味の近い同性と日本語での文通を希望する場合、対象となるのは何人か？

1 0名
2 1名
3 2名
4 3名

問2 ペンフレンドクラブのシステムに関する内容として正しいものはどれか。

1 手紙を出したら１週間以内に返事が届くようになっている。
2 申し込み書は12月31日までに事務局へ届くようにしなければならない。
3 文通相手の希望は出せるが、一人しか紹介してもらえない。
4 申し込みの際、相手の名前と住所を書いた封筒も一緒に送らなければならない。

ペンフレンドクラブ

海外ペンパル紹介

(①国籍、②名前、③性別、④年齢、⑤趣味、⑥希望事項)

①フランス ②Ann Roberts ③女性 ④26歳 ⑤スキー、スーケート ⑥日本語で	①韓国 ②Kim minji ③女性 ④29歳 ⑤料理、ショッピング	①韓国 ②Lee sungsoo ③男性 ④25歳 ⑤バスケットボール、アニメ
①スリランカ ②Dilini Prabash ③女性 ④13歳 ⑤切手収集、 読書	①ドイツ ②Simone Venzke ③女性 ④40歳 ⑤切手・絵はがきの収集	①韓国 ②Ham yudam ③男性 ④27歳 ⑤サッカー ⑥日本語で
①韓国 ②Park yaechan ③男性 ④40歳 ⑤スポーツ観戦 ⑥女性と日本語で	①アメリカ ②Emma Jackson ③女性 ④23歳 ⑤旅行、友達をつくること	①フランス ②Julie Laureen ③女性 ④15歳 ⑤音楽、絵を描くこと

お申し込み方法

★「ペンパル紹介申込書」に、相手の国名・氏名、申込者の氏名・住所・年齢を記入し、80円切手を貼った返信用封筒(表面にお名前とご住所を書いてください)を同封してお送りください。事務局では、できるだけご希望にあったペンパルをご紹介します。

★ペンパルのご紹介は1名とさせていただきます。

★締め切りは12月31日です。(当日消印有効)

★特に記載のある場合を除き、英語による文通です。

文通マナー等について

★このペンパル紹介は、恋愛を目的とした交際相手を探す場ではありません。

★相手の方はあなたからの返事を心待ちにしていますので、手紙を受け取ったら<u>1週間以内に必ず返事を出してください</u>。ただし、返事をもらえない場合もありますので、ご了承ください。

★文通は双方の自己責任に基づいて行ってください。

해석 **질문 1** 운동을 좋아하는 남성이 국적과 연령을 불문하고 취미가 비슷한 동성과 일본어로 펜팔을 희망하는 경우에 대상이 될 수 있는 사람은 몇 명인가?

1 0명
2 1명
3 2명
4 3명

질문 2 〈펜팔 클럽〉의 시스템에 관한 내용으로서 올바른 것은 어느 것인가?

1 편지를 보내면 1주일 이내에 답장이 오도록 되어 있다.
2 신청서는 12월 31일까지 사무국에 도착하도록 하지 않으면 안 된다.
3 펜팔상대에 대해 희망할 수 있지만, 1명밖에 소개받을 수 없다.
4 신청할 때 상대방의 이름과 주소를 쓴 봉투도 함께 보내지 않으면 안 된다.

펜팔 클럽

해외 펜팔 소개

(①국적, ②이름, ③성별, ④연령, ⑤취미, ⑥희망사항)

① 프랑스 ② Ann Roberts ③ 여성 ④ 26세 ⑤ 스키,스케이트 ⑥ 일본어로	① 한국 ② Kim minji ③ 여성 ④ 29세 ⑤ 요리, 쇼핑	① 한국 ② Lee sungsoo ③ 남성 ④ 25세 ⑤ 농구, 애니메이션
① 스리랑카 ② DiliniPrabash ③ 여성 ④ 13세 ⑤ 우표 모으기, 독서	① 독일 ② Simone Venzke ③ 여성 ④ 40세 ⑤ 우표 · 엽서 수집	① 한국 ② Ham yudam ③ 남성 ④ 27세 ⑤ 축구 ⑥ 일본어로
① 한국 ② Park yaechan ③ 남성 ④ 40세 ⑤ 스포츠 관전 ⑥ 여성과 일본어로	① 미국 ② Emma Jackson ③ 여성 ④ 23세 ⑤ 여행, 친구 만들기	① 프랑스 ② Julie Laureen ③ 여성 ④ 15세 ⑤ 음악, 그림 그리기

신청 방법

★ '펜팔 소개신청서'에, 상대국명 · 이름, 신청자의 이름 · 주소 · 연령을 기입하여 80엔 우표를 붙인 답신용 봉투(앞면에 이름과 주소를 써 주십시오)를 동봉해서 보내주십시오. 사무국에서는 가능한 한 희망하신 펜팔을 소개해드리겠습니다.
★ 펜팔 소개는 1 명입니다.
★ 신청마감은 12월 31일입니다. (당일 소인 유효)
★ 특별한 기재가 있는 경우를 제외하고는 영어 펜팔입니다.

펜팔 매너 등에 관하여

★ 이 펜팔 소개는 연애를 목적으로 한 교제상대를 찾는 곳이 아닙니다.
★ 상대방은 당신의 답장을 기다리고 있으므로 편지를 받으면 1주일 이내에 반드시 답장을 써서 보내 주십시오. 단, 답장이 오지 않을 경우도 있으므로 양해바랍니다.
★ 펜팔은 쌍방의 자기책임하에 해 주십시오.

어휘 ペンフレンド 펜 프렌드, 펜팔 | クラブ 클럽 | ペンパル 펜팔 | 国籍(こくせき) 국적 | 性別(せいべつ) 성별 | 希望事項(きぼうじこう) 희망사항 | 収集(しゅうしゅう) 수집 | 観戦(かんせん) 관전 | 貼(は)る 붙이다 | 返信用(へんしんよう) 답신용 | 封筒(ふうとう) 봉투 | 表面(ひょうめん) 표면, 앞면 | 同封(どうふう) 동봉 | 事務局(じむきょく) 사무국 | 締(し)め切(き)り 마감 | 当日(とうじつ) 당일 | 消印(しょういん) 소인 | 有効(ゆうこう) 유효 | 記載(きさい) 기재 | 除(のぞ)く 제외하다 | 文通(ぶんつう) 펜팔 | マナー 매너 | 恋愛(れんあい) 연애 | 交際(こうさい) 교제 | 返事(へんじ) 답장 | 心待(こころま)ち 마음속으로 기다림 | 受(う)け取(と)る 받다 | 了承(りょうしょう) 양해 | 双方(そうほう) 쌍방 | 自己責任(じこせきにん) 자기책임 | 基(もと)づく 의거하다 | 同性(どうせい) 동성

표현 경어 표현

① ご/お～ください : ～해주십시오(상대방에게 정중하게 부탁, 지시,명령할 경우에 사용하는 존경 표현)
お送りください (보내주십시오)
ご了承ください (양해해 주십시오)

② ～させていただきます : ～하겠습니다 (사역형 させる+겸양어 いただく, 원래는 자신의 행위에 대해 상대방의 허락을 받고 상대방에 대해 자신을 낮추는 표현인데, 최근에는 자신의 의견을 강하게 나타내는데 사용됨)
イベントは本日をもって終了させていただきます。이벤트는 오늘로 종료하겠습니다.
それでは、発表させていただきます。그럼 발표하겠습니다.

～を問わず : ～을 불문하고 =～に関係なく一様に、～を問題にせず
学歴、経験を問わず、やる気のある社員を募集します。학력, 경험을 불문하고 의욕이 있는 사원을 모집합니다.
休日、平日を問わず、一年中人出が絶えない。휴일, 평일을 불문하고 일년 내내 사람들의 발걸음이 끊이지 않는다.

해설 **질문 1**

운동을 좋아하는 남성이 국적과 연령을 불문한다고 했으므로 대상이 많아지는데, 취미가 비슷하고 즉 운동을 좋아하고, 동성 즉 남성이며, 특별히 일본어로 펜팔을 원하는 사람을 찾아보니 한국의 Ham yudam 1명밖에 없습니다. 신청 안내에서 특별한 기재가 없는 한 사용언어는 영어라고 했으므로, ⑥희망사항에서 "일본어로"라고 쓰지 않은 사람은 제외됩니다. 정답은 1명이라고 한 2번입니다.

정답 2

질문 2

〈펜팔 클럽〉의 시스템에 관한 내용이므로 〈신청방법〉과 〈펜팔 매너 등에 관하여〉부분을 꼼꼼하게 살펴봅니다. 1번 1주일 이내에 반드시 답장을 쓰라고 했으며 답장이 오지 않을 수도 있다고 했고, 2번 신청서는 12월 31일자 소인이 찍혀있으면 유효하다고 했으며, 4번 신청할 때 상대방이 아닌 신청자의 이름과 주소를 쓴 봉투를 보내야 한다고 했습니다. 정답은 3번 희망하는 상대를 고를 수는 있어도 여러 명 소개받을 수는 없고 1명만 가능하다는 것입니다.

정답 3

정답 한눈에 보기

問題10	1 2	2 3	3 1	4 3	5 4
問題11	6 4 11 3	7 3 12 2	8 1 13 2	9 3 14 4	10 1
問題12	15 2	16 4			
問題13	17 4	18 3	19 4		
問題14	20 3	21 4			

실전 모의고사
정답과 해설

독해 시간은 60분이라고 생각하고, 실전처럼 시간을 체크해서 문제를 풀어보세요. 독해 시험은 많은 글을 읽고 생각하고 답을 선택해야 하기 때문에 집중력을 유지하는 것이 중요합니다. 모르는 문제에 집착하다 보면 순식간에 주어진 시간이 지나가버리고 결국 나중에는 시간이 모자라서 읽어보지도 못하고 답을 찍어야 하는 상황이 생기게 됩니다. 따라서 각 유형별로 필요한 시간을 정확하게 인식해두는 것이 중요하며 평소에 시간 안에 푸는 연습을 많이 해서 시간에 쫓기면서 문제를 풀지 않도록 훈련을 해두면 실전에서 좋은 성과를 얻을 수 있을 것입니다.

読解

問題10　次の文章を読んで、後の問いに対する答えとして最もよいものを、1･2･3･4から一つ選びなさい。

　人間誰でも健康でありたいと願うものだ。そのため、われわれは健康に関心を寄せ、情報を集め、追い求める。が、それが行き過ぎると食事の度ごとに、塩分やコレステロールなどが気になり出し、せっかくの料理を味わうどころではなくなる。果ては、生活の全てが健康と長生きへの執着となり、過剰な努力を強いられる。ここまでくると何のための人生か分からなくなる。健康を追い求めるあまり、本来の生きる姿を忘れた、行き過ぎの「健康信仰」が広がっている。

01　「健康信仰」とはどのようなものか。

1　健康のために食事はしっかりとったほうがいいと思っている。
2　長生きしたいがために、健康のことばかりに気を遣かう。
3　健康でいることより、本来の生きる姿を大事にしようと思う。
4　食事と運動のバランスに注目して、努力を続ける。

　昔の人々は通信し合うために丘に集まった。はじめはその丘が、後にはそこに建てられた寺院が、さらにそこに置かれた神像が人々の共通のシンボルとなり、通信の役目を果たしてきた。つまり、古代人が神像や寺院などを作ったそもそもの理由は、彼ら同士が何か共通の象徴を持つためであり、それらがお互いの情報伝達手段としての役割を持っていたからである。とすれば、その丘や寺院や神像は、今日の新聞やテレビ、ラジオ、インターネットなどのマスメディアの先祖と言える。

02　どうして昔の丘や寺院や神像がマスメディアの先祖だと言えるのか。

1　人々が集まり交流する場所だったから
2　シンボルとして人々に親しまれてきたから
3　情報を伝えるための役割をしてきたから
4　人々に共通の話題を提供してくれるから

多くの成功者といわれる人たちに共通している特徴は、お金に対する価値観がしっかりしているということだ。お金の使い方を常に意識していて、なおかつ使うことを知っている。ただ「使う」というと、 無目的に浪費するというイメージを持つかもしれないが、無駄なお金は一切使わない。たとえ安くても不必要なものは買わないし、節約できるところではする。そのうえで、払うべきところでは惜しまず出す。そんな人こそがお金があるだけではなく、心も満たされた豊かな日々を送る人生の成功者となれるのだ。

03 この筆者から見た「人生の成功者」とはどんな人か。

1 お金を効果的に使うことを知っている人
2 できる限りお金を使わずに貯められる人
3 人のために惜しむことなくお金が使える人
4 お金がなくても日々心豊かに生活できる人

社会生活をする上で、人脈はとても大切だとよく言われます。ところで、この人脈とは自分の仕事を有利に進めるために人を利用することを言うのでしょうか。そして、たまに連絡し、一緒にお酒を飲んだりすることで築いていけるものでしょうか。

私は人脈とは、お互いに必要な情報を交換したり、紹介したり、刺激し合ったりして、共に成長していける人とのつながりだと考えます。そして、そういった関係を形成していくためには、何よりも自分自身の内面を磨く努力をしなければなりません。

04 筆者は人脈をどのように説明しているか。

1 自分のために利用できる人を増やしていくこと
2 一緒に楽しい時間を過ごせる人と付き合うこと
3 お互いに必要なものを与え合える関係のこと
4 努力をしなければ維持するのが難しい人間関係

建築とはただ単に建物を建てることではなく、空間を創造することである。空間を造り出す要素として、外部と接する壁、床、そして屋根の三つに分けることができる。

この中で、床は建物の使用者と直接触れる唯一の要素である。そのため、その空間に初めて接した人に強い印象を与え、一番記憶に残る部分となる。このことから床は三つの建築要素の中でも最も重要である。立派な建築家ほど、床の位置や形、木材などを慎重に考慮するのもこのためである。

05 筆者が建築要素の中で「床」が一番重要だと考えている理由は何か。

1 建物の外部と直接接している部分だから
2 建築家たちが慎重に考慮する部分だから
3 ただの建物ではなく空間を創造するから
4 最も印象深い部分として記憶に残るから

問題11 次の文章を読んで、後の問いに対する答えとして最もよいものを、1·2·3·4から一つ選びなさい。

ストレスの健康への影響はこれまでも幾度にわたり言われてきたことですが、健康のためにはやはりストレスを抱え込まず適度な運動をすることがいいようです。私たちの体の中にはガン細胞やインフルエンザなどのウイルスを殺してくれる働きのある①ナチュラルキラーと呼ばれる細胞があります。

しかし、この細胞はストレスを受けると弱まってしまい、結果的に免疫システムの機能の低下を招くことになります。

例えば、大事なテストの直前になると、必ず風邪をひく子どもがいます。これは極度のストレスによりナチュラルキラー細胞の数値が下がることが原因なのです。すなわち、ストレスを受けることで免疫力が落ち、病気になりやすい体質になるということです。また、自分が直接ストレスを受けた場合のみならず、落ち込んでいる人の隣に長くいるだけでもナチュラルキラー細胞の働きが鈍ることが報告されています。この細胞は何よりも悲しみを伴うストレスに弱く、その他にも昼夜逆転の生活リズムを繰り返すことで働きが低下していきます。

では逆に、(　②　)と言いますと、それはバランスのよい食事と適度な運動、そしてたくさん笑うことだそうです。

06 ①ナチュラルキラーと呼ばれる細胞とはどんなものか。

1 この細胞の働きが活発だと病気にかかりやすくなる。

2 この細胞の働きが活発だとストレスがなくなり元気になる。

3 この細胞の働きが低下するとストレスを受けやすくなる。

4 この細胞の働きが低下すると病気にかかりやすくなる。

07 免疫システムの機能を低下させる行動ではないものは何か。

1 夜更かしをし、昼間に寝る生活を繰り返す。

2 落ち込んでいる友達をそばで慰めてあげる。

3 長時間机に向かってゲームに熱中する。

4 受験や将来のことをあれこれ心配する。

08 (　　②　　)に入る適当な言葉はどれか。

1 ナチュラルキラー細胞の働きを活発にするためにはどうしたらいいか。

2 ナチュラルキラー細胞を体内から追い出すためにするべきことは何か。

3 ガン細胞やインフルエンザなどのウィルスをなくすためにすべきことは。

4 大事なテストの直前に風邪を引かないためにはどうしたらいいか。

最近は、①見た目で人を判断することが増えているようだが、②これは非常に危険である。とはいえ、人はほとんどの情報を視覚から得ていると言われている。確かに、難しい顔をしている人よりは笑顔のきれいな人に好感を持つのは自然な現象である。しかし、ここで言う見た目とは表情やしぐさのことではなく、生まれつき持って生まれた顔や体型のことである。

人間の内面よりも容姿だけをもって人を判断するということは、一種の人種主義につながる発想である。この二つの考え方の基準は見た目の違いを前提としている。見た目の違いは差別、ひいては、身分の違いにつながり、容姿の優れた人は、何の努力をしなくても、生まれつきの条件だけで、権力もしくは富を得ることになりかねない。見た目がそっくりそのまま社会的な不平等になってしまうという点で、人種の違いを基準にして差別するのと外見の違いを基準に差別するのは、結局は同じと言えるのである。

このような社会的風潮は改めるべきである。そのためにはまず、逆説的ではあるが、③外見の違いを素直に認めなければならない。違いを認めることは、違いに対する尊重でもある。そして、このような尊重は、多様性を確保するために必要な条件となるのである。

09 筆者の言う①見た目に該当するのは、以下のうちどれか。

1 美しい動作や身のこなし
2 怒った時の険しい表情
3 平均よりも低い身長
4 素敵なファッションセンス

10 ②これは非常に危険であるとあるが、どうしてか。

1 その発想は人種差別につながるものであるから
2 その発想は多様性を確保する前提となるから
3 内面の美しい人は外見も美しいことになるから
4 見た目で人を判断することは自然な現象だから

11 ③外見の違いを素直に認めなければならないというのは、どうすることか。

1 容姿の優れた人が権力や富を得ることは当然のことだと考える。
2 社会的な不平等が起こらないように、外見の違いをいつも気にする。
3 人間の外見の違いを差別の口実とせず、多様性を認める前提とする。
4 同じであることを強調することによって、お互いの存在を認め合う。

寿司職人が長い見習い期間を経て独立し、国内の一等地に店を構えるということを①夢見たのはもう過去の話です。現代では海外に出て、手っ取り早く成功する道を選ぶ職人の数が増えています。

これは日本の外食産業全体における激しい価格競争の中で、ファストフード形式の回転寿司店は別にして、従来の寿司屋の売り上げの低下が進んでいるのが一因です。それに比べ、海外での寿司人気の勢いはとどまることを知らず、日本よりずっと若者が起業できる可能性が高い市場だと言えます。それに、どこかのレストランで雇われて働く場合でも、日本よりはるかに多くの収入を得られることが多いのが現状です。

また、日本の寿司屋での長い下積み生活は、最近の若者にとって受け入れ難いことでもあります。寿司屋に見習いで入ると、まず床の掃除や皿洗いを数年間も続けるよう要求されます。一人前の寿司職人になるまでには10年かかるとまで言われています。でも②それが技術を身につける上で合理的とは言えず、スピードを求める現代のスタイルとは合いません。こういったことが、職人達が海外に目を向けるようになった原因となっています。

12 ①夢見たのはもう過去の話と書いてありますが、どういう意味か。

1 昔の寿司職人の多くは海外へ進出して成功することが目標だった。
2 ほとんどの寿司職人が国内で自分の店を持つことを望まなくなった。
3 国内の一等地で自分の店を持つことはとても難しくなってしまった。
4 日本国内でおいしい寿司が食べられる店が今ではなくなってしまった。

13 ②それがが指すものは何か。

1 海外に進出しようとすること
2 皿洗いや掃除を長年続けること
3 速さを求めて短期間で修行すること
4 若いうちから下積み生活を始めること

14 職人達が海外に目を向けるようになった理由として正しいものはどれか。

1 日本の伝統的な食べ物を海外に紹介したいから
2 自分の店を持つ前にいろんな経験がしたいから
3 海外での生活を楽しみながら仕事もしたいから
4 日本で働くより高い収入を得ることができるから

問題12　次のAとBは、英語必修化に関する文章である。AとBの両方を読んで、後の問いに対する答えとして最もよいものを、1·2·3·4から一つ選びなさい。

A

義務教育における英語指導が転機を迎えようとしている。文部科学省[注1]が「英語が使える日本人」の育成を目指し、全ての小学5・6年生を対象に英語活動を必修化することを発表した。これをまとめた報告書では、「外国語を通じて、言語や文化について体験的に理解を深め、積極的にコミュニケーションを図ろうとする態度の育成を図り、外国語の音声や基本的な表現に慣れ親しませながら、コミュニケーション能力の素地[注2]を養う」ことが目標として設定されている。年間35コマ[注3]を限度に各学校の裁量[注4]で導入できるが、教科ではないため、数値ではなく文面による評価をするということである。

（注1）文部科学省：教育、科学技術、学術、文化、およびスポーツの振興を所管する日本の行政機関
（注2）素地：基礎
（注3）コマ：指導に当たる回数
（注4）裁量：判断し処理すること

B

小学校の英語必修化が始まるという。それに対し、「小学生には正しい日本語を教えることが先決だ」という主張が多くある。子どもたちの読み取る力や考える力の低下が指摘されている中で説得力ある意見だ。たしかに、それらの能力を支える国語力は日本人の基盤であり、重視する必要があるといえる。ただ、新しく導入される小学校の外国語活動は、それを通して子どもたちのコミュニケーション能力を伸ばしていくことが目標である。それが国語の学習に悪影響を与えるとは思われない。むしろ他の国の言語に触れることで、普段使っている日本語との違いを意識し、言葉に対する感覚が磨かれるともいえる。そのため、外国語活動を通して、日本語を含めた言葉に関する力が伸びることはあっても、国語力が低下するとは考えられない。

15 小学校の英語必修化における目標は何か。

1 日本語と同じように外国語が話せるようになること
2 積極的なコミュニケーション能力を身につけること
3 国際化が進む中で世界に通用する競争力をつけること
4 外国語に触れることにより、国語力を磨き上げること

16 小学校における英語の必修化について、Aの筆者とBの筆者はどのような立場をとっているか。

1 AもBも、ともに肯定的である。
2 AもBも、ともに明確にしていない。
3 Aは肯定的であるが、Bは否定的である。
4 Aは明確にしてないが、Bは肯定的である。

問題13　次の文章を読んで、後の問いに対する答えとして最もよいものを、１・２・３・４から一つ選びなさい。

会社において、結論の出ない会議をダラダラと長時間続けるということは非常に無駄である。このような見解は一般的であるし、私自身もそう考えていた。

しかし、①まったく逆の発想で、つまりダラダラした会議を長時間することでその分野において世界No1のシェアを勝ち取ったアールという企業がある。アールの社長はダラダラ会議のメリットを以下のように語る。会議では「社員全員が出席し、本音をぶつけて徹底的に議論することで、行き過ぎた個人主義を改め、意見が一つにまとまっていくのだ」と。会議時間は長くなるが、先送りせずその場で決断していく。これは、トータルで見れば実はものすごく効率的であることが分かったという。会議で決まった方針が全社員に確実に行きわたり、結果的に時間効率がよくなるということのようだ。

しかし、これを読んで安直に「そうか、長時間の会議をした方がいいのか」などと解釈をし、②自分の会社でも同じようにダラダラ会議を取り入れたところで何の意味もない。実際には会議時間を短縮することで成果を上げてきた企業もたくさんある。そのような例はいくつも目に耳にしてきた。そして、多くの会社がそれをもとに「自分たちも会議時間を短縮しなければ」と思い実践してきたはずである。

この企業のすごいところは、それが単純に正解ではないと考え、自社に合った正反対の方法を果敢にも採用したことだ。つまりある会社が成功したからと言って、それをそのまま自分たちに当てはめるのではなく、様々な周りのお手本を参考にしつつも、自分たちは自分たちなりの正解を探り出すことが大事だということを知っているのだ。周りの成功例に単純に影響されて、その場その場の流行であっちに行ったりこっちに行ったりしていては、アールのようにはなれない。情報が洪水のように次から次へと流れては消えて行き、一体何が正解か分からなくなった今という時代だからこそ、大事なのはやはり実際経験による試行錯誤(注1)だということを改めて認識すべきである。

（注1）試行錯誤：様々な方法を試しながら、解決策を見いだしていくこと

17 ①まったく逆の発想とはどういうことか。

1 会議では本音をぶつけ合った方が効率的だという発想
2 会議は決められた時間内に終えた方がよいという発想
3 結論の出ない会議をすることは無意味であるという発想
4 長時間の会議をすることで仕事の効率があがるという発想

18 ②自分の会社でも同じようにダラダラ会議を取り入れたところで何の意味もないというのはどうしてか。

1 ダラダラとした長時間の会議は効率的に見えるが、実はそうではないから
2 実際には会議時間を短縮したほうが企業の業績は上がっていくはずだから
3 他の会社で成功した方法が必ずしも自分の会社にも合うとは限らないから
4 全員を巻き込んだ、本音を言い合う会議は人間関係を壊す恐れもあるから

19 筆者が一番言いたいことは何か。

1 一見遠回りに見えても実は近道である場合もある
2 成功例をお手本にして出来る限り取り入れた方がよい
3 自分の本心を話し合うことこそが人間関係を円滑にする
4 情報に流されず自分なりの方法を模索することが大事である

問題14　右のページは、健康センターの利用案内である。下の問いに対する答えとして最もよいものを、１･２･３･４から一つ選びなさい。

20　両親と小学生、高校生の非会員である４人家族が、水着をレンタルし、ジャグジーを一回利用した時の利用料金は全部でいくら？

1　3200円

2　8800円

3　9000円

4　9200円

21　アクア健康センター利用に関して正しいのはどれか。

1　家から持ってきたお弁当や飲み物を施設内で食べることができる。

2　売店で購入したものは、その場で支払いを済ませなければならない。

3　入場料は退場の時に施設内で利用したその他の料金と合わせて支払う。

4　満２歳の子供なら何人いても入場料金を支払わなくてもよい。

アクア健康センター

施設案内

♨ 硫黄海水「海水サウナ」：
地下420mの岩から出る硫黄海水です。肌をツルツルにする効能があります。

♨「露天スパ」：
露天風呂、水しぶきでマッサージが受けられるプール、青い海が見えるオーシャンビュースパ、幼児プール、大型野外プール等で構成された休養空間です。

♨「プライベート・ジャグジー」：
豊富な泡が浴槽いっぱいに広がるジャグジーをプライベートで体験できます。マッサージ効果があり、日常生活での疲れまでほぐしてくれる最上のリラックスと満足をお届けします。

♨ 各種売店：
施設内の売店、フードコート、レストランでは楽しい時間をより充実して頂けるメニューをご用意しております。

利用料金&時間

施設	利用料金		利用時間	
	大人	子供	7,8月・土曜日	平日・日曜日
露天スパ(サウナ込み)	1500円	1300円	09:00~21:00	09:00~20:00
プライベート・ジャグジー	1ブース当り2000円 (定員4名で30分間利用)		09:00~20:00	09:00~19:00
その他（レンタル）	水着　300円/ ビーチタオル　300円			

注意事項

♣ 利用時間は施設や時期によって多少変更になることもあります。
♣ 子供は36ヶ月から小学生まで。
♣ プライベート・ジャグジーは露天スパご入場の方に限ってご利用できます。ジャグジーのみのご利用はできません。
♣ 上記金額は入場料金であり、各種使用料金（フードコート、売店、レンタル、その他）は、退場の際の後払いになります。
♣ 非会員も利用可能であり、会員は会員カードを提示の際、10%割引いたします。
♣ 衛生管理の問題上、アクア健康センター内への飲食物のお持込は一切禁止されています。

문제 10 다음 문장을 읽고 물음에 대한 답으로 가장 적당한 것을 1·2·3·5 중에서 하나 고르세요.

01

해석　인간은 누구나 건강하기를 원한다. 그를 위해 우리는 건강에 관심을 기울이고 정보를 모으고 추구한다. 하지만 그것이 지나치면 식사 때마다 염분이나 콜레스테롤 등을 신경 쓰게 되어 모처럼의 요리를 맛볼 상황이 아니게 된다. 결국에는 모든 생활이 건강과 장수에 대한 집착이 되어 과잉의 노력을 억지로 기울이게 된다. 이렇게까지 되면 무엇을 위한 인생인지 모르게 된다. 건강을 너무 추구한 나머지 본래의 살아가는 모습을 잊어버린 지나친 '건강신앙'이 퍼지고 있다.

'건강신앙'이란 어떤 것인가?

1 건강의 위해 식사는 제대로 먹는 편이 낫다고 생각한다.
2 장수를 하기 위하여 건강에 대해서만 신경을 쓴다.
3 건강한 것보다, 본래의 살아가는 모습을 소중히 하고자 생각한다.
4 식사와 운동의 균형에 주목하여 계속 노력한다.

어휘 関心(かんしん) 관심 | 寄(よ)せる 기울이다 | 追(お)い求(もと)める 추구하다 | 塩分(えんぶん) 염분 | コレステロール 콜레스테롤 | せっかく 모처럼 | 味(あじ)わう 맛보다 | 果(は)ては 결국에는 | 長生(ながい)き 장수 | 執着(しゅうちゃく) 집착 | 過剰(かじょう) 과잉 | 強(し)いる 억지로 시키다 | 信仰(しんこう) 신앙 | 広(ひろ)がる 퍼지다 | 気(き)をつかう 신경 쓰다

해설 건강신앙이란 어떤 것인지 묻는 문제입니다. 마지막 문장에서 '건강을 너무 추구한 나머지 본래의 살아가는 모습을 잊어버린 지나친 건강신앙이 퍼지고 있다'고 했습니다. 즉 건강에만 너무 집착하는 모습을 말하고 있습니다. 1번 식사를 제때 해야 한다는 것과 4번 식사와 운동균형은 상식적인 이야기이며 본문에서 이에 관한 언급은 없으며, 건강을 추구한 나머지 본래의 살아가는 모습을 잊어버리는 것이 건강신앙이라고 했는데 3번은 이와 반대되는 이야기입니다. 정답은 장수를 위해 건강에만 신경을 쓰는 것이라고 한 2번입니다.

정답 2

02

해석　옛날 사람들은 서로 통신을 하기 위하여 언덕에 모였다. 처음에는 그 언덕이, 후에는 그곳에 세워진 사원이, 그리고 그곳에 놓여진 신상이 사람들의 공통의 상징물이 되어 통신의 역할을 다해왔다. 즉 고대인이 신상이나 사원 등을 만든 처음 이유는 그들끼리 공통의 상징물을 가지기 위해서이며, 그것들이 서로의 정보전달 수단의 역할을 지니고 있었기 때문이다. 그렇다고 한다면, 그 언덕이나 사원, 신상은 오늘날의 신문이나 TV, 라디오, 인터넷 등의 매스미디어의 선조라고 할 수 있다

왜 옛날의 언덕이나 사원, 신상이 매스미디어의 선조라고 할 수 있는가?

1 사람들이 모여서 교류하는 장소였기 때문에
2 상징물로서의 사람들로부터 애용되어 왔기 때문에
3 정보를 전달하기 위한 역할을 해왔기 때문에
4 사람들에게 공통의 화제를 제공해주기 때문에

어휘 通信(つうしん)する 통신하다 | 丘(おか) 언덕 | 寺院(じいん) 사원 | 神像(しんぞう) 신상 | 共通(きょうつう) 공통 | シンボル 심볼, 상징물 | 役目(やくめ) 역할 | 果(は)たす 다하다 | 古代人(こだいじん) 고대인 | 象徴(しょうちょう) 상징 | 情報(じょうほう) 정보 | 伝達(でんたつ) 전달 | 手段(しゅだん) 수단 | 先祖(せんぞ) 선조 | 交流(こうりゅう)する 교류하다 | 話題(わだい) 화제 | 提供(ていきょう)する 제공하다

해설 옛날의 언덕, 사원, 신상이 왜 지금의 매스미디어의 선조라고 할 수 있는지 그 이유를 묻는 문제입니다. '고대인이 신상이나 사원 등을 만든 이유는 그들끼리 공통의 상징물을 만들고, 그것들이 서로의 정보전달의 수단이 되었기 때문'이라는 본문 내용이 있습니다. 1번 단지 모여서 교류했다거나, 2번 상징물이 되거나, 4번 공통의 화제거리를 제공했기 때문이 아니라, 지금의 매스미디어의 본질처럼 정보를 전달하기 위한 역할을 해왔기 때문이라고 한 3번이 정답입니다. **정답** 3

03

해석 성공자로 불리는 많은 사람들에게 공통되는 특징은 돈에 대한 가치관이 확고하다는 것이다. 돈의 사용법을 항상 의식하고 있으며, 또한 사용하는 법을 알고 있다. 그저 '사용한다'고 하면, 목적 없이 낭비하는 이미지를 가질지 모르지만, 쓸데없는 돈은 일체 사용하지 않는다. 비록 싸다고 해도 필요 없는 물건은 사지 않으며, 절약할 수 있는 부분에서는 절약한다. 게다가 지불해야 할 곳에서는 아낌없이 낸다. 그런 사람이야말로 돈이 있을 뿐만 아니라 마음도 충족된 풍요로운 나날을 보내는 인생의 성공자가 될 수 있는 것이다.

이 필자가 보는 '인생의 성공자'란 어떤 사람인가?
1 돈을 효과적으로 사용하는 법을 알고 있는 사람
2 가능한 한 돈을 사용하지 않고 모을 수 있는 사람
3 남을 위해 아낌없이 돈을 사용할 수 있는 사람
4 돈이 없더라도 매일 풍요로운 마음으로 생활할 수 있는 사람

어휘 成功者(せいこうしゃ) 성공자 | 価値観(かちかん) 가치관 | 意識(いしき)する 의식하다 | 無目的(むもくてき)に 목적 없이 | 浪費(ろうひ)する 낭비하다 | 無駄(むだ) 쓸데없다 | 一切(いっさい) 일체 | 節約(せつやく)する 절약하다 | 惜(お)しまず 아낌없이 | 満(み)たす 충족시키다 | 豊(ゆた)か 풍요롭다 | 効果的(こうかてき) 효과적 | 貯(た)める 모으다

해설 필자가 생각하는 '인생의 성공자'란 어떤 사람인지 묻는 문제입니다. 성공자는 '돈 쓰는 법을 잘 알고 있는 사람'이라고 하면서, '쓸데없는 돈은 일체 사용하지 않고 절약하며, 그대신 돈을 내야 할 때에는 아낌없이 내는 사람'이라고 했습니다. 2번 가능한 한 돈을 사용하지 않고 모으는 사람이 아니라 필요할 때에는 아낌없이 사용하는 사람이며, 3번 남을 위해 쓴다거나, 4번 돈이 없어도 마음이 풍요로운 사람에 관한 언급은 없었습니다. 정답은 돈을 효과적으로 사용하는 법을 알고 있는 사람이라고 한 1번입니다.

정답 1

04

해석 사회생활을 하는 데 있어서 인맥은 아주 소중하다고 흔히들 말합니다. 그런데 그 인맥이란 자신의 일을 유리하게 진행시키기 위하여 남을 이용하는 것을 말하는 것일까요? 그리고 가끔 연락하고 함께 술을 마시거나 하면서 쌓아갈 수 있는 것일까요?

저는 인맥이란 서로에게 필요한 정보를 교환하거나 소개하거나 서로 자극하면서 함께 성장할 수 있는 사람과의 관계라고 생각합니다. 그러한 관계를 만들어 가기 위해서는 무엇보다도 자기자신의 내면을 연마하는 노력을 해야 합니다.

필자는 인맥을 어떻게 설명하고 있는가?

1 자신을 위해서 이용할 수 있는 사람을 늘리는 것
2 함께 즐거운 시간을 보낼 수 있는 사람과 사귀는 것
3 서로에게 필요한 것을 서로 내주는 관계를 쌓아가는 것
4 노력하지 않으면 유지하지 어려운 인간관계

어휘 人脈(じんみゃく) 인맥 | 有利(ゆうり)に 유리하게 | 築(きず)く 쌓다 | 刺激(しげき)する 자극하다 | つながり 관계 | 形成(けいせい)する 형성하다 | 磨(みが)く 닦다 | 増(ふ)やす 늘리다 | 付(つ)き合(あ)う 사귀다 | 維持(いじ)する 유지하다

해설 필자가 생각하는 '인맥'이 무엇인지 묻는 문제입니다. 필자는 '인맥이란 서로에게 필요한 정보를 교환하거나 소개하거나 서로 자극하면서 함께 성장할 수 있는 사람과의 관계를 형성해나가는 것'이라고 했습니다. 서두에서 1번 자신을 위해서 남을 이용하거나, 2번 즐거운 시간을 보내기 위해서 사귀는 사람을 과연 인맥이라고 할 수 있느냐고 문제제기를 했고, 4번 노력해야 하는 인간관계라고 언급하지도 않았습니다. 정답은 서로에게 필요한 것을 내주는 관계를 쌓아가는 것이라고 한 3번입니다.

정답 3

05

해석 건축이란 그저 단순히 건물을 만드는 것이 아니라, 공간을 창조하는 일이다. 공간을 만들어내는 요소로서 외부와 접하는 벽, 바닥, 그리고 지붕의 3가지로 나눌 수 있다.

이 중에서 바닥은 건물의 사용자와 직접 접하는 유일한 요소이다. 그렇기 때문에 그 공간에 처음 접한 사람에게 강한 인상을 주고, 가장 기억에 남는 부분이 된다. 이 때문에 바닥은 3가지 건축요소 중에서 가장 중요하다. 훌륭한 건축가일수록 바닥의 위치나 모양, 목재 등을 신중하게 고려하는 것도 이 때문이다.

필자가 건축요소 중에서 '바닥'이 가장 중요하다고 생각하는 이유는 무엇인가?
1 건축의 외부와 직접 접하는 부분이기 때문에
2 건축가들이 신중하게 고려하는 부분이기 때문에
3 단순한 건물이 아니라 공간을 창조하기 때문에
4 가장 인상 깊은 부분으로 기억에 남기 때문에

어휘 建築(けんちく) 건축 | 単(たん)に 단순히 | 空間(くうかん) 공간 | 創造(そうぞう)する 창조하다 | 要素(ようそ) 요소 | 壁(かべ) 벽 | 床(ゆか) 바닥 | 屋根(やね) 지붕 | 使用者(しようしゃ) 사용자 | 触(ふ)れる 접하다 | 唯一(ゆいいつ) 유일 | 印象(いんしょう) 인상 | 与(あた)える 주다 | 記憶(きおく) 기억 | 木材(もくざい) 목재 | 慎重(しんちょう)に 신중하게 | 考慮(こうりょ)する 고려하다

해설 필자가 왜 '바닥'을 가장 중요하게 생각하는지 그 이유를 묻는 문제입니다. '바닥은 건물 사용자와 직접 접하고, 처음 접한 사람에게 강한 인상을 주고, 가장 기억에 남는 부분'이기 때문에 가장 중요하다고 했습니다. 1번은 공간을 이루는 요소, 3번은 공간 창조에 대한 이야기이며, 2번 건축가들이 신중하게 고려하는 것은 바닥의 위치나 모양, 재료 등이라고 했습니다. 정답은 가장 인상 깊은 부분으로 기억에 남기 때문이라고 한 4입니다.

정답 4

문제11 다음 문장을 읽고 물음에 대한 답으로 가장 적당한 것을 1·2·3·4 중에서 하나 고르세요.

해석　스트레스가 건강에 미치는 영향은 지금까지 몇 번에 걸쳐서 이야기가 나왔었지만, 건강을 위해서는 역시 스트레스를 껴안지 말고 적당한 운동을 하는 것이 좋은 것 같습니다. 우리의 몸 속에는 암세포나 인플루엔자 등의 바이러스를 죽여주는 작용이 있는 ①NK라고 불리는 세포가 있습니다.

그러나 이 세포는 스트레스를 받으면 약해져서 결과적으로 면역 시스템 기능의 저하를 가져오게 됩니다.

예를 들면 중요한 시험 직전이 되면 반드시 감기에 걸리는 아이가 있습니다. 이것은 극도의 스트레스로 인해 NK세포의 수치가 내려가는 것이 원인입니다. 즉 스트레스를 받음으로써 면역력이 떨어져서 병에 걸리기 쉬운 체질이 되는 것입니다. 또한 자신이 직접 스트레스를 받는 경우뿐만 아니라, 침울해진 친구 곁에 오래 있는 것만으로도 NK세포의 역할이 둔해진다는 것이 보고되었습니다. 이 세포는 무엇보다 슬픔을 동반하는 스트레스에 약하며, 그 외에도 밤과 낮이 바뀐 생활리듬을 반복함으로써 작용이 저하됩니다.

그렇다면, 반대로 (　②　)라고 한다면, 그것은 균형 잡힌 식사와 적당한 운동, 그리고 많이 웃는 것이라고 합니다.

06 ①NK라고 불리는 세포란 어떤 것인가?
1 이 세포의 작용이 활발하면 병에 잘 걸리게 된다.
2 이 세포의 작용이 활발하면 스트레스가 없어지고 건강해진다.
3 이 세포의 작용이 저하되면 스트레스를 잘 받게 된다.
4 이 세포의 작용이 저하되면 병에 잘 걸리게 된다.

07 면역 시스템 기능을 저하시키는 행동이 아닌 것은 무엇인가?
1 밤을 새우고 낮에 자는 생활을 반복한다.
2 침울한 친구 곁에서 위로해준다.
3 장시간 책상에 앉아 게임에 열중한다.
4 수험이나 장래에 대해 이것저것 걱정한다.

08 (　②　)에 들어갈 적당한 말은 어느 것인가?
1 NK세포의 작용을 활발하게 하기 위해서는 어떻게 하면 되는가?
2 NK세포를 체내에서 몰아내기 위해서 해야 할 일은 무엇인가?
3 암세포나 인플루엔자 등의 바이러스를 없애기 위해서 해야 할 일은?
4 중요한 시험 직전에 감기에 걸리지 않도록 하기 위해서는 어떻게 하면 되는가?

어휘 幾度(いくど) 몇 번 | 抱(かか)え込(こ)む 껴안다 | 適度(てきど) 적당 | ガン 암 | 細胞(さいぼう) 세포 | インフルエンザ 인플루엔자 | ウイルス 바이러스 | 殺(ころ)す 죽이다 | ナチュラルキラー NK세포, 자연살생세포, 내추럴 킬러 | 弱(よわ)まる 약해지다 | 結果的(けっかてき) 결과적 | 免疫(めんえき) 면역 | システム 시스템 | 機能(きのう) 기능 | 低下(ていか) 저하 | 招(まね)く 초래하다 | 直前(ちょくぜん) 직전 | 極度(きょくど) 극도 | 数値(すうち) 수치 | 原因(げんいん) 원인 | 免疫力(めんえきりょく) 면역력 | 体質(たいしつ) 체질 | 落(お)ち込(こ)む 침울하다 | 鈍(にぶ)る 둔해지다 | 伴(ともな)う 동반하다 | 逆転(ぎゃくてん) 역전 | 繰(く)り返(かえ)す 되풀이하다 | バランス 밸런스, 균형 | 効果的(こうかてき) 효과적 | 活発(かっぱつ) 활발 | 夜更(よふ)かし 밤 늦게까지 깨어 있음 | 慰(なぐさ)める 위로하다 | 受験(じゅけん) 수험 | 進路(しんろ) 진로 | 追(お)い出(だ)す 내쫓다

표현 ～にわたり：～에 걸쳐서 =～にわたって

山下さんは病気のため、２ヶ月にわたって学校を休んだ。
아마시타 씨는 병 때문에 2개월에 걸쳐서 학교를 쉬었다.

そのドラマは3ヶ月にわたり放映された。그 드라마는 3개월에 걸쳐서 방영되었다.

～のみならず：～뿐만 아니라 =～ばかりでなく,～だけでなく,～のみでなく

彼女は歌手としてのみならず、俳優としても有名である。
그녀는 가수로서뿐만 아니라 배우로서도 유명하다.

環境問題は日本のみならず他の国にもあるようだ。
환경문제는 일본뿐만 아니라 다른 나라에도 있는 것 같다.

해설

06 NK세포가 어떤 것인지 묻는 문제입니다. 바로 이어지는 문장에서 '이 세포는 스트레스를 받으면 약해져서 결과적으로 면역 시스템 기능의 저하를 초래하게 된다'고 했습니다. 즉 NK세포의 작용이 약해지면 결국 면역 시스템 기능이 저하되기 때문에 병에 잘 걸리게 된다는 것이지요. 3번은 앞뒤가 바뀌었는데, 스트레스를 받으면 이 세포의 작용이 저하된다고 했습니다. 정답은 이 세포의 작용이 저하되면 병에 잘 걸리게 된다고 한 4번입니다. **정답** 4

07 면역 시스템 기능을 저하시키는 행동이 아닌 것이 무엇인지 고르는 문제입니다. 3번째 단락에 그 예가 나와 있습니다. 즉 극도의 스트레스를 받게 되는 경우나, 자신뿐만 아니라 침울해진 친구 곁에 오래 있거나, 낮과 밤이 바뀐 생활리듬을 반복하는 경우에 면역 시스템 기능이 저하된다고 했습니다. 3번 장시간 책상에 앉아 게임에 열중하는 것은 스트레스를 푸는 방법 중의 하나가 될 것이므로 이 문제의 정답으로 적당합니다. **정답** 3

08 괄호 안에 들어갈 적당한 문장을 고르는 문제입니다. 앞 문장 '이 세포는 무엇보다 슬픔을 동반하는 스트레스에 약하며, 그 외에도 밤과 낮이 바뀐 생활리듬을 반복함으로써 작용이 저하된다'는 내용을 이어받아서 '그렇다면 반대로'라고 했기 때문에 '이 세포(=NK세포)를 저하시키지 않는 방법' 즉, '활발하게 한다'는 문장이 와야 합니다. 2번 쫓아내기 위해서, 3번 바이러스를 없애기 위해서, 4번 감기에 걸리지 않기 위해서 해야 할 일 등은 아니며, 정답은 1번 NK세포의 작용을 활발하게 하기 위한 방법에 관한 이야기가 되겠지요. **정답** 1

해석 최근에는 ①겉보기로 사람을 판단하는 일이 늘어나고 있는 것 같은데, ②이것은 상당히 위험하다. 그렇기는 하지만, 사람은 대부분의 정보를 시각에서 얻고 있다고 한다. 확실히 심각한 얼굴을 하고 있는 사람보다는 웃는 얼굴이 예쁜 사람에게 호감이 가는 것은 자연스러운 현상이다. 하지만 여기서 말하는 겉보기란 표정이나 몸짓을 말하는 것이 아니라, 태어나면서부터 타고난 얼굴이나 체형을 말한다.

인간의 내면보다도 용모만 가지고 사람을 판단하는 것은 일종의 인종주의와 연결되는 발상이다. 이 두 가지 사고의 기준은 겉보기의 차이를 전제로 하고 있다. 겉보기의 차이는 차별, 나아가서는 신분의 차이로 이어지며, 용모가 뛰어난 사람은 아무런 노력을 하지 않더라도 타고난 조건만으로 권력 혹은 부를 얻게 될 수도 있다. 겉보기가 고스란히 사회적인 불평등이 되어 버린다는 점에서 인종의 차이를 기준으로 차별하는 것과 외견의 차이를 기준으로 차별하는 것은 결국은 같다고 할 수 있다.

이러한 사회적인 풍조는 바뀌어야 한다. 그를 위해서는 우선 역설적이지만 ③외견의 차이를 솔직히 인정하지 않으면 안 된다. 차이를 인정한다는 것은 차이에 대한 존중이다. 그리고 이러한 존중은 다양성을 확보하기 위한 필요조건이 되는 것이다.

09 필자가 말하는 ①겉보기에 해당하는 것은 다음 중 어느 것인가?

1 아름다운 동작이나 몸동작
2 화가 났을 때의 험상궂은 표정
3 평균보다 작은 신장
4 멋진 패션 센스

10 ②이것은 상당히 위험하다라고 하는데, 왜인가?

1 그 발상은 인종차별과 연결되는 것이기 때문에
2 그 발상은 다양성을 확보하는 전제가 되기 때문에
3 내면이 아름다운 사람은 외견도 아름다워지기 때문에
4 겉만 보고 사람을 판단하는 것은 자연스러운 현상이기 때문에

11 ③외견의 차이를 솔직히 인정하지 않으면 안 된다라는 것은 어떻게 하는 것인가?

1 용모가 뛰어난 사람이 권력이나 부를 얻는 것은 당연하다고 생각한다.
2 사회적인 불평등이 일어나지 않도록 외견의 차이를 항상 신경 쓴다.
3 인간의 외견의 차이를 차별의 구실로 삼지 않고 다양성을 인정하는 전제로 삼는다.
4 같다는 것을 강조함으로써 서로의 존재를 인정한다.

어휘 見(み)た目(め) 겉보기 | 判断(はんだん)する 판단하다 | 増(ふ)える 늘다 | 危険(きけん) 위험 | 情報(じょうほう) 정보 | 視覚(しかく) 시각 | 得(え)る 얻다 | 確(たし)かに 확실히 | 笑顔(えがお) 웃는 얼굴 | 好感(こうかん) 호감 | 現象(げんしょう) 현상 | 表情(ひょうじょう) 표정 | しぐさ 몸짓 | 生(う)まれつき 타고난 | 体型(たいけい) 체형 | 内面(ないめん) 내면 | 容姿(ようし) 용모 | 一種(いっしゅ) 일종 | 人種主義(じんしゅしゅぎ) 인종주의 | 発想(はっそう) 발상 | 基準(きじゅん) 기준 | 前提(ぜんてい) 전제 | 差別(さべつ) 차별 | ひいては 나아가서는 | 身分(みぶん) 신분 | 優(すぐ)れる 뛰어나다 | 努力(どりょく) 노력 | 権力(けんりょく) 권력 | もしくは 혹은 | 富(とみ) 부 | 外見(がいけん) 외견 | そっくりそのまま 고스란히 | 不平等(ふびょうどう) 불평등 | 風潮(ふうちょう) 풍조 | 改(あらた)める 고치다 | 逆説的(ぎゃくせつてき) 역설적 | 素直(すなお)に 솔직히 | 認(みと)める 인정하다 | 尊重(そんちょう) 존중 | 多様性(たようせい) 다양성 | 確保(かくほ)する 확보하다 | 動作(どうさ) 동작 | 身(み)のこなし 몸동작 | 険(けわ)しい 험상궂다 | 表情(ひょうじょう) 표정 | 平均(へいきん) 평균 | 身長(しんちょう) 신장 | 口実(こうじつ) 구실

표현 ～かねない : ~할 지도 모른다. ~할 법하다

風邪だからといってほうっておくと、大きい病気になりかねない。
감기라고 해서 방치해버리면 큰 병에 걸릴지도 모른다.

適度なスポーツは健康にいいといわれるが、やりすぎると体を壊しかねない。
적당한 운동은 건강에 좋다고들 하지만 지나치면 몸을 망가뜨릴지도 모른다.

해설

09 필자가 말하는 '겉보기'에 해당하는 것이 무엇인지 묻는 문제입니다. 1번째 단락 마지막 부분에서 '여기서 말하는 겉보기란 표정이나 몸짓을 말하는 것이 아니라, 태어나면서부터 타고난 얼굴이나 체형을 말한다'고 했습니다. 1번 몸동작, 2번 표정, 4번 패션 센스는 타고 나는 것이 아니며, 정답은 3번 평균보다 작은 신장입니다.

정답 3

10 '이것은 상당히 위험하다'라고 한 이유를 묻는 문제입니다. '이것은 상당히 위험하다'에 바로 이어서 그에 대한 일반적인 사람들의 인식(겉으로 보이는 것으로 판단하기 쉽다)에 대해 말한 후에, 2번째 단락에서 '인간의 내면보다도 용모만 가지고 사람을 판단하는 것은 일종의 인종주의와 연결되는 발상이다'라고 하면서 그 이유를 설명하고 있습니다. 2번 다양성을 확보하는 전제, 3번 내면과 외면의 아름다움, 4번 겉모습만 보고 사람을 판단하는 것이 자연스러운 현상이라는 것은 '상당히 위험한' 일의 이유가 되지 않습니다. 정답은 겉보기로만 사람을 판단할 경우에 얼굴색을 보고 사람을 판단하는 인종주의와 연결될 우려가 있기 때문에 위험하다고 한 1번입니다.

정답 1

11 외견의 차이를 솔직히 인정해야 한다는 것이 어떻게 하는 것인지 묻는 문제입니다. 외견으로 사람을 차별하는 일을 그만두어야 하는데, 그렇게 하기 위해서는 그 차이를 인정할 수 있어야 한다고 했습니다. 그리고 그 차이를 인정하는 것에 대한 설명이 바로 이어서 나오는데, '차이에 대한 존중이며, 이러한 존중은 다양성을 확보하기 위한 전제가 된다'고 했습니다. 1번 용모가 뛰어나다고 해서 권력이나 부를 얻는 것을 당연시해서는 안 되며, 2번 외견의 차이로 인한 사회적 불평등을 신경 쓰는 일이 없어져야 하며, 4번 같다는 것을 강조할 것이 아니라, 서로 다르다는 것을 인정해야 합니다. 정답은 외견의 차이를 차별의 구실로 삼지 말고 다양성을 인정하는 전제로 삼아야 한다고 한 3번입니다.

정답 3

해석 초밥의 달인이 오랜 견습생 기간을 거쳐 독립하여 국내 제일의 장소에서 가게를 차리는 ①꿈을 꾼 것은 이미 과거의 이야기입니다. 현대에는 해외로 나가서 재빨리 성공하는 길을 선택하는 달인의 수가 늘어나고 있습니다.

이것은 일본 외식산업 전체의 심한 가격경쟁 속에서 패스트푸드 형식의 회전초밥집을 제외하고 기존 초밥집의 매상이 계속 줄고 있는 것이 하나의 원인입니다. 그에 비해 해외에서의 초밥의 인기 추세는 그칠 줄을 모르고, 일본에서보다 젊은이가 창업할 수 있는 가능성이 훨씬 높은 시장이라고 할 수 있습니다. 게다가 어딘가의 레스토랑에 고용되어 일하더라도 일본보다 훨씬 많은 수입을 얻을 수 있는 경우가 많은 것이 현재 상황입니다.

또한 일본 초밥집에서의 오랜 견습생 생활은 최근의 젊은이들에게 받아들이기 힘든 일이기도 합니다. 초밥집에 견습생으로 들어가면 우선 바닥 청소나 접시 닦기를 몇 년간이나 계속하도록 요구당합니다. 어엿한 초밥의 달인이 되기까지는 10년이 걸린다고까지 합니다. 하지만 ②그것이 기술을 몸에 익히는 데 있어서 합리적이라고 할 수 없으며 스피드를 요구하는 현대의 스타일에 맞다고는 할 수 없습니다. 이러한 일들이 달인들이 해외로 눈을 돌리게 된 원인이 되고 있습니다.

12 ①꿈을 꾼 것은 이미 과거의 이야기라고 쓰여 있는데, 어떤 의미인가?
1 옛날의 초밥의 달인은 대부분 해외로 진출하여 성공하는 것이 목표였다.
2 대부분의 초밥의 달인이 국내에서 자신의 가게를 차리는 것을 바라지 않게 되었다.
3 국내 제일의 장소에서 자신의 가게를 가지는 것은 매우 힘들어졌다.
4 일본국내에서 맛있는 초밥을 먹을 수 있는 가게가 지금은 없어졌다.

13 ②그것이 가리키는 것은 무엇인가?
1 해외로 진출하고자 하는 것
2 접시 닦기나 청소를 장기간 계속하는 것
3 속도를 쫓아 단기간에 수행하는 것
4 젊은 시절부터 견습생 생활을 시작하는 것

14 달인들이 해외로 눈을 돌리게 된 이유로서 올바른 것은 어느 것인가?
1 일본의 전통적인 음식을 해외에 소개하고 싶어서
2 자신의 가게를 가지기 전에 여러 경험을 하고 싶어서
3 해외 생활을 즐기면서 일도 하고 싶어서
4 일본에서 일하는 것보다 높은 수입을 얻을 수 있어서

어휘 寿司(すし) 초밥 | 職人(しょくにん) 달인 | 見習(みなら)い 견습 | 経(へ)る 지나다 | 独立(どくりつ)する 독립하다 | 一等地(いっとうち) 제일의 장소 | 構(かま)える 차리다 | 過去(かこ) 과거 | 現代(げんだい) 현대 | 手(て)っ取(と)り早(ばや)く 재빨리 | 成功(せいこう)する 성공하다 | 外食(がいしょく) 외식 | 産業(さんぎょう) 산업 | 激(はげ)しい 심하다 | 競争(きょうそう) 경쟁 | ファストフード 패스트푸드 | 形式(けいしき) 형식 | 回転寿司(かいてんずし) 회전초밥 | 別(べつ)に 따로 | 従来(じゅうらい) 기존 | 勢(いきお)い 기세 | とどまる 그치다 | 若者(わかもの) 젊은이 | 起業(きぎょう) 기업, 창업 | 売(う)り上(あ)げ 매상 | 低下(ていか) 저하 | 一因(いちいん) 한 원인 | 雇(やと)う 고용하다 | はるかに 훨씬 | 現状(げんじょう) 현상, 현재 상황 | 下積(したづ)み 견습생 | 受(う)け入(い)れる 받아들이다 | 床(ゆか) 바닥 | 皿洗(さらあら)い 접시 닦기 | 要求(ようきゅう)する 요구하다 | 一人前(いちにんまえ) 어엿한 | 技術(ぎじゅつ) 기술 | 身(み)につける 몸에 익히다 | 合理的(ごうりてき) 합리적 | 目(め)を向(む)ける 눈을 돌리다 | 原因(げんいん) 원인 | 目標(もくひょう) 목표 | 望(のぞ)む 바라다 | 修行(しゅぎょう)する 수행하다 | 伝統的(でんとうてき) 전통적

표현 ～上で : (동사의 기본형+上で) ~하는데 있어서, ~하는 경우에
(동사의 た형+上で, 명사+の+上で) ~하고 나서, ~한 후에

市場調査をする上で注意しなければならないことは何ですか。
시장조사를 하는데 있어서 주의하지 않으면 안 되는 점은 무엇입니까?

英語を勉強する上で、英和辞書は欠かせないものである。
영어를 공부하는 데 있어서 영일사전은 꼭 필요한 것이다.

結婚は一生がかかっている問題なので、よく考えた上で決めたほうがいいと思う。
결혼은 일생이 달린 문제이기 때문에 잘 생각한 후에 결정하는 편이 좋다고 생각한다.

해설

12 '꿈을 꾼 것은 이미 과거의 이야기'라고 한 말의 의미를 묻는 문제입니다. '이미 과거의 이야기'라고 했으므로 이제는 그렇지 않다는 이야기인데, 바로 이전에 '초밥의 달인이 견습생 기간을 거쳐 독립하여 국내 제일의 장소에서 가게를 차리는 꿈'을 꾼 것이 과거의 이야기라고 했습니다. 즉 이제 대부분의 초밥의 달인들은 국내에서 자신의 가게를 차리는 것을 바라지 않게 된 것이지요. 그러므로 정답은 2번입니다. 1번 옛날 이야기를 하는 것이 아니며, 3번과 4번은 가게 차릴 꿈을 꾼 초밥의 달인의 현재 심정이 밝혀져 있지 않으므로 정답이 될 수 없습니다.

정답 2

13 지시어 '그것'이 가리키는 내용을 묻는 문제입니다. '그것이 기술이 익히는데 합리적이라고 생각하지는 않는다'는 이야기가 나오므로, '그것'은 불합리한 이야기라는 것을 알 수 있는데, 바로 앞 문장에서 직접 초밥 만드는 법부터 배우지 못하고 긴 견습생 생활을 하는 것에 대해 힘들어 하는 내용이 나와 있습니다. 즉 '바닥 청소나 접시 닦기를 몇 년간이나 계속하도록 요구당한다'는 것입니다. 4번 '젊은 시절부터'라든가 '시작하는 것'에 관한 언급은 특별히 없습니다. 그러므로 정답은 2번 접시 닦기나 청소를 장기간 계속하는 것입니다.

정답 2

14 달인들이 일본에서 가게를 차리지 않고 해외로 눈을 돌리게 된 이유를 묻는 문제입니다. 2번째 단락을 보면, 그 이유가 몇 가지 소개되어 있습니다. 즉 외식산업 전체의 매상 저하와 더불어 초밥 업계도 매상이 줄고 있고, 해외에서는 초밥이 인기를 끌고 있어서 창업할 수 있는 가능성이 높으며, 초밥집 이외의 다른 레스토랑에서 일한다고 해도 높은 수입을 얻을 수 있다는 점 등입니다. 1번, 2번, 3번 모두 본문 내용과 맞지 않으며, 정답은 일본에서 일하는 것보다 높은 수입을 얻을 수 있어서라고 한 4번입니다.

정답 4

문제12 다음 A와 B는 영어필수화에 관한 문장입니다. A와 B 양쪽을 읽고 다음 물음에 대한 답으로 가장 적당한 것을 1·2·3·4 중에서 하나 고르세요.

해석 A

의무교육에 있어서 영어지도가 전환기를 맞이하려고 한다. 문부과학성이 '영어를 사용할 수 있는 일본인'의 육성을 목표로, 모든 초등학교 5 · 6학년을 대상으로 영어활동을 필수화한다고 발표했다. 지금까지 정리한 보고서에서는 '외국어를 통하여 언어나 문화에 대하여 체험적으로 깊이 이해하고 적극적으로 커뮤니케이션을 도모하고자 하는 태도의 육성을 꾀하여, 외국어 음성이나 기본적인 표현에 익숙하게 만듦으로써 커뮤니케이션 능력의 소지를 기른다'는 것이 목표로 설정되어 있다. 연간 35시간을 한도로 각 학교의 재량으로 도입할 수 있는데, 교과가 아니기 때문에 수치가 아니라 서면으로 평가한다는 것이다.

(주1) 문부과학성: 교육, 과학기술, 학술, 문화 및 스포츠의 진흥을 소관하는 일본의 행정기관
(주2) 소지: 기초
(주3) 시간 : 지도를 맡은 횟수
(주4) 재량 : 판단하고 처리하는 일

B

초등학교의 영어필수화가 시작된다고 한다. 그에 대하여 '초등학생에게는 올바른 일본어를 가르치는 일이 우선이다'라는 주장이 많이 있다. 어린이들의 읽고 이해하는 능력이나 생각하는 능력의 저하가 지적을 받고 있는 가운데, 설득력이 있는 의견이다. 확실히 그러한 능력을 지탱하는 국어실력은 일본인의 기반이며, 중시할 필요가 있다고 할 수 있다. 단, 새롭게 도입되는 초등학교의 외국어 활동은 그것을 통하여 어린이들의 커뮤니케이션 능력을 신장시켜 나가는 것이 목표이다. 그것이 국어 학습에 악영향을 미친다고는 생각하지 않는다. 오히려 다른 나라의 언어에 접함으로써 평소에 사용하고 있는 일본어와의 차이를 의식하여, 언어에 대한 감각이 길러진다고도 할 수 있다. 그렇기 때문에 외국어 활동을 통하여, 일본어를 포함한 언어에 관한 실력이 늘어나는 일은 있을지언정 국어실력이 저하된다고는 생각할 수 없다.

15 초등학교 영어필수화의 목표는 무엇인가?
1 일본어와 똑같이 외국어를 이야기할 수 있게 하는 것
2 적극적인 커뮤니케이션 능력을 익히는 것
3 국제화가 진행되는 가운데 세계에 통용되는 경쟁력을 갖추는 것
4 외국어에 접함으로써 국어실력을 닦는 것

16 초등학교에서의 영어 필수화에 대하여 A와 B는 어떤 입장을 취하고 있는가?
1 A도 B도 모두 긍정적이다.
2 A도 B도 모두 명확하게 밝히지 않았다.
3 A는 긍정적이지만, B는 부정적이다.
4 A는 명확하지 않지만, B는 긍정적이다.

어휘 義務(ぎむ) 의무 | 指導(しどう) 지도 | 転機(てんき) 전환기 | 文部科学省(もんぶかがくしょう) 문부과학성 | 育成(いくせい) 육성 | 目指(めざ)す 목표로 하다 | 必修化(ひっしゅうか)する 필수화하다 | 言語(げんご) 언어 | 図(はか)る 도모하다 | 音声(おんせい) 음성 | 慣(な)れ親(した)しむ 익숙해지다 | 素地(そち) 소지 | 養(やしな)う 기르다 | 設定(せってい)する 설정하다 | コマ 시간 | 限度(げんど) 한도 | 裁量(さいりょう) 재량 | 導入(どうにゅう) 도입 | 教科(きょうか) 교과 | 数値(すうち) 수치 | 文面(ぶんめん) 문면, 서면 | 先決(せんけつ) 선결, 먼저 해결함 | 読(よ)み取(と)る 읽고 이해하다 | 低下(ていか) 저하 | 説得力(せっとくりょく) 설득력 | 支(ささ)える 지탱하다 | 基盤(きばん) 기반 | 伸(の)ばす 늘이다 | 悪影響(あくえいきょう) 악영향 | 与(あた)える 주다 | 触(ふ)れる 접하다 | 磨(みが)く 닦다 | 伸(の)びる 늘다 | 通用(つうよう)する 통용되다 | 競争力(きょうそうりょく) 경쟁력 | 肯定的(こうていてき) 긍정적 | 明確(めいかく) 명확

표현 ～はあっても、～はない : ~은 있을지언정 ~는 없다

芸術の友とは、「死別」はあっても、「生き別れ」はない。

예술의 벗이란 '사별'은 있을지언정 '생이별'은 없다.

人間に、最高はあっても、限界はありません。 인간에게 최고는 있을지언정 한계는 없습니다.

해설

15 초등학교의 영어필수화의 목적이 무엇인지 묻는 문제입니다. A의 괄호 안 내용이 바로 그것입니다. 즉 외국어를 통해 커뮤니케이션 능력을 발달시키는 것입니다. 1번 일본어와 똑 같은 외국어 실력을 기대한다는 이야기와 3번 국제화에 따라 국제 경쟁력을 키운다는 이야기는 A에도 B에도 없는 내용이며, 4번 외국어를 접함으로써 국어실력을 닦는다는 이야기는 B가 생각하는 영어필수화 교육의 좋은 점이라고 할 수 있습니다. 정답은 적극적인 커뮤니케이션 능력을 익힌다고 한 2번입니다. **정답** 2

16 초등학교의 영어필수화에 대해 A와 B의 각각의 입장이 어떤 것인지 묻는 문제입니다. A는 문부과학성에서 발표한 목표에 대해 이야기하고 있고, B는 영어필수화보다 일본어 교육이 선결과제라고 한 의견에 대한 필자의 생각을 이야기 하고 있습니다. 1번 A에는 자신의 입장에 관한 언급이 없지만 B에서는 긍정적으로 생각하고 있고, 2번 A는 명확하지 않지만 B는 명확하게 밝히고 있으며, 3번 A는 의견이 없고 B는 긍정적입니다. 정답은 4번 A는 명확하지 않지만, B는 영어교육을 통해 국어실력도 늘 수 있다고 긍정적인 의견을 내놓은 것입니다. **정답** 4

문제13 다음 문장을 읽고 물음에 대한 답으로 가장 적당한 것을 1·2·3·4 중에서 하나 고르세요.

해석 회사에서 결론이 나지 않는 회의를 끝없이 장시간 계속하는 것은 상당한 낭비이다. 이러한 견해는 일반적이며 나 자신도 그렇게 생각해왔다.

그러나 ①완전히 역발상으로, 즉 끝없이 이어지는 회의를 장시간 진행함으로써 그 분야에서 세계 제1의 점유율을 따낸 아루라는 기업이 있다. 아루의 사장은 끝없는 회의의 장점을 아래와 같이 설명한다. '회의에서는 사원 전원이 참석하여 본심을 드러내어 철저히 논의함으로써 지나친 개인주의를 개선하고 의견이 하나로 정리되어 간다'고. 회의시간은 길어지지만 미루지 않고 그 자리에서 결단해나간다. 이는 전체적으로 봤을 때 실은 굉장히 효율적이라는 것을 알게 되었다고 한다. 회의에서 결정된 방침이 전사원에게 확실하게 전달되어 결과적으로 시간효율이 좋아진다는 것 같다.

그러나 이를 읽고 나서 쉽사리 '그렇구나, 장시간 회의를 하는 편이 좋은 것이구나'하고 해석하여, ②자기 회사에서도 똑같이 끝없는 회의를 도입한다고 해도 아무런 의미가 없다. 실제로는 회의시간을 단축함으로써 성과를 올려온 기업도 많이 있다. 그러한 예는 몇 개나 눈으로 귀로 들어왔다. 그리고 많은 회사가 그것을 근거로 '우리도 회의시간을 단축해야지'라고 생각해서 실천해왔을 것이다.

이 기업의 굉장한 점은 그것이 단순히 정답이 아니라고 생각하여, 자기회사에 맞는 정반대의 방법을 과감하게 채용한 점이다. 즉 어떤 회사가 성공했다고 해서 그것을 그대로 자기회사에 적용시키지 않고, 여러 가지 주변의 본보기를 참고하면서도 자기 나름의 정답을 찾아내는 것이 중요하다는 것을 알고 있는 것이다. 주변의 성공 사례에 단순하게 영향을 받아 그때그때 유행에 따라 이쪽으로 갔다가 저쪽으로 갔다가 하다가는 아루처럼 되지 못한다. 정보가 홍수처럼 잇따라 흘러 들어와서는 사라져서, 도대체 무엇이 정답인지 모르는 지금 이 시대이기에, 중요한 것은 역시 실제 경험에 의한 시행착오라는 것을 새삼 인식해야 한다.

(주)시행착오 : 여러 방법을 시도하면서 해결책을 찾아나가는 것

17 ①완전히 역발상으로란, 어떤 것인가?
1 회의에서는 본심을 드러내 보이는 쪽이 효율적이라는 발상
2 회의는 정해진 시간 내에 끝내는 편이 낫다는 발상
3 결론이 나오지 않는 회의를 하는 것은 무의미하다는 발상
4 장시간 회의를 함으로써 업무의 효율이 올라간다는 발상

18 ②자기 회사에서도 똑같이 끝없는 회의를 도입한다고 해도 아무런 의미가 없다는 것은 왜인가?
1 끊임없는 장시간의 회의는 얼핏 보기에 효율적으로 보이지만 실제로는 그렇지 않으므로
2 실제로는 회의시간을 단축시키는 편이 기업 업적이 올라갈 것이므로
3 다른 회사에서 성공한 방법이 반드시 자기 회사에도 맞는다고는 할 수 없으므로
4 전원이 참여하여 본심을 서로 말하는 회의는 인간관계를 깨뜨릴 우려도 있으므로

19 필자가 가장 말하고 싶은 것은 무엇인가?
1 얼핏 보기에 멀리 돌아가는 것처럼 보여도 실제로는 지름길일 경우도 있다.
2 성공 사례를 본보기로 하여 가능한 한 도입하는 편이 낫다.
3 자신의 본심을 서로 이야기하는 것이야말로 인간관계를 원활하게 만든다.
4 정보에 휩쓸리지 않고 자기 나름의 방법을 모색하는 것이 중요하다.

어휘 結論(けつろん) 결론 | 見解(けんかい) 견해 | 逆(ぎゃく)の発想(はっそう) 역발상 | シェア 점유율 | 勝(か)ち取(と)る 따내다 | 企業(きぎょう) 기업 | 巻(ま)き込(こ)む 끌어들이다 | 本音(ほんね) 본심 | ぶつける (불만 등을) 터뜨리다 | 議論(ぎろん)する 논의하다 | 行(ゆ)き過(す)ぎる 지나치다 | 個人主義(こじんしゅぎ) 개인주의 | 改(あらた)める 고치다 | 先送(さきおく)りする 연기하다 | 決断(けつだん)する 결단하다 | トータル 토탈 | 効率的(こうりつてき) 효율적 | 方針(ほうしん) 방침 | 安直(あんちょく)に 손쉽게 | 短縮(たんしゅく)する 단축하다 | 成果(せいか) 성과 | 目(め)にする 보다 | 耳(みみ)にする 듣다 | 実践(じっせん)する 실천하다 | 正解(せいかい) 정답 | 正反対(せいはんたい) 정반대 | 果敢(かかん)に 과감하게 | 採用(さいよう)する 채용하다 | 当(あ)てはめる 적용하다 | お手本(てほん) 본보기 | 探(さぐ)り出(だ)す 찾아내다 | 流行(りゅうこう) 유행 | 洪水(こうずい) 홍수 | 試行錯誤(しこうさくご) 시행착오 | 改(あらた)めて 새삼 | 認識(にんしき)する 인식하다 | 一見(いっけん) 얼핏 보기에 | 壊(こわ)す 깨뜨리다 | 恐(おそ)れ 우려 | 遠回(とおまわ)り 멀리 돎 | 近道(ちかみち) 지름길 | 円滑(えんかつ) 원활 | 流(なが)される 휩쓸리다 | 模索(もさく)する 모색하다

해설

17 '완전히 역발상으로'가 의미하는 내용을 찾는 문제입니다. ①앞에 しかし라는 역접의 접속사를 쓰고 있으므로 앞 단락과는 반대되는 내용이라는 것을 알 수 있고, 또한 'まったく逆の発想'에 바로 이어서 つまり를 써서 다시 한번 그 내용을 설명하고 있습니다. 즉 오랜 시간 회의를 하는 것은 낭비라는 생각이 일반적인데, 이에 대한 역발상으로 오랜 시간 회의를 함으로써 성공한 기업이 있다는 내용입니다. 그러므로 정답은 4번 장시간 회의를 함으로써 업무의 효율이 올라갈 수도 있다는 발상입니다.

정답 4

18 장시간 회의를 해서 성공한 기업이 있다는 이야기를 듣고 바로 똑같이 '자기 회사에서 끝없이 계속되는 회의를 도입한다고 해도 아무런 의미가 없다'고 말한 이유가 무엇인지 묻는 문제입니다. 즉 남의 성공 이야기를 듣고 그것을 무작정 따라 한다고 해서 다 성공하는 것은 아니며, 또한 실제로는 회의 시간을 단축해서 성과를 올린 기업이 많이 있습니다. 1번 장시간 회의가 실제로 효율적인지 어떤지는 회사에 따라 판단이 달라지며, 2번 회의시간 단축으로 실제로 기업업적이 올라가는 경우도 있지만, 반드시 그렇다고 단정지을 수는 없으며, 4번 본심을 서로 말하는 회의가 인간관계를 깨뜨릴 우려가 있다는 언급은 없었습니다. 정답은 다른 회사에서 성공한 방법이 반드시 자기 회사에도 적용된다고 할 수 없다고 한 3번입니다.

정답 3

19 필자가 가장 하고 싶은 말이 무엇인지 묻는 문제입니다. 마지막 단락에 보면 自分たちは自分たちなりの正解を探り出すことが大事だ, 大事なのはやはり経験による試行錯誤だ라는 문장이 나옵니다. 즉 자기 나름대로 정답을 찾아야 하고, 그러한 경험으로 인한 시행착오를 겪으면서 성공할 수 있다는 이야기입니다. 1번 장시간 회의하는 것이 얼핏 보기에 멀리 돌아가는 것처럼 보여도 실제로는 지름길로 간 것처럼 성공한 케이스가 있다는 비유로 사용될 수 있을지도 모르지만, 본문에서 필자가 주장하는 바가 회의 길이에 관한 성공이야기가 아니며, 2번 성공사례는 어디까지나 참고로 하고 자기 나름의 방법을 모색해야 한다고 했고, 3번 본심을 터놓는 회의가 효율적이라는 언급은 있었지만, 인간관계를 원활하게 한다고는 하지 않았습니다. 정답은 정보의 홍수에 휩쓸리지 않고 자기 나름의 방법을 모색하는 것이 중요하다고 한 4번입니다.

정답 4

문제 14 오른쪽 페이지는 건강센터 이용안내이다. 다음 물음에 대한 답으로 가장 적당한 것을 1·2·3·4 중에서 하나 고르세요.

해석

20 부모님과 초등학생, 고등학생인 비회원인 4명 가족이 수영복을 렌털하고 자쿠지를 1회 이용했을 때의 이용요금은 모두 얼마인가?

1 3200엔
2 8800엔
3 9000엔
4 9200엔

21 아쿠아 건강센터 이용에 관해 올바른 것은 어느 것인가?

1 집에서 가지고 온 도시락이나 음료수를 시설 내에서 먹을 수 있다.
2 매점에서 구입한 것은 그 자리에서 지불하지 않으면 안 된다.
3 입장료는 퇴장 시에 시설 내에서 이용한 기타 요금과 함께 지불한다.
4 만 2세 어린이라면 몇 명이었더라도 입장요금을 지불하지 않아도 된다.

아쿠아 건강센터

시설안내

♨ 유황해수 '해수 사우나' :
지하 420m 바위에서 나오는 유황해수입니다. 피부를 매끈하게 하는 효능이 있습니다.

♨ '노천 스파' :
노천탕, 물보라로 마사지를 받을 수 있는 수영장, 푸른 바다가 보이는 오션뷰 스파, 유아 수영장, 대형 야외수영장 등으로 구성된 휴양 공간입니다.

♨ '개인용 자쿠지' :
풍부한 거품이 욕조 가득 퍼지는 자쿠지를 개인적으로 체험할 수 있습니다. 마사지 효과가 있으며 일상생활의 피로까지 풀어주는 최상의 안락과 만족을 드립니다.

♨ 각종 매점 :
시설내의 매점, 푸드코트, 레스토랑에서는 즐거운 시간을 보다 알차게 보내실 수 있는 메뉴를 준비하고 있습니다.

이용요금&시간

시설	이용요금		이용시간	
	성인	어린이	7, 8월 · 토요일	평일 · 일요일
노천스파(사우나 포함)	1500엔	1300엔	09 : 00~21 : 00	09 : 00~20 : 00
개인용 자쿠지	1부스당 2000엔 (정원 4명이 30분간 이용)		09 : 00~20 : 00	09 : 00~19 : 00
기타(렌털)	수영복 300엔 / 비치 타올 300엔			

주의사항

♣ 이용시간은 시설이나 시기에 따라 다소 변경될 수도 있습니다.
♣ 어린이는 36개월부터 초등학생까지
♣ 개인용 자쿠지는 노천스파에 입장한 분에 한해 이용하실 수 있습니다. 자쿠지만 이용하실 수는 없습니다.

♣ 상기 금액은 입장요금이며, 각종 사용요금(푸드코트, 매점, 렌털, 기타)은 퇴장 시 후불입니다.
♣ 비회원도 이용 가능하며, 회원은 회원카드를 제시했을 때 10%할인해 드립니다.
♣ 위생관리 문제상 아쿠아 건강센터 내에 음식물 반입은 일체 금지되어 있습니다.

어휘 施設(しせつ) 시설 | 硫黄(いおう) 유황 | 海水(かいすい) 해수 | 岩(いわ) 바위 | 肌(はだ) 피부 | ツルツル 매끈하다 | 効能(こうのう) 효능 | 露天(ろてん) 노천 | スパ 스파 | 風呂(ふろ) 목욕 | 水(みず)しぶき 물보라 | オーシャンビュー 오션뷰(호텔창문으로 바다가 보임) | 幼児(ようじ) 유아 | 大型(おおがた) 대형 | 野外(やがい) 야외 | プール 수영장 | 構成(こうせい)する 구성하다 | 休養(きゅうよう) 휴양 | 空間(くうかん) 공간 | プライベート 프라이빗(개인 전용) | ジャグジー 자쿠지(물에서 기포가 생기게 만든 욕조) | 豊富(ほうふ) 풍부 | 泡(あわ) 거품 | 浴槽(よくそう) 욕조 | 広(ひろ)がる 퍼지다 | 効果(こうか) 효과 | ほぐす 풀다 | 最上(さいじょう) 최상 | リラックス 안락 | 満足(まんぞく) 만족 | 各種(かくしゅ) 각종 | 売店(ばいてん) 매점 | フードコート 푸드코트 | 込(こ)み 포함 | ブース 부스 | 当(あた)り 당 | 定員(ていいん) 정원 | 水着(みずぎ) 수영복 | 事項(じこう) 사항 | 時期(じき) 시기 | 多少(たしょう) 다소 | 変更(へんこう) 변경 | 入場(にゅうじょう) 입장 | 限(かぎ)る 한정하다 | 上記(じょうき) 상기 | 金額(きんがく) 금액 | 退場(たいじょう) 퇴장 | 後払(あとばら)い 후불 | 提示(ていじ) 제시 | 割引(わりびき) 할인 | 衛生(えいせい) 위생 | 管理(かんり) 관리 | 問題上(もんだいじょう) 문제상 | 飲食物(いんしょくぶつ) 음식물 | お持込(もちこみ) 반입 | 一切(いっさい) 일체 | 禁止(きんし)する 금지하다 | 購入(こうにゅう) 구입 | 済(す)ませる 마치다

표현 ～込み : ～를 포함하는 것

サービス料込みの料金 서비스 요금이 포함된 요금
朝食代込みで2万円のホテル代を払った。아침식사를 포함하여 2만 엔의 호텔요금을 지불했다.

～に限って : ～에 한해서 (특별히 한정하는 말) =～だけは

わが子に限ってそんなことをするはずがない。우리 아이만은 그런 일을 할 리 없다.
親子連れのお客様に限って記念品をプレゼントいたします。
자녀를 동반하신 손님들께만 기념품을 선물 해드립니다.

해설

20 비회원인 4인 가족이 수영복을 렌털하고 자쿠지를 1회 이용했을 경우의 요금이 얼마인지 묻는 문제입니다. 회원은 10% 할인되지만 비회원은 이용안내에 있는 요금 그대로입니다. 우선 노천스파는 초등학생까지 어린이 요금이므로 1300엔에 부모님, 고등학생은 성인요금 1500X3명=4500엔을 더하면 5800엔입니다. 여기에 수영복 300엔X4명=1200엔에, 자쿠지 1회에 2000엔이므로, 총합계는 9000엔이 되므로 정답은 3번입니다.

정답 3

21 아쿠아 건강센터 이용에 관한 설명 중 올바른 것을 고르는 문제입니다. 1번 건강센터 내에 음식물 반입은 일체 금지되어 있다고 했고, 2번 각종 사용요금은 퇴장할 때 후불로 지불한다고 했으며, 3번 각종 사용요금(푸드코트, 매점, 렌털)만 퇴장 시에 지불한다고 했습니다. 정답은 4번 36개월 미만의 어린이는 입장요금이 명시되어 있지 않기 때문에 요금을 내지 않아도 되는데, 만 2세라면 이에 해당하므로 무료라고 할 수 있습니다.

정답 4

꼭 알아두세요!

경어 특정어 일람표

	존경어	겸양어 I	겸양어 II
行きます	いらっしゃいます		参ります
来ます	いらっしゃいます		参ります
います	いらっしゃいます		おります
食べます	召し上がります		いただきます
飲みます	召し上がります		いただきます
します	なさいます		いたします
言います	おっしゃいます	申し上げます	申します
見ます	ご覧になります	拝見します	
寝ます	お休みになります		
会います		お目にかかります	
見せます		お目にかけます	
知っています	ご存じです	存じあげています	存じております
聞きます		伺います	
訪問します		伺います	
あげます		さしあげます	
もらいます		いただきます	
くれます	くださいます		
～です	～でいらっしゃいます		～でございます
あります			ございます
てください	お＋ます형＋ください		

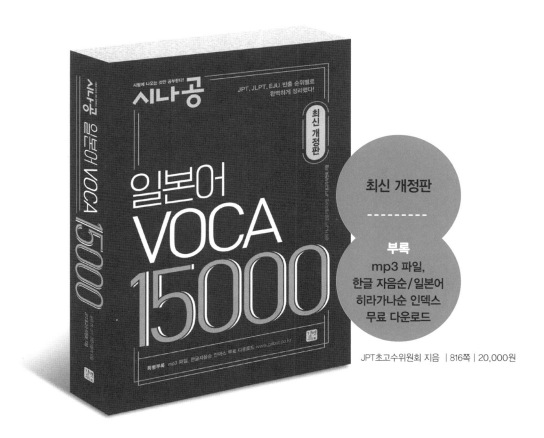

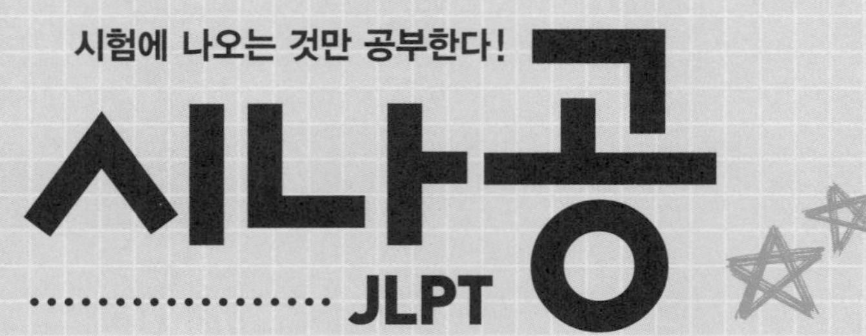

| JLPT 종합서 |

| JLPT 영역별 기본서 |

| JLPT 실전 모의고사 |